EL PRÓXIMO PASO

Psicografía de
MARCELO CEZAR

Por el Espíritu
MARCO AURÉLIO

Traducción al Español:
J.Thomas Saldias, MSc.
Trujillo, Perú, Octubre 2023

Título Original en Portugués:

"O Próximo Passo"

© Marcelo Cezar, 2021

Traducido al Español de la 2da Edición portuguesa.

World Spiritist Institute

Houston, Texas, USA

E–mail: contact@worldspiritistinstitute.org

DEL MÉDIUM

Nacido en la ciudad de São Paulo, Marcelo Cezar publicó su primera novela a fines de la década de 1990. Años más tarde relanzó "La vida siempre vence" en una versión revisada y ampliada.

En una entrevista con el diario Folha de S.Paulo, el autor dice: "No es así, de un día para otro, que empiezas a publicar libros y entras en la lista de los más vendidos. El proceso comenzó en la década de 1980. Luego, más de veinte años después, salió el primer libro. Para ver lo duro que fue y sigue siendo el entrenamiento. Solo el amor no es suficiente, hay que tener disciplina para escribir."

Su novela "Trece almas", relacionada con el incendio del Edificio Joelma, ocurrido en 1974, se convirtió en best-seller y superó la marca de los cien mil ejemplares vendidos.

A través de su obra, Marcelo Cezar difunde las ideas de Allan Kardec y Louise L. Hay, una de sus principales mentoras. Fue con ella que Marcelo Cezar aprendió las bases de la espiritualidad, entre ellas, el amor y el respeto por sí mismo y, en consecuencia, por las personas que lo rodean. Sus novelas buscan retratar precisamente esto: "cuando aprendemos a amarnos y aceptarnos a nosotros mismos, somos capaces de comprender y aceptar a los demás. Así nace el respeto por las diferencias."

En enero de 2014, el libro "El Amor es para los Fuertes", uno de los éxitos de la carrera del escritor, con más de 350 mil ejemplares vendidos y 20 semanas en las listas de los más vendidos, fue mencionado en la telenovela Amor à Vida, de TV Globo. En entrevista con Publishnews, el autor de la novela, Walcyr Carrasco, dice que él personalmente elige libros que se ajusten al contexto de la trama.

En 2018, después de dieciocho años en la Editora Vida & Consciência, Marcelo Cezar publicó la novela "Ajuste de Cuentas", con el sello Academia, de la Editora Planeta. En 2020, el autor firmó una sociedad con la Editora Boa Nova para lanzar sus novelas y relanzar obras agotadas.

Participa en diversos eventos a lo largo del país, promocionando sus obras en ferias del libro, talk shows, entre otros. En 2007, fue invitado por la entonces *Livraria Siciliano* para ser patrocinador de su tienda en el Shopping Metrópole, ubicado en la ciudad de São Bernardo do Campo. Con la marca actual de dos millones doscientos mil ejemplares vendidos, Marcelo Cezar es autor de más de 20 libros y admite que tiene mucho que estudiar y escribir sobre estos temas.

Se supone que los libros están inspirados en el espíritu Marco Aurelio[1].

---

[1] Fuente: Wikipedia, la enciclopedia libre.
https://marcelocezar.com.br/o–autor/

Del Traductor

Jesus Thomas Saldias, MSc., nació en Trujillo, Perú.

Desde los años 80's conoció la doctrina espírita gracias a su estadía en Brasil donde tuvo oportunidad de interactuar a través de médiums con el Dr. Napoleón Rodriguez Laureano, quien se convirtió en su mentor y guía espiritual.

Posteriormente se mudó al Estado de Texas, en los Estados Unidos y se graduó en la carrera de Zootecnia en la Universidad de Texas A&M. Obtuvo también su Maestría en Ciencias de Fauna Silvestre siguiendo sus estudios de Doctorado en la misma universidad.

Terminada su carrera académica, estableció la empresa *Global Specialized Consultants LLC* a través de la cual promovió el Uso Sostenible de Recursos Naturales a través de Latino América y luego fue partícipe de la formación del **World Spiritist Institute**, registrado en el Estado de Texas como una ONG sin fines de lucro con la finalidad de promover la divulgación de la doctrina espírita.

Actualmente se encuentra trabajando desde Perú en la traducción de libros de varios médiums y espíritus del portugués al español, habiendo traducido más de 260 títulos, así como conduciendo el programa "La Hora de los Espíritus."

Prólogo

La tarde comenzó a despedirse de la colonia astral. El Sol coloreaba el cielo, formando un lienzo anaranjado de rara belleza. Una mujer joven y bonita, con cabello castaño sedoso, cuyas puntas se balanceaban suavemente sobre sus hombros, sonrió por primera vez en años. Sus ojos verdosos contemplaban el horizonte y agradecía al Creador estar viva y llena de ganas de empezar de nuevo. Inmediatamente sintió mariposas en el estómago.

– ¿Recomendar? – Se preguntó, con voz casi inaudible – . ¿Estoy lista?

Ella continuó caminando. Se detuvo cerca de un hermoso jardín de flores y vio algunas bancas, decidió sentarse, porque todavía se sentía cansada. Acomodó su esbelto cuerpo en la banca de madera, cerró los ojos y aspiró el perfume de las flores. Frente a ella había una fuente tallada en mármol, de cuyos labios entreabiertos los angelitos derramaban agua cristalina y energizante.

La joven se estiró, levantó las manos en el aire y bostezó. Se levantó, caminó lentamente hasta la fuente y se inclinó hasta que sus manos tocaron el agua clara y fresca. Juntó las palmas de las manos formando un caparazón. Se llevó el líquido cristalino a los labios y lo sorbió con placer. Se secó los labios con el dorso de las manos. Volvió a cerrar los ojos y sonrió.

– ¡Qué bendición es estar viva! – Ella exclamó.

– ¿Hablando sola? – Preguntó una voz familiar, detrás de ella.

El joven volvió el rostro y abrió una amplia sonrisa.

– ¡Lola! – ¿Cómo está?

– ¡Muy bien! – Respondió sonriendo – . El agua está deliciosa. ¿No quieres probarla?

Lola era un espíritu cuya luminosidad la hacía más bella. Tenía un rostro angelical, pero sus ojos verdes cristalinos transmitían una firmeza impresionante. Se acercó a la fuente, tomó un poco de agua fresca y bebió.

– Mmmm, estoy de acuerdo contigo. Es muy buena.

– Estaba cansada de quedarme en la habitación. Una de las enfermeras me dejó caminar hasta el jardín.

– Haces bien. Tu espíritu necesita movimiento. Hace tiempo que está parado.

– El tratamiento me ha ayudado mucho a recordar mi última encarnación en la Tierra. Empecé a ver todo más claramente.

– ¿Estás segura?

– Sí – respondió resueltamente – . Descubrí quién me mató.

– ¿En serio? ¿Te mataron? – Sí, Lola. Es difícil perdonar a alguien que te quitó la vida corporal, pero, de cara a la eternidad y entendiendo el ciclo de la reencarnación, me doy cuenta que eso era lo que tenía que pasar...

– Atraías el tipo de muerte que más sintonía con tu forma de ser. Se dejó asfixiar por la negatividad de los demás. No te escuchaste a ti misma.

– Sé de eso. Era tonta y tenía un carácter irascible. Siempre he sido muy manipuladora y controladora. Estaba nerviosa y no toleraba que me contradijeran. Nunca quise ver la verdad.

– Quedarse atrapada en la ilusión y no querer ver puede provocar problemas oculares. Es mejor aprender a no temer lo que vemos, aunque pueda hacernos daño.

– Tengo los ojos un poco borrosos – se llevó la mano a la boca y preguntó, aturdida:

– ¿Voy a volver ciega?

– No. Tu periespíritu no llegó al punto de dañar su visión. Quizás naciste con un pequeño problema, un pequeño residuo que tu espíritu necesita purgar.

– ¿Qué más me cuentas?

– Creo que tienes los medios para volver a verlo.

La joven volvió a sentir mariposas en el estómago.

– ¿Encontrarlo? ¿Para qué?

– Tú misma dijiste que entendiste todo lo que te pasó en tu última existencia. Incluso afirmó que fue duro, pero lo perdonaste. ¿Estás segura que realmente sabes cómo sucedió todo? ¿Viste los hechos con los ojos de tu alma?

– Afirmativo – asintió –. Los técnicos del Departamento de Reencarnación me mostraron todo lo que pedí ver. No faltaba ningún detalle.

– Entonces no veo ninguna razón para evitar volver a verlo.

– Sé lo que pasó, soy consciente y he perdonado a todos. No obstante, te pregunto: ¿encontrarlo para qué?

Lola sonrió y la siguió hasta la banca. Ellas se sentaron. Tomó las manos de la joven y la miró.

– Sé que sería demasiado pedir que lo volvieras a encontrar en este momento. También sé que estuvieron muchos años en zonas bajas acusándose unos a otros. Ese período negro pasó y a ambos se les concedió el derecho a regresar al planeta.

– ¿Volveremos juntos? – Preguntó la joven sorprendida.

– Se está preparando. Debería renacer el año que viene.

La joven abrió y cerró la boca. Luego se mordió los labios, pensativa. Ella preguntó curiosa:

– ¿Y los otros?

– Algunos ya han reencarnado. Otros seguirán a su debido tiempo. Lo que importa es que puedas volver; sin embargo, frente al pasado, tendrás que centrarte en vencer el rechazo.

– ¿Me vas a decir que mi madre también estará?

– Necesitas reconciliarte. De nada sirve el perdón aquí en el mundo astral si no ocurre en la siguiente etapa de reencarnación, con el velo del olvido sobre los recuerdos pasados.

Había pasado por algunas experiencias para que su espíritu pudiera ver este sentimiento. La joven bajó la cabeza. Sabía que superar el rechazo sería dar un paso importante en su viaje evolutivo. Sintió que necesitaba afrontar situaciones que le hicieran enfrentar a este monstruo que tanto le había hecho daño en algunas vidas. Respiró hondo y miró fijamente a Lola:

– Estoy lista. Sé que soy fuerte y tengo amigos aquí en el astral que me inspirarán buenos pensamientos. Voy a vencer.

– Me alegra que pienses así. Mañana iremos al Departamento de Reencarnación para arreglar los detalles de tu próxima vida en la Tierra.

– ¿Debería volver pronto?

– Si todo va bien, deberías reencarnar en cuatro o cinco años.

– ¿Todavía vas a demorar todo eso, Lola?

– Agradece y aprovecha esta oportunidad. No todo el mundo tiene el privilegio de planificar un regreso a la Tierra. El tiempo pasa aquí demasiado rápido. Lo siguiente que sabes es que volverás...

– Nací, morí en 1915. Según mis cálculos, después de años de estar atrapada en esa terrible zona, creo que han pasado unos veinte años. ¿Estoy correcta?

– Eres buena organizando, pero no eres buena calculando – dijo Lola, sonriendo ampliamente –. Tu espíritu tiene vocación por la administración y las artes. Tu noción del tiempo es bastante errónea.

– ¿Por qué?

– La Tierra acaba de llegar a mediados de los años 70 – La joven se tapó la boca con la mano para no gritar de asombro.

– Estoy muerta – hizo un rápido cálculo con sus dedos –. Quiero decir, ¿llevo al menos sesenta años viviendo aquí en el astral? ¿Todo eso·?

– Seamos realistas, no es tanto tiempo. Y el tiempo que tarda un espíritu entre una encarnación y otra, también es conocido como período de erraticidad. Date cuenta, querida, que todo depende del grado de lucidez del espíritu. Algunos se quedan aquí por muy poco tiempo. Otros, según la necesidad, se quedan un poco más. Llevo mucho tiempo aquí y todavía no tengo fecha de regreso. Pero aun debes hacer algunos cursos más y prepararte para la nueva carne. Si todo va según lo previsto – Lola hizo un gracioso gesto con la cabeza –, deberías renacer dentro de cuatro o cinco años; es decir, alrededor de 1980.

– ¡1980! No lo creo. El mundo debe ser muy diferente al que yo conocía.

– En algunos aspectos, sí. La tecnología ha evolucionado mucho, sin embargo los individuos siguen sufriendo y superando los mismos miedos, traumas y prejuicios. La mente del hombre todavía avanza a paso lento. Ante la eternidad, ¿por qué apresurarse?

Ambos sonrieron y la hermosa joven apoyó sus manos en las de su amiga espiritual.

– Voy a volver y me voy a chapar...

– Voy a animar para usted. Ahora es el momento de volver a tu habitación. ¿Vamos?

La joven asintió. Tomó la mano de su amiga y la siguió a través del patio de regreso al edificio. Se despidió de Lola, entró en la habitación y miró a su alrededor. Sonrió. Hizo un pequeño agradecimiento y volvió a la cama. Pronto volvería a la Tierra. Se sintió lista para superar el rechazo que tanto la molestaba, dando el siguiente paso en el progreso de su espíritu…

Parte I

La Historia de los Padres

Capítulo 1

Aquella tarde acababa de azotar una tormenta que alivió el fuerte calor que persistía en la ciudad desde hacía unos días. La lluvia ahuyentó a la gente del cortejo fúnebre. Muchos se marcharon sin despedirse de sus familias. Las hermanas Alzira y Arlete, de diecisiete y dieciocho años respectivamente, estaban inconsolables. Las lágrimas corrían sin parar y Alzira con gran dificultad las controlaba.

Se sonó la nariz y abrió el balsa. Recogiendo rápidamente el libro que estaba arrugado y la cubierta gastada.

– Necesito estar bien – se dijo a sí misma.

Arlete estrechó la mano de su hermana y trató de sonreír:

– Este libro que leemos y releemos tantas veces... ¿será casualidad?

Alzira abrió una página marcada y muy gastada de Mirad los lirios del campo. Volvió a leer unas líneas de gran emoción: la carta que le dejó el personaje Olivia para su amado antes de morir. Nuevas lágrimas rodaron por su rostro enrojecido.

– No sé si es coincidencia, Arlete, pero la muerte de mamá exactamente el mismo día que el escritor Erice Veríssimo me hace sentir más cerca de él y de sus personajes. Es como si este llanto fuera por mamá y por él.

Oyeron una voz detrás de ellos que les reprochaba:

– Pero, ¿podría ser el diablo? ¿Ni siquiera respetan mientras el cura habla? ¿Dónde está el respeto por tu madre?

Alzira tuvo que respirar y exhalar un par de veces. Arlete le estrechó la mano, en un gesto de solidaridad. Dijo entre dientes:

– ¡Mira quien habla! ¿Apenas ayudó a cuidarla, está vigilando a esa descarada Gisele y encima intenta regañarnos?

– ¿Qué pasará con nuestras vidas cuando regresemos a casa? – Preguntó Alzira, nerviosa.

– No sé...

Arlete estaba a punto de hablar, pero el sacerdote alzó la voz y pidió a los presentes que unieran sus manos y rezaran el Padre Nuestro mientras bajaban el ataúd de Josefa al fondo de la tumba.

Las niñas tomaron una rosa blanca que estaba clavada en la corona de plata que habían enviado al velorio y la colocaron suavemente sobre el ataúd.

– Ve con Dios, madre – dijo Arlete.

– Rezaremos por tu alma – corrigió Alzira.

Olair no dijo nada. Murmuró algo y aceleró el paso. Gisele apareció de la nada, detrás de un árbol, y se acercó a Olair. Llevaba un traje negro, según protocolo, pero muy ceñido a su cuerpo, dejando ver sus bien formadas curvas. Olair sonrió y se acercó a la joven. Ella le susurró algo al oído, él sacudió la cabeza hacia un lado y volvió a sonreír. Luego le ofreció el brazo y cosecharon.

Alzira miró a su hermana y habló en tono de total desaprobación:

– Esa serpiente cascabel sale del cementerio del brazo de su padre. ¿Crees eso?

– Si me lo dijeran me costaría creerlo – respondió Arlete –. Gisele vigila a su padre desde que su madre enfermó. Apuesto a que ella va a saltar ahora.

– El padre puede hacer con su vida lo que quiera, siempre y cuando respete la memoria de nuestra madre.

Una señora se acercó y vino a despedirse de las niñas. A continuación, las saludó otra mujer, de unos cuarenta años, transmitiéndoles simpatía y solidaridad.

– Mi nombre es Celia y tu madre me gustaba mucho – le dijo a Alzira.

– Nunca la vimos en casa – dijo Arlete.

– Olair no me dejó visitar a Josefa. Recé por tu madre en mi casa, deseándole una muerte pacífica.

Las niñas no entendían lo que decía Celia. Ella sonrió y, antes de despedirse, dijo, en un tono que rezuma serenidad del alma:

– La muerte no es el fin.

Alzira y Arlete asintieron.

– ¿Será? – Preguntó Arlete.

– Cuando quieras, ven a visitarme. Podemos hablar de cualquier tema – Celia sacó de su bolso una libreta y un bolígrafo. Anotó la dirección y le entregó el papel a Arlete.

– Esta es la dirección del señor Ariovaldo, el vigilante de la escuela.

– Es mi marido – respondió Celia.

– Nos gusta el señor Ariovaldo – respondió Alzira – . Siempre fue muy amable con nosotras.

– Los visitaremos – dijo Arlete.

– Serán bienvenidas.

Celia se despidió y se fue, media docena de personas más se despidieron de ellas y, al comienzo de la noche, Arlete y Alzira se tomaron de la mano y salieron del cementerio rumbo a su casa.

Al llegar a casa, después de caminar unas cuadras, no encontraron a Olair.

– Verás que acabó llorando en brazos de esa perra – gritó Arlete.

– No hables así – Lloraron.

– ¿Por qué dices eso? Estamos de duelo, pero ¿qué pasa con papá? ¿Será realmente que Gisele es mala? Alzira, a las personas solo se les ve el lado natural. Mamá nos crio así.

La realidad es diferente. Hay personas buenas, otras más o menos, algunas son buenas y no tan buenas y hay quienes nacieron torcidos, malos por naturaleza. Gisele forma parte de este último grupo.

– Eres diferente a mí – suspiró Alzira, mientras comenzaba a preparar un poco de caldo de pollo – . ¿Es tan mala como imaginamos? ¿O estamos celosas porque papá está interesado en ella?

Arlete se rio y echó la cabeza hacia atrás.

– ¡Imagínate estar celosa! Papá apenas nos habla. Estoy segura que pronto se enojará e incluso se casará con esta lasciva.

– Mamá acaba de morir.

– Lo sé, Alzira, pero papá es un hombre y no piensa con la cabeza. Siempre ha tenido debilidad por las mujeres. Sabemos que engañaba a mamá. Siempre fue infiel.

– ¿Se volverá a casar? Si lo hace, nos iremos a la calle.

– De ninguna manera. Esta casa es tanto nuestra como suya. La mitad nos pertenece a mí y a ti.

– Lo sé, Arlete, pero no olvides que nuestro padre siempre nos decía que tenía que levantarse temprano y trabajar para mantener a tres mujeres.

– Soy una buena persona, pero tengo límites. Papá, no me vendrá con esta charla sacrificial. Si me puso en el mundo, paciencia...

Las chicas hablaron, lloraron un poco más y ni siquiera vieron la telenovela esa noche. Estaban muy tristes y, en el último año, se habían dedicado por completo a cuidar la precaria salud de su madre. Era sábado por la noche y se reían y necesitaban descansar. Necesitaban dormir y relajar su cuerpo, mente y espíritu.

Ambas estaban agotadas física y emocionalmente, Josefa padecía un cáncer que afectaba todo su cuerpo desde hacía más de un año. Olair no tenía plan de salud y Josefa tuvo que ser internada en un hospital público. En aquella época el servicio no era tan precario como lo es hoy. Los médicos hicieron todo lo que pudieron. Cuando se dieron cuenta que el estado de Josefa no hacía más que empeorar y que el cáncer la vencería, accedieron a su petición y la dejaron regresar a morir en su casa.

Las niñas cuidaron a Josefa con sumo cariño.

La bañaban, la cambiaban de ropa, le aplicaban vendas, le daban sus medicamentos, se dedicaban a su madre con celo y mucho amor. Olair no se quedó en casa y apenas mostró interés debido a la enfermedad de su esposa. Había comprado un colchón y prefería dormir en la sastrería. Se sentía mal por el olor a morfina y, con esta excusa evitó participar en el cuidado de su esposa. Olair era sastre y ejercía su oficio en una tienda alquilada en la esquina, a pocas cuadras de su casa.

Alzira y Arlete estudiaron en un colegio público y no trabajaron porque Olair afirmó que no podía pagar una empleada doméstica. Se lo arrojó a la cara de sus hijas que habían venido al mundo y eran caras. Si tenían una cama para dormir y comida en la mesa, eso no era todo. Tales beneficios no tenían valor alguno del cielo.

Por tanto, las chicas tenían que dar algo a cambio. Se levantaron muy temprano, hicieron las camas, prepararon el café y las vendas de su madre. Fueron a la escuela, regresaron y se prepararon, almorzaron. Por la tarde se ocupaban de la casa, la ropa, la cena y Josefa. Fue una vida dura. Las chicas apenas tuvieron tiempo de ver un programa de televisión o incluso salir con amigas. Olair no las dejó.

Mientras tanto, Arlete había hecho un curso de mecanografía porque ganó un concurso de revista y recibió una beca completa. Era una niña dedicada y en seis meses completó el curso.

Alzira daba clases de refuerzo de portugués y el poco dinero que ganaba lo utilizaba para comprar medicinas que ayudarían a aliviar el dolor que la enfermedad le provocaba a su madre.

Arlete había repetido primer año de colegio y, por tanto, ella y Alzira siempre estudiaron juntas y acababan de terminar el bachillerato, equivalente al bachillerato actual. A Alzira le encantaba la literatura y devoraba los libros de la biblioteca del colegio. Era fanático de Orígenes Lessa y Erico Veríssimo. Había leído innumerables veces *El Frejol y el Sueño*, de Lessa, así como los clásicos *Clarissa* y *Mirad los lirios del campo*, de Veríssimo. Tenía inclinación por la literatura y era muy buena con el horno y la estufa. Alzira cocinaba muy bien. Con la muerte de su madre, no sabía cuál sería su futuro. Quizás ella y Arlete buscarían trabajo y se ocuparían de sus vidas. Sintieron que de ahora en adelante no podrían contar con su padre.

~ 0 ~

Los días pasaron rápidamente y el primero de los otros controles llegó en Nochebuena. Alzira y Arlete no quisieron hacer nada. No tenían ningún deseo de celebrar la fecha de ese año. Todavía estaban de luto. Josefa había muerto menos de un mes antes y no veían la hora que las festividades terminaran pronto. Querían entrar rápidamente al año siguiente y olvidar ese año difícil.

Olair llegó a la casa poco después de las seis de la tarde. Tenía una canasta navideña en una mano y un pavo gigantesco en la otra.

Arlete negó con la cara varias veces.

– ¡¿Que es eso?!

– Lo obtuve de un cliente rico en Jardim França. Me dio la canasta y el pavo.

– Te explicamos varias veces que no queremos celebrar nada. Mamá murió recientemente y...

Olair la interrumpió violentamente.

– ¡Basta de lloriqueos! – Él gritó –. Soy el dueño de esta casa, aquí mando yo y debes respetarme. Estoy cansado que las velas lloren en los rincones, que besen y lloren sobre el retrato de su madre.

– Y por supuesto lloramos. Extrañamos a mamá – dijo Alzira.

– Es natural – añadió Arlete.

– ¡Natural y déjalo todo, puerca miseria! Josefa murió y no volverá. ¿No podrían aceptar la realidad? Son niñas adultas. Deberían estar trabajando y cuidando mejor esta casa en lugar de llorar – Olair exclamó. Puso su dedo en la parte superior del refrigerador y mostró su dedo polvoriento – ¿Ven? De eso estoy hablando. Ustedes ni siquiera limpian bien la casa.

– No tienes derecho a hablarnos así – argumentó Alzira –. Respeta nuestro dolor.

Olair colocó el pavo sobre la mesa y sonrió con desdén.

– Bien, bien. Soy el padre y si derramas una lágrima más por culpa de su madre, les tiro la correa.

Arlete sabía que la conversación se calentaría. Preguntó con aire de burla:

– ¿Qué vas a hacer con ese pavo y esa canasta?

– Nuestra cena. Vas a poner esto en el horno ahora.

– Es imposible – dijo Alzira – . Un pavo de este tamaño tarda horas en asarse. Además, hay que condimentarlo y dejarlo reposar en la salsa durante la noche.

– ¿No eres tú la inteligente que sabe cocinar? Así que convierte a este animal en algos que puedas comer. Todavía hoy.

– Pero hay que condimentarlo, ya lo dije. Solo si es para mañana – respondió Alzira, con toda la paciencia del mundo.

Olair se encogió de hombros.

– Sin problemas. Aquí en esta cesta – señaló – hay muchas cosas. Voy a la panadería de la esquina a comprar mayonesa, farofa y solomillo. Tengamos la cena de Navidad.

– Pero... – intentó argumentar Alzira de nuevo. Olair respondió secamente:

– Gisele viene a cenar con nosotros.

– Ah, ahora lo entiendo – intervino Arlete con una risa irónica.

– Entonces no necesitamos pavo. Cenaremos pollo.

Alzira se rio y apenas se dio cuenta cuando el brazo de Olair voló hacia arriba y su mano grande y abierta golpeó a Arlete directamente en la cara. ¡Plaff! La bofetada fue fuerte. Ella estuvo mareada por un momento.

– Nunca vuelvas a referirte a Gisele de esa manera – dijo Olair, en tono amenazador – . Si vuelves a hablar mal de la chica, además de otras bofetadas más fuertes, te daré una paliza que acabará con tu carrera, además de marcarte para el resto de tu vida, desgraciada. ¿Por qué tuve hijas? ¿Para qué? – Olair habló enojado, giró sobre sus talones y se fue. Llamó a la puerta del salón con un altavoz. Alzira corrió hacia su hermana.

¿Estás bien, Arlete?

– Hum, hum.

– ¿Dolió?

– ¿No estás acostumbrada a estas bofetadas? ¿Recuerdas cuando éramos pequeños? Siempre nos abofeteaban sin saber por qué.

– Crecimos siendo golpeadas. Mamá intentó ayudar, pero la pobre empeoró aun más.

– Papá es grosero, estúpido. No sabe cómo tratar con los seres humanos. No le gustaba mamá y no le gustamos nosotras, Alzira.

– Nunca nos dio un beso ni un abrazo. Espero que le vaya muy mal.

– No me digas así – dijo Alzira, mientras ayudaba a Arlete a recomponerse – . Papá no sabe lo que dice.

– Pero él sabe lo que hace. Le encanta pegarnos. Estoy harta de todo esto.

– Nuestra vida es muy aburrida. Ahora que mamá está muerta, tengo ganas de salir de aquí.

Arlete tuvo una idea.

– ¿Por qué no hacemos las maletas y nos vamos? ¿A pesar de eso?

– ¿Cómo? ¿A dónde?

Podemos buscar una pensión para niñas. La hija de Marivaldo, de la escuela, después de quedar embarazada, se fue a vivir a una pensión cercana al convento.

– Esa pensión solo acepta chicas embarazadas. Éste no es nuestro caso – explicó Alzira.

O podemos intentar encontrar a la tía Lourdes.

– ¿Tía Lourdes? Si papá nos oye decir su nombre…

– Ella es nuestra pariente viva, y hermana de padre, mamá siempre hablaba de tía Lourdes con cariño.

– Podemos pensar en buscarla. Sin embargo, no tenemos foto, dirección, nada.

– Eso creemos, Alzira.

– Bien, pensemos en esta noche. No queremos quedarnos aquí.

– No puede hacernos esto – dijo Arlete, sacudiendo la cabeza a los lados. Es terrible. Él está sufriendo el recuerdo de nuestra madre. Y, peor aun, no respeta nuestro dolor.

– Tampoco creo que sea justo.

– ¿Qué tal si le damos el fuera? – Sugirió Arlete, desafiante.

– ¿Dónde pasar la Nochebuena? ¿En la calle?

– Podemos ir a la escuela. El señor Ariovaldo, el vigilante, es nuestro amigo. Su esposa fue muy amable con nosotros.

– Me gusta la señora Celia. Había tanta dulzura en su voz cuando vino a saludarnos al cementerio – dijo Alzira sonriendo – . Ahora que lo pienso, ir a casas ajenas sin ser condescendiente, ¿no es aburrido?

– Es Nochebuena, Alzira. Nos quedaremos solo un rato, así no tendremos que cenar con esa descarada Gisele.

– No sé...

– Alzira, deja de tener miedo. ¿Quieres quedarte aquí y tragarte a esa perra?

– No pude soportarla.

– No tenemos alternativa. Vamos a salir. Papá se enojará.

– Nada lo hará. Puede que al principio esté nervioso, pero luego agradecerá a Dios por estar a solas con la serpiente. Está más de humor para salir con esa chica corriente que para celebrar la Navidad con su familia.

Alzira estuvo de acuerdo. Era mejor estar fuera de casa. No podía soportar ver a mi padre abrazado a Gisele y celebrando una noche en la que ella prefería estar encerrada en su habitación, leyendo a Erico Veríssimo, tratando de absorber la dulzura y la comprensión de Olivia, el personaje clásico del libro.

– Alistémonos.

– ¡Nada! – Añadió Arlete – . Papá volverá pronto. No quiero volver a ver su cara hasta mañana.

– Es lo correcto. Vamos.

Las dos se juntaron, dieron la vuelta a la esquina y se dirigieron a la escuela. El edificio estaba a oscuras y no había señales del vigilante.

– Es Nochebuena – dijo Alzira – . Las calles están desiertas.

– Deben estar en casa. Aquí está la dirección que nos dio doña Celia – dijo Arlete – . Tocamos el timbre y...

Apareció Ariovaldo, el vigilante, y las saludó:

– ¿Qué hacen aquí? Se está haciendo de noche.

Se miraron y Arlete dijo:

– ¡Señor Ariovaldo, por Dios! Vinimos aquí buscándote.

– ¿En serio?

– Sí. Nos gustaría ir a tu casa y... – Alzira protestó:

– No es que queramos ir a tu casa, pero... – Arlete interrumpió:

– No queremos pasar la Navidad en casa – Él asintió.

– Entiendo. Esa casa quedó muy triste después de la muerte de Josefa.

– Así es. Nuestro padre quiere preparar la cena y nosotros no queremos. No tenemos ganas de celebrar nada.

– ¿Por qué no celebrar? Entiendo tu dolor. Perder a un ser querido siempre nos causa un gran sufrimiento interior. Sin embargo, todo es temporal, pronto nos volveremos a encontrar todos.

– Enterramos a nuestra madre – dijo Arlete, triste – . Todo se terminó.

Ariovaldo colocó suavemente su mano sobre la de la joven.

– La muerte no es el fin.

– Su mujer nos dijo lo mismo en el funeral – consideró Arlete.

– Celia y yo tenemos otra visión de la vida y la muerte – respondió Ariovaldo, con una sonrisa.

– Hubo un tiempo – añadió Alzira –, en que mamá nos decía que creía en la continuidad de la vida después de la muerte del cuerpo. Estaba enferma, postrada en cama, y un día contó que su madre había ido a visitarla a su habitación.

Arlete se sorprendió:

– ¡Nunca lo supe! – Alzira sonrió.

– A mamá le gustaba hablarme de estos temas. ¿Recuerdas mis pesadillas?

– ¡Y cómo!

– Mamá me llevó a doña Augusta y fui bendecida. Después de algunas oraciones, nunca más volví a tener esas pesadillas. Cuando los médicos liberaron a mamá y regresó a casa, ella me confió que veía a su madre en su habitación de vez en cuando.

– Eso es imposible. La abuela murió antes que naciéramos. Mamá debió estar alucinando – Arlete cambió su tono de voz y sacó pecho, actuando como una adulta y sabelotodo:

– Los médicos dijeron que podría perder la cabeza.

Ariovaldo intervino en la conversación:

– Creo que tu madre realmente debió ver el espíritu de tu abuela – a Alzira se le puso la piel de gallina y se aferró a los brazos de su hermana.

– Tengo miedo de los fantasmas.

– No lo tengo – respondió Arlete –. Puedes hablar de estos asuntos conmigo. Ya soy mayor y no tengo miedo.

Alzira iba a protestar; sin embargo, Ariovaldo, al darse cuenta que la conversación no tendría fin, invitó:

– Vengan a cenar con nosotros. Será un placer recibirlas. A Celia le encantará, pero, les advierto, es una casa muy sencilla.

– Nosotros también vivimos en una casa muy sencilla – añadió Alzira – . ¿Estás seguro que no molestaremos a tu esposa? No queremos colarnos en tu cena.

Ariovaldo se rio.

– Ustedes dos no van a entrar. Celia y yo no tenemos parientes en São Paulo. Nuestra única hija se casó tempranamente y su marido fue trasladado a Argentina.

– Me encantaría visitar Argentina – suspiró Alzira – . Nunca salimos de São Paulo.

– Una vez, hace muchos años, nuestro padre nos llevó, evidentemente disgustado, a pasar unos días en Praia Grande – añadió Arlete.

– Iara nos envió unas fotos de ella y su marido en Buenos Aires. Te las mostraré, Alzira.

– ¡Oh! Me encantaría verlas, señor Ariovaldo. Un día iré allí.

– Por supuesto que lo harás – consultó su reloj y continuó:

– Normalmente cenamos sobre las ocho de la noche, ya casi llegamos a la hora.

Las dos se miraron y asintieron.

Ariovaldo sonrió y concluyó:

– Será una velada muy agradable. Te encantará.

Capítulo 2

En otro extremo de la ciudad, en la región de Morumbi, los empleados se apresuraban a hacer los últimos preparativos para la gran cena. Poco a poco los numerosos invitados fueron llegando a la elegante mansión del empresario Américo Gumercindo Calini. La invitación para participar en cualquier evento en su casa era muy buscada. Artistas, empresarios, políticos y toda la crema de la sociedad paulista lo adoraban.

Américo era muy simpático, tenía un gran carisma. Es alto, alto y tiene ojos verdes brillantes, con rastros de ascendencia europea, su cabello era espeso y ligeramente plateado, peinado hacia atrás. La ropa siempre te queda muy bien. Tenía una constitución atlética y lo acosaban mucho. Provenía de una familia humilde de inmigrantes italianos, que llegaron a la capital de São Paulo a principios del siglo XX. Después de mucho trabajo, su abuelo montó una tienda de abarrotes que vendía productos secos y alimentos. La tiendita creció, se expandió a otros tres grandes mercados y, unos años más tarde, el papá de Américo creó una de las primeras cadenas de supermercados del país.

Américo tenía un hermano más, Adamo. Le gustaba la arquitectura, había decidido completar sus estudios en Italia y, de vez en cuando, venía al país. Mantuvo amistad con Américo e intercambiaban cartas con regularidad. Américo y su hija visitaban a Adamo con frecuencia.

Américo gestionaba ahora la red, que había crecido significativamente, llegando al interior y también a otras capitales del país.

En su juventud, Américo había tenido novia. Estaban muy enamorados e hicieron planes para la boda; sin embargo, en una fiesta llena de mucha bebida, el chico se lio con una joven y la dejó embarazada.

Consciente de su desliz, América, de mala gana, terminó la relación y se casó por la fuerza con Amelia Vaz, una chica perteneciente a una familia tradicional de São Paulo.

Este hecho fue destacado en las revistas de la época debido al matrimonio de un nuevo rico con una mujer de cuatrocientona; es decir, perteneciente a la antigua aristocracia paulista, descendiente de los barones del café.

Unos meses después de la boda, Amelia dio a luz a una hermosa niña, Valeria. Lamentablemente, Amelia murió a causa de una grave hemorragia pocos días después de dar a luz.

Ante tan triste hecho, Américo se convirtió en el viudo más querido, popular y acosado de su tiempo. Fue tras su antigua novia, su gran amor, pero ella desapareció como polvo en el aire. Américo incluso pagó a un detective, pero nada. La joven había desaparecido. Desilusionado y triste, ya no quiso tener una relación seria con ninguna mujer y se lanzó de lleno al trabajo. Su negocio prosperó y crio solo a su hija. ·

Valeria acababa de cumplir dieciocho años y Américo, cumpliendo todos los deseos de su hija, le había comprado un coche de última generación. El coche estaba escondido en el garaje y sería su regalo de Navidad.

La chica era hermosa. Se parecía a su padre. Tenía un cuerpo esbelto, lleno de curvas bien formadas. Valeria también tenía ojos verdes, que combinaban maravillosamente con su cabello rojizo y naturalmente ondulado. Las pecas de su rostro le daban el aspecto de una chica traviesa.

Incluso con excesivos mimos, creció decidida, amable y responsable de su nariz. Valeria tenía buen corazón. ¿Generalmente el lado mimado? Apareció cuando quiso que su padre hiciera lo que ella quería. Con sus amigos e incluso con sus empleados era cordial y muy amigable y, tal vez por experiencias pasadas, le aterrorizaban los niños. Huyó de un niño, o del contacto con él, como el diablo huye de la cruz.

Valeria tenía un gran cariño por Américo. Cuando ella tenía alrededor de diez años, él intentó salir con algunas mujeres, pero la relación nunca despegó. Valeria siempre encontró la manera de arruinar las relaciones afectivas de su padre. Luego, cuando entró en la adolescencia y empezó a sentirse atraída por los chicos, se volvió más maleable, hasta el punto de cambiar de actitud y empezar a pensar en encontrar a alguien para su padre.

– Ahora más aun – se dijo mientras se acomodaba frente al espejo del baño.

– ¿Ahora qué? – Preguntó la dulce Natalia, amiga de Valeria desde la infancia.

Natalia era la única persona sobre la faz de la Tierra, excluyendo Américo, por quien Valeria sentía un enorme cariño y confiaba en ella. Valeria le contó a su amiga absolutamente todo sobre su vida. Natalia, a su vez, estaba muy apegada a Valeria, porque tenía un corazón de mantequilla y muchas veces se ponía de mal humor porque no sabía decir que no. Creía que necesitaba resignarse y aceptar las situaciones sin obligarse a cambiarlas. Si le sucedía algo adverso, era porque tenía que ver con alguna acción incorrecta en una vida pasada.

Natalia estaba muy ligada al Espiritismo y trataba de convertir a la gente a aceptar el mundo de los espíritus. A Valeria no le importaba ese lado de Natalia. Le gustaba su amiga de todos modos. Cuando a Natalia se le ocurrió alguna charla sobre aceptar las influencias astrales negativas sin cuestionarlas, Valeria se salió con la suya: "Yo soy dueña de mis pensamientos. Nadie tiene poder sobre mí."

Valeria sacudió su cabello y se puso un poco de perfume en las trenzas de su regazo y cuello.

– Mi padre nunca ha sido más guapo y nunca hemos tenido tanto dinero. Fue elegido empresario del año y habrá mujeres en su jardín.

– Siempre hay una mujer a los pies del señor Américo – añadió Natalia, mientras se arreglaba el moño.

– Sé de eso.

– ¿No me vas a decir que tienes celos de tu padre? Pensé que esa fase había pasado.

– Ya pasó. Ya no soy el tipo de hija que intenta destruir las relaciones de su padre. Estoy en otra. Me gustaría mucho que mi padre encontrara una novia, una mujer a la que le guste él de verdad. La mayoría solo quiere su dinero.

– Es un hecho.

– No permitiré que ninguna mujer se le acerque por intereses económicos. Mi padre es bueno y merece una buena mujer que le haga compañía en el barco. Tiene que tener una mujer que lo ame de verdad. No de ese grupo de mujeres falsas que quieren joyas y una vida lujosa. Mi padre no es una institución financiera, es un hombre con sentimientos.

– Estoy de acuerdo. No olvides que tu padre huele una mujer interesada. Sabe manejarse solo.

A pesar de su peculiar visión de la espiritualidad, Natalia era una chica encantadora. Hija de padres que alguna vez habían sido ricos, se llevaba muy bien con Valeria. La familia de Natalia había perdido toda su fortuna. Al padre le encantaban los juegos de cartas y, con el paso de los años, todo lo que tenían lo perdió para pagar deudas, que no hicieron más que aumentar. Sus padres se separaron, ella y su madre se mudaron a un barrio más sencillo y empezaron sus vidas de nuevo.

Elenice, la madre de Natalia, había estudiado, aprobó un concurso y se convirtió en maestra de escuela pública. Mujer de temperamento equilibrado, no soltó a sus amigos que la condenaban por convertirse en una mujer divorciada. En este momento de la historia, una mujer separada fue víctima de los dedos acusadores de la sociedad. Los amigos se alejaron por temor a que la chica divorciada se arrojara sobre sus maridos. Este tormento solo terminaría con la aprobación de la ley de divorcio.

A Elenice ni siquiera le interesaba la sociedad, era una mujer de actitud firme, con dominio de su nariz. Había conocido a Milton, un jubilado municipal de cuarenta años que vivía a pocas cuadras de su casa, y se casaron en Uruguay. Vivían en una casa modesta, pero decorada con excelente gusto, debido a la exquisita educación y vida de lujo que algún día tuvo Elenice.

Natalia acababa de realizar el examen de ingreso a arquitectura. De mediana estatura y cuerpo bien formado, la joven llamaba la atención de los chicos más por su dulzura y suavidad en su voz que por su físico.

Ella sonrió ante su reflejo en el espejo.

– Somos hermosas.

– No lo somos – concluyó Valeria –. Somos divinas.

– Mamá debe estar preocupada. Hemos estado aquí en la sala durante mucho tiempo.

– Tienes razón – asintió Valeria –. Y, para ser honesta, necesito parecer sorprendida. Papá cree que no lo sé, pero ese Maverick en el garaje será mi regalo de Navidad.

– ¡Guau! – Exclamó Natalia –. Un coche muy bonito. Por cierto, ¿está lista tu licencia de conducir?

– Todavía no. El desafortunado despachador se fue de vacaciones y solo regresa después de ellas.

– Mejor no usar el auto hasta que... – Valeria interrumpió a su amiga:

– Oye, ¿estás loca? ¿Crees que no conduciré mi auto nuevo?

– Sabes conducir, pero no tienes licencia. No te meterás en problemas.

– Darío conduce.

Natalia suspiró. Valeria se dio cuenta y, mientras se ajustaba los aretes en las orejas, dijo:

– Realmente no te gusta, ¿verdad?

– He sido tu amiga desde siempre. Ya sabes lo que pienso de Darío. Siempre fuiste mimada...

Valeria la interrumpió:

– No exageres.

– Amiga, siempre quisiste que tu padre hiciera todo lo que tú querías. Recuerdo que eras menos imprudente, empezaste a meterte en problemas después de la muerte de Taviño y empezaste a salir con Darío.

– ¿Qué problema? ¿Salir a bailar a una discoteca y meterse en líos? Me gusta divertirme.

– Soportar la carga energética del medio ambiente. Si entro en una discoteca, me entero de todo lo malo que hay allí.

– Ahora, ¿por qué no tomas lo que tienes?

– ¿Y hay algo bueno en una discoteca?

– No seas aguafiestas. Hay mucha gente que sale de noche a bailar, relajarse, relajarse, conocer a alguien, ligar... La noche puede ser muy buena, o muy mala, depende de tu cabeza y no de la "energía" del lugar.

– Pensamos diferente. Prefiero quedarme en casa y leer.

– Cada uno hace lo que cree que es mejor. Prefiero salir.

– Volviendo a Darío. Aunque soy la amiga rara que siente cosas, no me agrada.

– Él me gusta. Darío me ayudó a aguantar cuando perdí a mi exnovio.

– No estabas enamorada de Taviño. Era una relación escolar, algo temporal. La conozco bien y sé que ella nunca lo amó. De hecho, cuando tenía quince años, no tenía idea de lo que era el amor.

– Tienes razón. Pero Darío es bueno.

– Puede que sea una buena persona, Valeria, pero le gusta la bebida y las drogas. ¿Qué futuro esperas al lado de un chico que disfruta de las drogas?

– Algo pasajero. ¿Quién dijo que me voy a casar con Darío?

– Pero tú... – Natalia se sonrojó – ¡tú... tienes intimidad con él!

– ¿Y eso? Eso no significa que me vaya a casar con él. Despierta, Natalia. Estoy disfrutando de la vida. Eso es todo.

Natalia giró la cabeza hacia un lado, negando.

– ¡Tu eres tan bonita! Hay muchos más chicos interesantes a tus pies. ¿Qué opinas de Lauro Vasconcellos? ¿Es el hijo de ese ministro de la Corte Suprema, Robertiño?

– No son para mí.

– Darío tampoco es para ti. Piensa y reflexiona, querida – reflexionó Natalia – . Reevalúa tus sentimientos. No pierdas el tiempo en cosas que no te hacen feliz.

– Voy a pensar. Tú, a veces, eres capaz de decirme cosas que me conmueven.

– Ese movimiento en un sentido nato. Realmente me gustas.

Natalia abrazó a Valeria y la besó en la mejilla.

– Sepa que siempre estaré a tu lado, pase lo que pase.

Valeria se conmovió y se alejó, secándose los ojos con el dorso de las manos.

– Deja de hablar así. De esta forma pasaremos horas maquillándonos todo.

Se rieron y, al salir de la habitación y pasar por el pasillo, Natalia notó que había un marco diferente sobre una cómoda.

– No recuerdo ese marco – señaló – . ¿Quién es este hombre?

Natalia habló y sintió un calor subir por su cuerpo. Valeria se rio.

– ¿Te gustó?

– Vaya, me gustó. ¿Lo quiero?

– Es mi tío Adamo.

– Es tan diferente. Solo lo conocí por esa foto – señaló un marco con una fotografía deteriorada por el tiempo, en la que aparecía un joven con el rostro vuelto hacia un lado.

– Ah, estabas acostumbrada a esta vieja foto de mi tío. Esta foto en blanco y negro es de nuestra época. Debe haber sido tomada cuando se mudó a Italia.

Natalia quedó impresionada. Y no estaba exagerando. Si Américo era un hombre apuesto, Adamo era un dios griego. Parecía un galán de cine. Me recordaba un poco al actor Robert Redford en su juventud. Adamo tenía cabello rubio trigo, ojos verdes, grandes y expresivos. La boca estaba formada por labios carnosos y la sonrisa era impresionante.

Valeria sonrió.

– Se burló de mi tío – Natalia se sonrojó.

– ¿Él es casado?

– Soltero confirmado. Hasta donde yo sé, nunca ha tenido citas serias – Natalia sintió un nuevo escalofrío de emoción. Ella no dijo nada.

– Vamos a bajar. Llegamos tarde.

– Mira, no sé qué me hace ser tan amiga y gustarme tanto. No tenemos gustos comunes – dijo Valeria.

– Nunca me interesaría un chico como mi tío. Prefiero la gente de piel oscura, con mala cara. No me gusta un hombre con cara de ángel.

– Es bueno que no nos guste el mismo chico. ¿Imaginas lo complicado que sería eso?

– Por eso me atrae Darío, Natalia. Él tiene constitución grande, cuerpo musculoso y rostro sórdido. Eso sí, me atrae.

– ¿Por qué no estás a la altura de los elogios de Tomás? Tiene cara de malo, cara de gánster.

Valeria cerró los ojos y suspiró.

– Tomás es el hombre que soñé tener por el resto de mi vida.

– No entiendo – se sorprendió Natalia – . Tomás está loco por ti. ¿Por qué no salen?

¿Estás loca, Natalia? Marion sufre alucinaciones con Tomas.

– ¿Y eso?

– Pues, no quiero ninguna confusión de mi lado. Tomás es un tipo muy interesante, incluso más que Darío. Sin embargo, prefiero tener ganas y olvidarme de él que tener que enfrentarme a Marion. ¿Recuerdas cuando Tomás besó a Laura en la fiesta de mi decimoquinto cumpleaños?

Natalia sintió un escalofrío recorrer su cuerpo.

– ¡Cómo lo recuerdo! Marion casi arruina tu fiesta. Fue una pelea a gritos, una pelea como esa.

– Eso no es nada – dijo Valeria – . Lo más aterrador es que a Laura la atropellaron al día siguiente de la fiesta y casi muere. Se quedó coja la pobre.

– ¿Crees que Marion... – Natalia no continuó.

– Seguramente. Uno de los que vio el accidente afirmó que el coche era un Corcel GT rojo con franjas negras. Y las letras del cartel eran BT. ¿Quién tiene un auto según esta descripción?

Natalia se tapó la boca con la mano. Se quedó atónita.

– Nunca lo supe.

– Me dijo papá. La familia de Marion le dio dinero a esta testigo y ella regresó a la comisaría y lo negó todo. Dijo que el auto era un 10. ¿Quiere saber? En el fondo estoy enamorada de Tomás, pero no quiero correr ningún riesgo. No quiero ser la próxima víctima de Marion.

– Si hablas con Tomás, de repente...

– ¿Para qué? Sé que si abro mi corazón, él romperá con ella. Pero voy a hacerme un enemigo por el resto de mi vida. No quiero eso para mí. Soy muy joven y todavía tengo que encontrar un hombre que me atraiga de la misma manera que me encantó Tomás.

– Tienes razón – asintió Natalia – . Sigo prefiriendo a tu tío.

Ambas rieron a carcajadas. Valeria puso sus manos sobre las de su amiga.

– Dejemos de lado nuestros gustos por hombres. Lo importante es que nos gustamos sinceramente.

– Es verdad.

– Quizás sea algo de una vida pasada – añadió Valeria. Natalia sonrió.

– ¿Dices esto para burlarte de mí, o porque me interesa el tema?

Valeria le pasó la mano suavemente por la frente de la amiga.

– No sé. A veces creo en algo más allá, pero también, bueno, hay veces que creo que todo termina con la muerte. Es el fin. Quizás tengamos miedo de admitir que la vida es una. Es por esto y otras cosas que disfruto la vida.

Es necesario que haya un poco más de equilibrio.

– Lo intento, aunque no es fácil.

– Si leyeras un poco de los libros espirituales que intento hacerte leer...

– Ése es el problema: quieres imponerme algo que todavía no estoy preparada para comprender.

Las dos continuaron su conversación y caminaron por el pasillo. Bajaron la escalera de caracol de mármol blanco, agarrándose de la hermosa barandilla de bronce, y pronto pudieron escuchar el ruido y la emoción de los invitados fuera de la mansión, ya sentados en mesas circulares a lo largo del vasto jardín al borde de la piscina.

Américo estaba hablando con un banquero y su esposa cuando su hija lo abrazó.

– Te extrañé – dijo Valeria, depositando un beso en su mejilla.

Le devolvió el beso a su hija y le presentó a la pareja. Valeria apenas los saludó y llevó a su padre a su mesa. Estaban Elenice, Milton y, por supuesto, Natalia. Américo los saludó y se sentó. Mientras el camarero le servía un vaso de hielo, comentó:

– ¡Hermosa noche! Tenía miedo que la lluvia nos sorprendiera.

Milton se acomodó en la silla y dijo:

– Tu casa es muy hermosa. ¡Felicidades!

– Merezco felicitaciones – dijo Valeria – . ¿Bien por qué? Me encargo de la decoración de la casa. Me gusta cambiar y combinar muebles, me interesan las combinaciones de colores...

Américo sonrió satisfecho:

– Esta chica tiene un gusto excelente. Desde pequeña garabateaba las habitaciones en cuadernos, utilizando rotuladores de colores para cada ala de la casa. Luego diseñó los muebles, los cortó y los distribuyó en la hoja de papel.

Elenice intervino:

– Recuerdo cuando nos mudamos y Valeria estuvo dos días arreglando los muebles.

– Tú vivías en una casa grande y de repente te mudaste a una casa muy modesta. Si no fuera por mi previsión y sentido del espacio, ¿cómo encajarían esos enormes muebles en la casa? ¡Yo era un genio!

Todos rieron y Elenice continuó:

– Tienes sentido para la decoración, Valeria. Lo logró cuando tomó el examen de ingreso a arquitectura.

La joven se encogió de hombros. Se echó el pelo hacia atrás y dijo:

– No me dedico a estudios como Natalia. No voy a aprobar el examen de ingreso.

– Ahora, ¿qué es esto, niña? ¿Renunciar justo antes de realizar el examen?

– El examen de ingreso es algo serio, solo sirve para personas que estén en todo, quien es verdaderamente dedicado. No estoy acostumbrada a estudiar horas como lo hace Natalia, quizás más adelante haga algún curso en Italia y, al regresar, papá me regalará un estudio de decoración.

– Me propongo darte el mejor lugar de la ciudad. Pienso en el barrio de Jardins.

Elenice exclamó:

– ¡Perfecto! Viví en Jardim America durante muchos años. Allí se encuentran maravillosas mansiones, ideales para albergar un bonito estudio de decoración.

Valeria suspiró:

– No lo sé con certeza.

– ¿Por qué?

– A veces quiero irme de aquí. El tráfico en São Paulo es cada día más insoportable.

– Es el progreso – dijo Milton –. Actualmente tenemos una línea de metro, estamos a la par de las grandes metrópolis del mundo.

Valeria se rio con desdén.

– Milton, no compares esta ciudad de crecimiento desorganizado con Nueva York, Londres o París. Nuestro metro no conecta nada con ningún lugar.

– Va desde el barrio de Jabaquara hasta Santana.

– Y aun no hay fecha para la inauguración de la estación Se, que es la principal. Este es un país de quinta categoría.

– Repito de nuevo. Es progreso.

– Me irrita el desprecio de la sociedad. Milton, ¿viste cuántas propiedades fueron derribadas para crear esta estación Praça da Sé? – Preguntó Valeria, angustiada.

– Valeria está preocupada por el deterioro del patrimonio público. Siempre ha sido así, desde pequeña – admitió Américo.

Ella estaba emocionada, tomó un sorbo de champán y le preguntó a Milton:

– ¿Qué dices del Palacete Santa Helena? – Él silbó.

– ¡Uno de los edificios más bellos jamás construidos en la ciudad!

– Exacto – corrigió Valeria – . Una mansión cuya fachada estaba llena de esculturas y fue diseñada por el arquitecto Italiano Corberi. Estaba ubicado en la Praça da Se y se inauguró en 1922. En su interior, además de tiendas y oficinas, también había un cine tan lujoso como el Teatro Municipal, el Cineteatro Santa Helena. La mansión fue demolida para la construcción de la estación central del metro, que se llamaría Clovis Bevilaqua. Ahora se llamará estación Se. La destrucción de la mansión – Valeria tomó un sorbo de su vaso de champán y continuó – , era completamente innecesario. Es una gran pérdida arquitectónica para la ciudad.

– ¡Dios mío! Esta chica es una enciclopedia de arquitectura.

Américo sonrió con orgullo.

– ¡Es mi hija!

Valeria sonrió y concluyó:

– Además, decidieron retirar del lugar el edificio Mendes Caldeira, con la misma justificación; es decir, que era necesario derribarlo para construir el metro. ¿Destruir uno de los edificios más grandes de la ciudad? Es una locura. ¿Por qué me pongo triste y enojado? Nuestro patrimonio, nuestra memoria, en general, se va destruyendo cada día que pasa.

La conversación fue animada e interesante; sin embargo, una voz profunda los saludó y luego dijo:

– Valeria tiene razón. Esta ciudad es una basura.

Todos se volvieron hacia la voz. Era Darío, el amigo más cercano de Valeria. Llevaban algunos años saliendo. Américo, al principio, no permitiría la relación; sin embargo, como Darío era hijo de un famoso banquero de São Paulo y Américo había pedido algunos préstamos a las instituciones de ese banquero, se hizo pasar por muerto y dejó que la relación siguiera adelante, para evitar que problemas personales interfirieran con el negocio. Américo sabía que tarde o temprano su hija podría casarse con

Tomás. El chico era de una gran familia y nació bueno. Américo soñaba con esta unión.

Natalia lo saludó fríamente.

– Hola.

Darío respondió a todos con un "¿Cómo están?" y acercó una silla. Se unió al grupo. La conversación tomó otro rumbo. Natalia y su madre se levantaron para dar un paseo por el jardín. Milton y Américo comenzaron a hablar sobre las previsiones económicas para el próximo año. Darío acercó a Valeria a su pecho.

– ¿Qué pasa, cariño? ¿Dejamos esta tonta fiesta y nos divertimos de verdad?

Valeria sonrió y no dijo nada. Recordó la conversación con Natalia. ¿Por qué, después de todo, le resultó tan difícil dejar a Darío?

Era un joven atractivo y lleno de encanto. Alto, guapo y bronceado, muchas mujeres se acercaron a Darío. Pero el joven tuvo una vida muy vacía. Había repetido dos veces tercer año de secundaria y no le interesaba nada. Rico, bien nacido y mimado por sus padres, Darío era del tipo alborotador, tenía predilección por los chistes estúpidos y sin gracia. Buscaba peleas dondequiera que estuviera y tenía muchos enemigos. Habían pasado unos tres años desde que su mal comportamiento había empeorado. Darío se había vuelto más violento y estúpido, y a veces no era consciente de lo que hacía.

Para ilustrar la situación, una vez peleó con un muchacho por algo tonto. Darío nació de la pelea, había practicado judo durante muchos años, pero en este caso en particular, golpeó al chico hasta dejarlo inconsciente. Él casi muere. Darío juró que no recordaba haber golpeado al tipo. Solo recordó haberse sentido muy enojado, literalmente quedando ciego de odio y desmayándose. Cuando volvió en sí, no recordaba lo que había hecho. Sus padres lo llevaron a un psiquiatra de renombre y solo notó cierta desviación en su patrón de conducta. Luego los padres se separaron. La madre se fue a vivir a Estados Unidos. El papá se volvió a casar y acababa de tener un hijo. Ni siquiera estaba contento con el comportamiento de Darío. No le importaba su hijo.

Valeria sentía una fuerte atracción por el muchacho, nunca lo había amado. Fue atracción física, nada más. Se habían conocido en la escuela secundaria. Darío tenía ahora veintiún años y vivía de asignaciones que su padre depositaba regiamente en una cuenta bancaria. Solitario y sin perspectivas de construir una vida sólida y digna, se dejó llevar por fiestas llenas de mucha bebida y drogas.

La cocaína comenzó a tener éxito entre las clases más favorecidas de la sociedad, convirtiéndose en un elemento imprescindible en las fiestas de gente chic y famosa, que en aquella época eran conocidos como granofinos. Darío era un consumidor habitual de marihuana. Curiosamente, desde hacía tres años se había vuelto adicto a la cocaína.

Natalia ya lo había pillado montando un vehículo de seis ruedas. Alertara a Valeria, pero su amiga dijo que Darío era mayor de edad y responsable de sí mismo. Podía oler o fumar lo que quisiera. Mientras él siguiera siendo un amante nato, a Valeria no le importaba ese lado oscuro de su novio. Le encantaría apostar por Tomás, pero estaba saliendo con Marion. Y Valeria no quería enfrentarse a la maldad de Marion.

Después que se sirvió la cena y se marcharon los invitados, ya era temprano en la mañana. Natalia se despidió de su amiga y terminaron reuniéndose después del día de Navidad.

En el auto, les comentó a su madre y a su padrastro:

– Se me pone la piel de gallina cuando Darío se acerca.

– Ya he visto algunas sombras oscuras a su alrededor – dijo Elenice – . Este chico necesita tratamiento espiritual.

– Me siento mal a su lado. Nací así, una esponja.

Tomo todo lo que es carga de otra persona.

– Necesitas prestar más atención a tus pensamientos y filtrar mejor lo que captas, hija mía. Somos dueños de nuestra mente y no podemos permitir que ningún pensamiento nos invada.

– Aquí vienes a decirme que estoy equivocada en mi forma de pensar. Tengo mucha sensibilidad, paciencia.

La conversación sigue la misma letanía: Elenice advierte a su hija que sea una persona más firme y menos susceptible de las cargas ajenas, y Natalia excusando su extrema sensibilidad, diciendo que nació así y no podía hacer nada. Milton ya sabía el rumbo de la conversación y dijo:

– Ese chico necesita, sobre todo, apoyo y atención de sus padres. Darío no tiene límites y podría pagar caro los excesos que comete.

Natalia cerró los ojos y dijo una ligera oración a su amiga. Aunque creía que su amiga estaba loca, Valeria le agradaba sinceramente.

– Le pido a Dios que proteja a mi amiga. ¡Que no le pase nada malo!

Capítulo 3

Eran más de las diez cuando Alzira y Arlete se despertaron.

– Buenos días – dijo Alzira.

– Feliz Navidad, hermana mía – dijo Arlete y se puso de pie.

Se acercó a la cama de su hermana y la besó en la cara.

– Anoche fue muy agradable. El señor Ariovaldo y la señora Celia son personas encantadoras.

– Sentí allí una paz inmensa. Incluso después de la muerte de mi madre, me sentí acogida por esta gente sencilla y buena.

– Yo también – asintió Alzira.

– Sabes, noté una presencia durante la cena.

– ¿Presencia? ¿Cómo así? – Preguntó Alzira.

– Como si alguien invisible estuviera allí. ¿No notaste el ambiente de armonía que reinaba en aquel bendito hogar?

– Arlete, te estás imaginando cosas. La noche estuvo genial, pero estábamos tú, el señor Ariovaldo, su esposa y yo. Quizás te impresionó esa charla sobre espíritus.

– Doña Celia es una mujer sencilla pero muy inteligente. Hablaba del Espiritismo de una manera tan... tan natural, ¡esa es la palabra!

– De hecho, estoy de acuerdo contigo. Incluso a mí me interesó el tema. ¿Te gustó que ganáramos esta novela, *Entre el amor y la guerra*?

– Nunca un romance espiritual, Alzira. Ya había escuchado comentarios positivos sobre esta escritora – tomó el libro y leyó el nombre –. Zibia Gasparetto.

– Doña Celia dijo que acaban de lanzar el libro.

Es un gran éxito de público – Alzira abrió y leyó en voz alta un extracto del prólogo:

– Las leyes de la justicia divina, inmutables, se dan a cada uno según sus obras. Y el tiempo, amigo constante, se encarga de restituir la verdad en la intimidad del ser.

– Si Dios da a cada uno según sus obras, ¿por qué tenemos que vivir así, sin madre y con un padre que nos desprecia? ¿Será que fuimos malas personas en otras vidas?

– No sé. El tema es nuevo y despierta mi interés. Después de leer el libro, quizás podamos reflexionar mejor sobre todo lo que nos contó doña Celia.

– Tienes razón.

Se estiraron y Arlete preguntó:

– Cuando llegamos, ya era pasada la medianoche y papá no estaba en casa. ¿A dónde pudo haber ido?

– Debió terminar la noche en los brazos de ese cangrejo armónico. Te apuesto.

Arlete se mordió los labios. Estoy preocupada, Alzira.

– ¿Que pasó?

– Estoy segura que papá realmente se unirá con esta musaraña. Siento que nuestra vida se va a convertir en un infierno. Gisele no es una buena persona...

– Yo también tengo el mismo sentimiento ¿Y si hablamos con ella? ¿No podría ser más armonioso el encuentro? – Arlete movió los hombros y sacudió la cara hacia un lado.

– ¡Nunca! Gisele quiere tener a papá para ella sola y no nos quiere cerca.

– Papá podría echarnos de casa. Siempre nos amenazó. Mamá no lo permitió. Ahora que ella se ha ido, no sé si...

– ¡Qué nada! La mitad de esta casa es nuestra. No salgo de aquí. A menos que papá la venda y nosotros nos quedemos con nuestra parte.

– Arlete, ¿por qué estás tan apegada a esta casa? ¿No ves que tenemos toda una vida por delante? ¿No ves que podemos tener nuestra propia casa sin depender de nuestro padre?

Arlete no respondió. Ella permaneció pensativa por un momento.

Alzira dijo cariñosamente:

– Terminamos la secundaria y tú también completaste el curso de mecanografía. Yo tendré dieciocho años y tú diecinueve. Podemos conseguir un trabajo e irnos a vivir a una pensión. En la ciudad todavía quedan buenas pensiones para chicas.

– Ya dije que solo conozco la de embarazadas, donde la hija del carnicero acabó.

– Ayer, mientras retiraba los cubiertos de la mesa, doña Celia me dijo que la hija del señor Tenorio, después de su muerte, tuvo que entregar la casa al dueño y se fue a vivir a una pensión solo para niñas, cerca de Ponte Pequeño.

– Alzira, contigo a mi lado, apoyándome, soy capaz de cualquier cosa con tal de mantener nuestra felicidad.

– Hablemos con papá. Necesitamos saber cuáles son sus sentimientos hacia Gisele. Podría ser algo temporal – dijo Alzira, ingenuamente.

– ¡Pues nada! Conoces a nuestro padre desde que se quedó hasta tarde en la sastrería. ¿Cuántas veces lo he visto intimar con otras mujeres? Tiene un fuego difícil que apagar. Él es el fósforo y

Gisele es pura gasolina. Juntos arden. Y es más, no tenemos parientes cercanos.

– Tenemos a la tía Lurdes – añadió Alzira –. Me di cuenta que la señorita Celia iba a decir algo sobre su tía.

– ¿Qué podría decir ella? Hasta donde yo sé, nadie aquí conocía a la tía Lourdes.

– Tienes razón.

Arlete sacudió la cabeza hacia un lado.

– Papá no soporta oír su nombre. Sabemos que Crónica es su hermana viva y pariente aquí. El resto de la familia vive en Jutaf, en Amazonas. No nos permitió intentar localizarla e informarle de la muerte de su cuñada.

– No sabemos dónde vive – dijo Alzira –. Solo recuerdo que mi madre hablaba muy bien de la tía Lurdes y, a veces, sacaba una foto vieja, amarillenta por el tiempo, en la que aparecían ella y otra niña que parecía un poco mayor. Estoy seguro que era la tía Lourdes la de esa foto.

– Podemos revisar las pertenencias de mamá. ¿Quizás no hemos encontrado ningún documento que informe sobre el paradero de la tía?

– Puede ser.

– Veré si papá se levantó.

– No estaba en casa cuando llegamos. Realmente debió pasar la noche afuera – dijo Alzira.

– Debió llevarla al matadero, en la parte trasera de la sastrería.

Arlete dijo esto en tono irónico. Se puso la camisa, las zapatillas, abrió la puerta del dormitorio y miró a su alrededor. La casa estaba en silencio.

– Vamos a la cocina.

En el camino, por el pasillo, encontró las partes íntimas de una mujer. Ella estaba horrorizada. Fue a la habitación de su padre. y empujó la puerta. No había nadie allí, aunque la cama estaba deshecha y botellas de licor esparcidas junto a la cama. La joven sacudió la cabeza negativamente hacia los lados.

– ¡Dios mío! ¡Papá no tiene límites!

Luego fue a la cocina y coló el café, uno calentado, un poco de leche. Abrió el armario y sacó un tarro de cristal con galletas saladas. El fregadero estaba lleno de platos sucios, en la mesa había restos de comida de la "cena" que Olair había improvisado.

Alzira llegó pronto.

– ¿Viste esas bragas y sujetador tirados en el suelo del oficial penitenciario?

– No vimos nada cuando llegamos.

– No prestamos atención. Pero solo pueden ser de la prosti.

– ¿Será así, Arlete?

– Estoy segura. Mira esta cocina sucia – señaló a su alrededor – . Debieron divertirse mucho y luego se fueron a dormir a la parte trasera de la sastrería.

– Papá no tiene ni una pizca de vergüenza en su rostro. Si quiere tener una cita, está bien, pero al menos podría respetar la memoria de su esposa. Estamos de luto.

– Nunca nos respetó, Alzira. Siempre nos trató con frialdad y distanciamiento. Solo recibimos una bofetada. ¿Recuerdas la última vez que papá nos dio un beso? ¿O un abrazo?

Alzira levantó la vista y pensó por un momento. Luego respondió:

– No recuerdo que papá nos diera un beso.

– Porque nunca mostró cariño hacia nosotros – añadió Arlete – . No lo recuerdas porque no hay nada que recordar. Nunca hubo ningún contacto amoroso entre él y nosotros. Nunca con mamá le mostró cariño.

– Tampoco lo recuerdo besándola o abrazándola.

– Mamá siempre fue muy obediente, no se quejaba.

– Pero con Gisele es diferente. El descalificado vive abrazándola.

Alzira abrió la nevera y sacó el bote de margarina. Recogieron los restos de la cena, metieron todo en el horno y pusieron la mesa. Se sirvieron café con leche y comieron unas sabrosas galletas con margarina. Mientras terminaban de desayunar, sonó el timbre. Arlete se puso la bata y fue a contestar.

Un joven de rasgos atractivos y constitución atlética sonrió ampliamente, mostrando sus dientes blancos y rectos. Arlete sonrió sin darse cuenta.

– ¿Hola, como puedo ayudarlo?

– Busco a la señorita Gisele Correia.

– ¡Aquí no vive ninguna mujer con ese nombre! – Exclamó con vehemencia. Y cambió de tono:

– ¿Hay algo más?

El chico se sintió incómodo. Mordisqueó la punta de sus labios y sonrió:

– Perdóname. Es que estoy detrás de esta señora

Hay días y ella nunca está en casa. Soy discreto y no quiero que un funcionario judicial se plante en su puerta. Sé que hoy es el día de Navidad. Vine a desearle felices fiestas a un amigo mío y a su familia que vive cerca. Disculpe que no me presente para sentarme. Sacó una tarjeta de su bolsillo y se la entregó.

Arlete tomó la tarjeta y leyó: Osvaldo Pimentel – Abogado.

¿Un abogado buscando a Gisele el día de Navidad?

Solo podría ser un problema.

Osvaldo meneó la cabeza de arriba abajo, haciendo un gesto afirmativo.

– Sí. Soy abogado y también funcionario judicial.

– Gente importante. ¿A qué debo el honor? – El muchacho sonrió y dijo:

– Una vecina suya – señaló la casa de al lado –, me informó que doña Gisele suele visitar esta casa. Tengo una notificación y necesito entregarla personalmente.

Arlete sintió que su rostro enrojecía y una repentina ira se apoderó de ella.

– ¡Está en su casa! – dijo en tono seco.

– Toqué el timbre y aplaudí en la puerta. Nada.

– Ella está ahí. Estoy segura. ¿Me das un minuto?

– Claro.

Arlete se detuvo junto a la puerta y corrió hacia el dormitorio. Alzira dejó los platos en el fregadero abarrotado y fue tras ellos. Preguntó:

– ¿Sucedió algo?

– Hay un oficial judicial afuera detrás de Gisele. ¿Cómo se atreve? ¡Hoy es el día de Navidad! – Exclamó Alzira.

– Así es. Algo está mal. ¿Estás segura que es funcionario de Justicia?

– Y también abogado.

Arlete habló y le mostró la tarjeta a su hermana, mientras se ponía un vestido de tirantes finos de flores y formaba una cola de caballo con su largo cabello.

– Y es abogado – confirmó Alzira.

– El joven es muy guapo.

Alzira corrió hacia la ventana del salón, descorrió la cortina y se asomó.

— Tienes razón. El chico es guapo. Se viste bien. ¡Es tan difícil encontrar un chico guapo y bien vestido por estos lares!

— Iré con él a la casa de la descarada. Papá también debe estar allí. Quiero ver este circo arder y, como beneficio adicional, descubrir un poco más sobre el atractivo abogado justiciero.

Ambas rieron a carcajadas.

— ¡Arlete, eres imposible!

— No soy nada. Quiero combinar lo útil con lo placentero, conocer mejor a este doctor y saber qué quiere esta perra nuestro padre. ¿Crees que ella se enamoró así de él — chasqueó los dedos — de una hora para otra?

— Siempre se hablaba mal de ella en el barrio. Y siempre estaba pegada a Rodinei, el dueño del bar de la esquina.

— Después.

Arlete se untó un poco de desodorante Mistral en las axilas y se aplicó un delicado lápiz labial en los labios. Luego tomó una botella de Leche de Rosas y untó unas gotas en su cuello y nuca. Salió. Osvaldo la elogió:

— Estás hermoso... y fragante. Y lo hiciste en un tiempo récord.

Arlete levantó los hombros.

— Soy práctica, no pierdo horas delante del tocador. ¿Nos vamos, doctor?

Caminaron unos pasos y doblaron la esquina, sin hablar. Arlete se detuvo frente a la pequeña puerta lateral de la casa de Gisele y aplaudió. Nada.

— Tienes que entrar.

– ¡No! No podemos entrar a la casa. Soy abogado y sé que si entramos a la casa sin consentimiento...

Arlete lo interrumpió suavemente:

– Conozco a la tipa. Ella está enamorada de mi padre. Te garantizo que nadie te demandará.

Osvaldo no dijo nada. Él asintió. Arlete abrió la puerta. Estaba oxidada e hizo ruido cuando la empujó hacia adentro y entró en el área que daba acceso a la puerta de entrada.

– Bueno, ya casi llegamos.

– No sé si deberíamos – vaciló Osvaldo.

– Ya dije. Cualquier cosa, digo que vine a buscar a mi padre. Mantén la calma.

Arlete giró la manija y la puerta se abrió. Entraron y se hizo un gran silencio en la casa. Ellos caminaron por un pasillo maloliente – Gisele no era buena limpiando – y se detuvo en la puerta del dormitorio. Arlete puso su mano en el pomo de la puerta y empujó. La escena era digna de una película porno de quinta. Gisele yacía, o más bien tendida, sobre el cuerpo de Olair. Estaba desnuda y su padre llevaba ropa interior poco seductora. Tenía un color indefinido, era ancho y deshilachado. Olair también llevaba calcetines negros. Ambos roncaban ruidosamente. Había botellas de vino espumoso barato en la mesita de noche y botellas de cerveza esparcidas por el suelo.

Arlete empezó a aplaudir y a gritar:

– Vamos chicos. Es hora del almuerzo de Navidad.

Levántense.

Osvaldo estaba detrás de ella, mudo, sin moverse. De hecho, tenía muchas ganas de reír. La escena fue, de hecho, hilarante.

Olair movió la boca, tragó saliva y pasó la lengua por los labios. Murmuró algo. Gisele abrió los ojos, dejó escapar un eructo y, con los ojos hinchados, volvió la cabeza al punto de donde venía esa fuerte voz. Después de unos segundos, cuando se dio cuenta que era Arlete frente a ella, se levantó de un salto seguido de un grito:

– ¿Qué haces en mi casa, mocosa?

– Vine a buscar a mi padre. Eso es todo – respondió Arlete, en tono irónico.

Fue entonces cuando Gisele notó que estaba desnuda. Sacudió la cabeza de un lado a otro, empujó a Olair hasta el final de la cama y se cubrió con la sábana grasienta que hacía mucho tiempo que no veía un tanque.

– Si te quedas aquí, llamaré a la policía – Arlete se rio a carcajadas.

– ¿Llamar a la policía? ¿Tú? No me hagas reír, por el amor de Dios. Le tienes miedo a la policía como al vampiro de la luz. Ya basta, Gisele.

La chica no tenía forma de responder. Con una mano sostuvo la sábana sobre su cuerpo. Con la otra se frotó los ojos. Al reconocer al joven que estaba detrás de Arlete, dio otro grito:

– ¿Qué haces dentro de mi casa? Esta es una invasión de la privacidad.

Arlete lo miró y luego a Gisele:

– ¿Ustedes se conocen?

– Ajá – afirmó. Luego dio un paso adelante y saludó.

– ¿Cómo está, señorita Gisele Correia?

– No puedo creer que ustedes dos se conocieran. Me pareció un joven distinguido y elegante. No le queda bien a esta chica.

– La señorita Gisele me ha estado evitando durante mucho tiempo. Dadas las circunstancias – Osvaldo colocó un sobre en la mesa de noche –, ahora puedo decir que la notificación fue entregada. El dueño es un buen hombre y no quiere escándalos. Se suponía que me acompañaría un coche de policía en la puerta. Quiero hacerlo todo discretamente, por supuesto, si no te opones.

Osvaldo le entregó el documento a Gisele. Ella hizo una mueca. Luego tomó una copia del documento, sacó un bolígrafo del interior de su chaqueta, miró su reloj y escribió en el reverso. Luego dijo seriamente:

– Ejecución de sentencia de desalojo dictada el 25 de diciembre de 1975, a las once treinta y dos minutos.

Arlete abrió y cerró la boca para evitar el estupor:

– ¿Demanda de desalojo? ¿Quiere esto decir que la señora, además de buena cocinera, también es mala pagadora? ¿Trampa con cartas? – Gisele tragó con dificultad. No sabía qué responder. Llevaba meses evitando a Osvaldo. Lo sabia antes o más tarde tendría que entregar la propiedad. Sacó pecho y trató de darle a su voz un tono firme y amenazador:

No voy a leer la sentencia.

– ¿Por qué? – Preguntó Osvaldo.

– Porque hablé con mi abogado... – Él la interrumpió gentilmente:

– ¿Cuando fue eso? – Gisele pensó y dijo:

– En abril, creo. Me aseguró que, al recibir la sentencia del juez, todavía me quedan al menos tres meses para salir de aquí.

Osvaldo movió negativamente la cabeza hacia los lados.

– Si han transcurrido más de seis meses entre la fecha de la sentencia de primera instancia y su ejecución, y éste es su caso, señorita, el plazo para desalojar el inmueble será de treinta días. El juez fijó un plazo de treinta días a partir del 13 de diciembre.

– Como solo conseguí entregar la notificación el día de hoy, los treinta días comenzarán a contar a partir del día hábil siguiente a la entrega, señorita

Tiene hasta el 26 de enero para salir de aquí.

Arlete quedó impresionada por la forma natural de hablar de Osvaldo. Parecía haber nacido con conocimiento de las leyes.

Gisele no pudo contenerse. Ella se sintió invadida por una repentina ira y casi atacó a Arlete y Osvaldo. Comenzó a maldecirlos con todo lo que eran malas palabras. Algunos de ellos los jóvenes desconocían. Fue en medio de esta confusión y gritos que Olair se despertó.

Colocó el cuerpo sobre la cama, sus ojos se abrieron de par en par y se pusieron blancos como la cera cuando vio a su hija allí, en la puerta del dormitorio. Él saltó.

– ¿Qué estás haciendo aquí? ¿Cómo te atreves?

Arlete dio un paso adelante y señaló con el dedo.:!

– Soy yo quien pregunta. ¿Qué haces aquí en esta casa sucia y apestosa, con esta mujer igualmente sucia y apestosa?

Olair quería abofetear a su hija.

Gisele lo contuvo:

– No tiene sentido pelear aquí en mi casa – cambió su tono de voz, hizo un puchero y se acercó a Olair – . Deja en paz a la pobrecita. Ella no sabe lo que está diciendo. Necesitamos conversar.

Osvaldo notó el ambiente cada vez más incómodo en aquella habitación. Tocó el brazo de Arlete.

– Vamos. Ya hice lo que debía.

– Yo también – asintió la joven – . No sé por qué diablos seguimos aquí.

Los dos salieron de la habitación y minutos después estaban afuera de la casa. Osvaldo abrió una nueva sonrisa:

– Eres valiente, niña. Me gustó tu manera.

Arlete se sonrojó y bajó la cabeza. Él sonrió entonces.

– Soy un poco voluntariosa. Quiero decir, soy una buena persona, pero soy muy firme y decidida. No me dejo llevar por la conversación.

– Es una pena.

– ¿Por qué?

– ¡Porque me encantaría mencionarte en la conversación!

– ¿Me estás cantando? – Preguntó Arlete sorprendida.

– Lo estoy. Sabes mi nombre y sabes que tengo una profesión. Soy funcionario de Justicia y también trabajo en el departamento jurídico de una empresa inmobiliaria en el centro de la ciudad. Tengo veintiséis años, vengo de una familia humilde. Mi padre murió cuando yo tenía once años. Tengo una madre maravillosa y dos hermanos a quienes adoro. Están casados y yo sigo soltero. Actualmente vivimos en Diadema. Tengo la intención de casarme algún día y vivir en la capital.

– ¿Que más?

– Ahora me voy de vacaciones y vuelvo a finales del mes que viene. Voy a ayudar a mi hermano a mudarse. Jair lo perdió todo en una inundación y logramos encontrarle una casa unifamiliar, en un lugar alto, lejos de un río o arroyo.

La conversación se prolongó durante mucho tiempo. Osvaldo habló de su vida, de sus dificultades, de sus sueños y de sus anhelos. Arlete hizo lo mismo. Se sintieron muy cómodos lado a lado. En un momento ella preguntó, directamente:

– ¿Tienes novia?

– Tuve algún problema, nada serio – respondió Osvaldo, sinceramente.

– ¿Nunca has salido en serio?

– Todavía no. Depende de ti.

– ¿Cómo así? – Ella estaba sorprendida.

– ¿Cuántos años tienes?

– Dieciocho años. Pronto cumpliré diecinueve años.

– Apuesto que no tienes novio – dijo Osvaldo.

– ¿Es eso en tu cara? – Preguntó Arlete, curiosa.

– No. Y porque naciste para estar conmigo.

Arlete tragó saliva y sintió que le temblaban las piernas. Ya se había enamorado de algunos chicos del barrio, pero nunca se había sentido así. Era un calor que subía y bajaba dentro del cuerpo, una sensación placentera y agradable.

Se apoyó contra la puerta para no caerse. Osvaldo se acercó y la tomó en brazos. Era mucho más guapo de cerca. Su hálito era fragante y ella no pudo resistirse. Ella cerró los ojos y presionó sus labios contra los de él. Ese fue el primer beso amoroso que Arlete dio en su vida. Se sentía la niña más feliz del mundo.

Capítulo 4

Valeria y Darío fueron a pasar las vacaciones de enero a Guarujá. Américo poseía una mansión en la playa de Ensenada, construida sobre la arena, a pocos pasos del mar. El terreno tenía forma de cañón, lo que dificultaba el acceso de los bañistas al lugar. Así que tenía su propio pedazo de mar. Una playa privada, de hecho.

La mañana había empezado sofocante. El cielo estaba nublado y no llovía. Valeria se acomodó el bikini y se arrojó al agua tibia y cristalina.

– Ven rápido, Darío.

El chico estaba un poco aturdido por el consumo excesivo de alcohol y marihuana. Caminó lentamente hacia el mar. Entró al agua y Valeria presionó su cuerpo contra el de él.

– Ay, guapo. ¿Vamos a jugar?

– Estoy un poco enfermo. Ella lo empujó con fuerza.

– ¿Qué diablos es eso? ¿Estás drogado todo el tiempo? Así es difícil que me des placer.

– Lo siento, nena. Necesito controlarme, hay momentos en los que no quiero fumar ni oler, pero siento unas ganas locas y es como si un grupo de personas estuvieran a mi alrededor. Y escucho voces. Piden más. Siempre más.

Valeria sacudió su cuerpo y se lanzó. Regresó a la superficie y sacudió su largo cabello rojo.

– Estamos solo tú y yo aquí, Darío. ¿Qué es esta charla sobre un grupo de personas y voces? ¿Te estás volviendo loco?

– Es verdad. Esta mañana, mientras dormías, salí al balcón y un hombre me pidió un cigarrillo. Le di. Luego pidió un vaso de vodka. Y de allí desapareció. Desapareció frente a mí.

– Te lo digo... estás fumando y oliendo demasiado. ¿No pudiste parar un rato? Leí en una revista que las drogas son capaces de destruir neuronas y...

Darío la interrumpió:

– No digas eso, nena.

– Pero es verdad. Dejan de funcionar. Siempre tienes bebida, humo o polvo en la cabeza. Tiene que haber un freno, hombre. ¿Te imaginas ser estúpido dentro de un tiempo?

– Tienes razón. Voy a pensar en eso. Pero ¿qué hago con las voces?

– Todo está en tu cabeza.

– ¿De verdad piensas eso?

– Creo.

Valeria acercó su cálido cuerpo al de él. Quería salir un poco. Se alejó y se zambulló. Volvió a la superficie y saltó encima de ella. Le parecía divertido hacer una caída, ese divertido juego de rodear el cuello del oponente con el brazo y pretender ahogarlo.

– Me estás haciendo daño, Darío.

El chico no la escuchó. Parecía transformarse en una fuente más grande. Actuó de manera brutal y agresiva. Metió la cabeza de Valeria en el agua y con gran dificultad ella volvió a salir, ya blanca y casi sin aliento. Empujó fuerte a Darío.

– ¿Qué crees que estás haciendo? ¿Quieres matarme? – Dijo irritada, mientras tosía.

– Solo estaba jugando contigo cariño, un caldo...

– ¡Estúpido! ¿Por qué no haces eso con tus amigos drogados?

Valeria volvió a toser y escupió un poco de agua.

Luego empezó a llorar suavemente.

– Nunca fuiste tan estúpido, Darío.

Al verla llorar, recobró el sentido. Era como si no se diera cuenta del momento en que entró al mar hace un momento.

– ¿Qué hice, cariño?

Me lastimaste. Casi me ahogas.

– Lo siento Valeria, no sé qué me pasó...

– Me voy a casa.

Ella salió del agua y le hizo un gesto con la mano para que dejara de hablar. Valeria estaba triste y empezaba a cansarse mucho de Darío. Antes era un chico acosado y un amante nato. Era cariñoso y hacía muchas travesuras por la ciudad. Con el tiempo, el consumo excesivo de alcohol y las drogas comenzaron a afectar la relación. Recordó las palabras de Natalia en Navidad.

Caminó sobre la arena y le vino a la mente el rostro de Tomás. Sintió mariposas en el estómago. ¿Valió la pena luchar por el amor de Tomás y enfrentar a Marion?

¿Será? – Se preguntó. Hubo muchas dudas. Valeria pensó y pensó. Llegó a una conclusión, quería desaparecer de aquel lugar.

– Voy a darme una ducha, tomar el ferry e ir a Santos. Necesito desahogarme con mi amiga Natalia.

Entró a la casa y se dirigió a su asistente. Se encontró cara a cara con Marion.

– ¿Qué estás haciendo aquí? – Preguntó sorprendida.

– Papá vino a pasar unos días a la playa. Sabía que tú y Darío estaban aquí. Le pedí al conductor que me trajera. ¿Está bien si me quedo?

– Tu apartamento en la playa de Pitangueiras es tres veces más grande que esta casa. ¿Por qué quieres quedarte aquí?

Marion iba a responder y Valeria agregó: Por culpa de Darío.

– ¡Imagínate! – Mintió la amiga –. Salgo con Tomás. Te conozco desde hace años. Sé que estás enamorada de Darío.

Marion se sonrojó.

– Te equivocas.

– ¿Por qué arrastras a Tomás? ¿Qué quieres de él? – Marion estaba furiosa:

– No te importa – se rio –. ¿Y puedo saber qué tiene esto que ver con mi relación? ¿Estás enamorada de Tomás?

Valeria no respondió. Marion propuso:

– ¿Por qué no intercambiamos novios?

– ¿Cómo es eso?

– Así es. Tú me das a Darío y yo te doy a Tomás. ¿Puede ser? Durante unos pocos días.

– Estás loca, Marion. ¿De verdad crees que sería capaz de intercambiar novios, como si fueran objetos que intercambiamos en una feria?

Marion volvió a reír.

– Veo a los hombres como objetos. De ellos solo quiero dinero y placer, nada más. Una vez que consigo lo que quiero, lo tiro como basura.

– ¿Dónde está tu novio, puedo saberlo?

– Debe estar trabajando en alguna central hidroeléctrica. Cosa de ingeniero.

Valeria sacudió la cabeza hacia un lado.

– Si quieres saberlo, ni siquiera me interesan ustedes dos. Voy a darme una ducha y a dar un paseo. Si quieres quedarte aquí, puedes hacerlo. No tengo tiempo para volver.

Marion sonrió. Tenía una cara angelical, pero por dentro estaba enfadada con la vida. ¿Por qué demonios Darío le daría cuerda a esta sórdida chica pelirroja blanca? ¡Parece un espantapájaros! Soy mucho más mujer que Valeria. Estoy saliendo con el estúpido de Tomás porque él será mi trabajo para llegar a Hollywood. Después de convertirme en una estrella famosa, lo dejaré y me quedaré con Darío. Él será mío. Ah, adelante.

Marion tenía una gran fijación con Darío. Ella siempre había estado apegada al chico, pero Darío nunca le había prestado atención. Desde la secundaria, ella había coqueteado con él, pero nada. Ella quería ser artista de cine. Talento no faltaba, pero Marion era una mujer muy hermosa, de una belleza deslumbrante. Nació hermosa y moriría hermosa, decían algunos.

Tenía una habilidad especial para atraer a los hombres y hacer que satisficieran todos sus deseos. Conoció a Tomás y, sabiendo que su padre era un rico banquero con conexiones en Estados Unidos, le echó todo su encanto al chico y ya llevaban unos años saliendo. La joven no sentía el menor sentimiento por Tomás. Se puso en ridículo y no dejó que ninguna mujer se le acercara.

"Hasta que vaya a Hollywood y me convierta en una actriz famosa, Tomás será mío. Si alguna chica graciosa quiere acercarse a él, la quitaré de en medio" – se dijo.

Marion recordó a Laura, la chica que había besado a Tomás en la fiesta del decimoquinto cumpleaños de Valeria. Ella se rio como histérica. Es una pena que no muriera. Pero estaba coja. Eso ya la hacía feliz. "Cada vez que dé un paso se acordará de mí."

Marion era mimada, estúpida y arrogante. Creció en una familia muy rica y, segura de su superioridad sobre el resto de los mortales porque poseía una belleza deslumbrante, tenía un genio para los perros. Bella y con unos rasgos faciales tan perfectos, fue invitada a ser portada de la revista *Pop*, dirigida al público adolescente de la época, y, más recientemente, de la revista *Realidade*.

Marion acababa de cumplir veinte años y estaba haciendo cosas terribles. Ahora había salido con los amigos casados de su padre. No tenía límites y seducía a quien quería. Luego los soltaba, lo que aumentaba la fascinación que sentía por estos hombres. El pobre Tomás apenas sospechaba la infidelidad de su novia.

En ese momento, Marion se estaba preparando para posar para la famosa revista femenina de desnudos *Status*, que tuvo éxito en todo el país. Sus padres, muy conservadores, le prohibieron tomar fotografías. Marion se encogió de hombros. Nunca, jamás y de ninguna manera había aceptado las consideraciones de sus padres.

Posaría desnuda y volvería aun más locos a los hombres.

– Pondré a cualquier hombre en mi mano. Ahora quiero a Darío. Será mi nuevo juguete, durante el tiempo que quiera.

Determinada, Marion levantó su ya diminuta tanga. Se quitó la parte superior del bikini y sus pechos quedaron al descubierto.

De esta manera tan desinhibida, fue a buscar a Darío.

– ¡Quiero ver que resistirá!

Darío todavía estaba en el mar. Se zambulló, nadó y caminó hasta la arena. Se tumbó en la estera, encendió un cigarrillo y se puso a pensar. Pronto escuchó la misma voz que lo atormentaba desde hacía un tiempo:

– Necesitamos encontrar otras mujeres. Valeria es mujer para casarse. Necesitamos tener más cuidado con ella.

Era como si hubiera alguien a su lado. Darío respondió en voz alta:

– Tienes que tomártelo con calma con Valeria.

– Así es. Valeria siempre será nuestra. Pero, mientras ella va a llorar a mares con Natalia, ¿por qué no aprovechamos y le quitamos una astilla a Marion? ¿Qué opinas? – La duda quedó sembrada y perturbó profundamente a Darío.

– Nunca había pensado en eso – respondió, en voz alta – . Marion es un pedazo de mujer.

– Bueno, deberías empezar a pensar. ¿Qué tal si llevamos a Marion para dar un paseo en Ilha Porchat? Es una chica mucho más fácil de satisfacer nuestros deseos.

Darío se rio y no respondió. Siguió divagando durante mucho tiempo. Entonces vio que Marion se acercaba. Ella le guiñó un ojo y entró en el mar. Darío estaba indeciso si entrar o no.

– Anda, tonto, disfrútalo. Valeria acaba de irse para encontrarse con la estúpida Natalia.

Darío vio al Maverick salir del garaje y desaparecer calle abajo.

– Toma a Marion. ¿Vas a dejar escapar a una mujer así? – Darío se sintió tentado y habló para sí:

– Voy a intentarlo.

Y empezó a caminar hacia el mar. A su lado, el espíritu de un muchacho de su misma edad se estaba divirtiendo mucho. Llevaba más de tres años en la compañía de Darío. Mientras Darío divagaba y reía, el espíritu pensó, con rencor – "Pagarás por todo lo que me hiciste. ¡Todo!" – Él gritó.

~ 0 ~

Desde aquel incidente del día de Navidad, Olair apenas había hablado con sus hijas. Era como si fueran los culpables de la acción de desalojo contra la pobre Gisele. Se enfureció aun más cuando Gisele entregó la propiedad y se fue a vivir a la parte trasera del bar de Rodinei.

Olair, todos los martes y jueves, cerraba temprano la sastrería y esperaba ansiosamente a Gisele. Ella llega toda perfumada y en ropa diminuta. Olair se acostaría en el colchón y se amarían hasta altas horas de la madrugada.

Una de esas noches me preguntó por enésima vez:

– ¿Por qué no vienes a vivir aquí?

– ¿Aquí en la sastrería? ¡No!

– ¿Por qué?

– Imagínate cómo sería tu reputación. Acabas de quedar viudo. Tienes a las chicas. No tiene buena pinta, lo ocultó.

– Hace más de dos meses que quedé viudo. Soy un hombre y tengo necesidades. Me completas como una mujer, nadie me ha completado así antes.

– ¿Y la difunto? ¿No eran íntimos? – Olair se rio jocosamente, con desdén.

– Josefa era una mojigata. Las raras veces que hacíamos el amor, ella pedía que apagáramos la luz. Pobre de mí, tuve que buscar algo fuera que no tenía en casa.

– ¿Y sigues mirando fuera de la casa? – Preguntó fingiendo estar celosa.

– ¡De ninguna manera! Después de encontrarte, dejé de perseguir a otras mujeres.

Gisele hizo un puchero:

– ¿De verdad dejaste de buscar a las demás? ¡Mira que celosa estoy!

– Te doy mi palabra.

Olair estaba sinceramente enamorado de Gisele. Y fue un sentimiento extraño, porque él era parte de una generación que no fue criada para el amor. Resulta que Gisele se metió con su corazón en carne viva. Según el patrimonio cultural que le habían transmitido a Olair, el hombre tenía que encontrar una buena chica para ser una buena esposa y madre ejemplar. Amor, cariño, intimidad, nada de eso fue tomado en consideración. Había crecido creyendo que debía encontrar una buena chica y "prepararse" fuera de casa. Después de todo, una mujer casada era decente y no estaba acostumbrada a satisfacer sexualmente a su marido. La esposa estaba acostumbrada a procrear, cuidar del hogar y la familia. Punto.

Josefa era una niña bonita, de familia humilde, que sabía cocinar, planchar, cuidar la casa y era una gran madre. A los ojos de Olair, Josefa había sido una criada que dormía en la cama de su jefe.

Olair no sintió nada cuando el médico le diagnosticó cáncer a su esposa y no se conmovió cuando ella murió. Al contrario. El día de la muerte de Josefa agradeció ya no tener que gastar dinero en medicinas y tener que vivir con ese olor agridulce a morfina por toda la casa.

Ahora había conocido a Gisele. Cualquier hombre menos cegado por la pasión o más experimentado con las mujeres entendería de lejos que Gisele era una mujer vulgar y egoísta; es decir, una estafadora. Olair se estremecía de placer cada vez que sus cuerpos se tocaban. Se acercaba a los cuarenta y cinco años, pero se sentía como un chico de poco más de dieciocho. Tenía un fuego incomparable.

Gisele apoyó la cabeza sobre su pecho. Mientras se enrollaba el vello del pecho con sus largas y afiladas uñas rojas, dijo:

– Eres un hombre con quien casarse, Olair. Es una pena que sea viudo y probablemente no quieras volver a casarte nunca más.

Olair sintió que su corazón latía más rápido.

– ¿Por qué dices eso?

– No lo sé. Estuviste casado durante veinte años, tuviste dos hijas. Vivías una rutina agotadora, tenías que trabajar duro para mantener a la familia. No creo que sea justo que tengas que volver a atarte a alguien.

– Las niñas ya son mayores.

– Pero ellas todavía viven contigo – dijo ella, provocativamente.

– Voy a ponerlas a ambas a trabajar. ¿Crees que seguirán dependiendo de mí? Ahora que su madre está muerta, voy a poner orden en esa casa.

– O podrían encontrar un marido.

– Ya pensé en eso. Ambas me dan mucho trabajo, desperdician demasiado. No sé por qué usan secador de pelo. Gasto una fortuna en el recibo de la luz.

– No es justo. Eres un trabajador, mereces disfrutar de tu dinero. Nunca haría nada para dañarlo. Por eso creo que deberíamos ser buenos amigos.

– No solo quiero ser tu amigo. Quiero más.

Gisele ocultó su sarcasmo. Si pudiera, soltaría una carcajada. Pero tuvo que parar. Habló con voz dulce:

– Si no tuvieras tantos problemas, realmente saldría contigo.

– ¿Estas enamorada de mí?

Gisele se mordió el labio inferior e hizo un puchero.

– Podría dejarlo todo y estar contigo, ser tu esposa. Pero no lo sé... no les agrado a tus hijas.

– Arlete y Alzira no son un problema.

– ¿Cómo no? No me soportan. ¿Me imaginas viviendo bajo el mismo techo que ellas? Sería un infierno. No, no podría soportarlo.

Olair se rascó la barbilla. Tomó la mano de Gisele y le besó los dedos.

– Si me aceptaras, haría cualquier cosa por nuestra felicidad.

– ¿Incluido deshacerte de tus hijas?

– Sin problemas.

Gisele sonrió feliz. Le susurró al oído:

– ¿Puedes imaginarme, acostada en la cama, esperándote todas las noches, en lugar de solo todos los martes y jueves?

Cerró los ojos y vislumbró la escena. Se estremeció de placer.

– ¿Quieres casarte conmigo?

– Mi respuesta sería sí; sin embargo, como dije, tus hijas me odian.

– ¡Nada! Tú serás mi esposa. Tendrán que aprender a aceptar a su madrastra.

– No sé. Alzira se cree más obediente. Pero Arlete tiene mal carácter. ¿Recuerdas lo que me hizo el día de Navidad? ¡Hasta me llamó perra! Ella nunca me respetará.

– Por supuesto que lo hará – dijo en tono más duro – . Son mis hijas y deben respetarme. En caso contrario les pondré la correa.

– ¿Será? Mira, si no fueran un obstáculo para nuestra relación, hoy me casaría contigo.

– ¿No es difícil? ¿No estás bromeando?

– De ninguna manera – Gisele cerró los ojos y trató de recordar una escena romántica que había visto en la telenovela de las 8. Recordó y repitió – . Te amo, más que a nada en esta vida.

Él la abrazó con fuerza.

– Cásate conmigo, Gisele.

– ¿Estás seguro que esto es lo que quieres, querido?

– Sí. Te haré muy feliz. Puedes apostar.

– Entonces acepto. ¡Por supuesto que acepto!

Olair la abrazó y la besó en los labios varias veces. Luego se amaron nuevamente. Se sentía como el hombre más realizado sobre la faz de la Tierra.

Capítulo 5

Fue un domingo a primera hora, tiempo después, cuando la bomba cayó sobre las cabezas de Alzira y Arlete. Olair había cortado su hermoso cabello y le había puesto crema para dejarlo cuidadosamente peinado hacia atrás, sedoso y perfumado; había hecho ajustes a un traje de buen corte que un cliente ya no quería; Incluso había comprado una botella de colonia Pinho Campos do Jordão, la que ya había usado con mayor frecuencia. Contrató a una manicurista y se arregló las manos, le quitaron los kilos de cutícula e incluso pidió que le aplicaran una capa base transparente en las uñas. Sus ojos estaban más vivos, brillantes.

Después de colar el café y calentar la leche, Arlete preguntó a su hermana, en un susurro:

– ¿Te diste cuenta de lo bien vestido y perfumado que está tu padre?

– Me di cuenta. ¿Irá a misa?

– Ahora, Alzira, deja de hacer tonterías. Papá nunca asistió a misa.

– Hice los cálculos y la próxima semana se cumplirán tres meses desde que murió mamá. Quizás se acordó y le pidió al sacerdote que le hiciera una misa.

– Lo dudo, pero podría ser.

Alzira se levantó de la mesa y abrazó a su hermana. Una lágrima se escapó por el rabillo del ojo.

– La extraño mucho...

– Yo también – asintió Arlete.

Olair apareció en la cocina con algunos paquetes.

– El almuerzo está todo en esos paquetes. La mayonesa debe ir al frigorífico y la pasta y el pollo rellenos de farofa deben calentarse. Alzira, a ver si a todo esto le puedes poner algún picante especial y prepara el postre.

– ¿Postre? ¡¿Yo?!

– ¿Y qué más sería? Siempre has sido buena con el horno y la estufa. Quiero una gelatina de colores con crema.

– No puedes hacerlo así, de un momento a otro, papá.

Olair tomó uno de los paquetes y sacó unas cajas de gelatina.

– Aquí están los paquetes. También traje la crema. Empieza ahora – ordenó, de manera educada.

Se miraron sorprendidas. Olair nunca había sido amable con sus hijas. Alzira sonrió y dijo:

– Está bien, papá. Puedes dejarme encargarme de ello.

– Almorzaremos al mediodía. Saldré de nuevo e iré al bar de Rodinei. Podrán beber refrescos. Es una fecha especial. No olviden vestirse con cuidado.

Habló y se fue. Alzira empezó a abrir los paquetes y dijo:

– ¿Lo ves, Arlete? Juzgamos mal a papá.

Seguramente recordaba la fecha de la muerte de su madre.

– ¿Y vamos a celebrar su muerte? ¿Es eso? Si fuera su cumpleaños, incluso estaría de acuerdo, pero ¿aniversario de la muerte? Esto me huele a trampa. Olair va a hacer algo.

– No sé. En los últimos meses, después que nos hicimos amigos de Ariovaldo y su esposa, siento que papá se arrepintió de las peleas que tuvo con mamá, debe estar extrañándola.

– No creo que papá sienta remordimiento. Vamos esperar.

Alzira cerró el frigorífico y colocó el pollo en una bandeja de horno. Tomó la pasta y la vertió en una sartén.

Puso todo encima de la estufa. Abrió la puerta del lavavajillas y cogió patés al temple.

– Seguro que este almuerzo quedará divino – consideró Arlete.

– Me encanta cocinar. Aprendí muchas recetas de mi mamá.

– Nunca fui buena cocinando. Se me da mejor limpiar la casa – dijo Arlete.

– Cuando sean las once y media, calentaremos la comida y pondremos la mesa.

– Perfecto.

Dejaron la mesa ordenada y lavaron los platos en el café. Encendieron la radio y tararearon las canciones. Era un programa de radio que reproducía las canciones más solicitadas de la semana. En cierto momento el locutor anunció la canción *Mocá*, de la cantante Wanda. Los dos gritaron de placer y cantaron fuerte. Tan pronto como terminó la canción, Arlete dijo:

– Esta canción me recordó a Osvaldo. ¿Sabes que lo extraño mucho?

– ¿En serio? – Preguntó Alzira sonriendo – . ¿Realmente va a volver de vacaciones? Son demasiado largas ¿no crees?

– Tuvo que trasladar a su hermano y cuidar a su sobrina enferma. El jefe le dio dos meses más de licencia.

– Me alegra que hablen por teléfono todo el tiempo. De esta manera, el anhelo disminuye.

– Estoy ansiosa porque en cualquier momento debería llamar.

– ¡Esta enamorada!

– Claro que sí – confesó Arlete –. Ya hemos hecho muchos votos de amor. Osvaldo volverá, oficializaremos nuestra relación y, quién sabe, ¿no nos casaremos pronto?

Alzira sonrió ampliamente.

– Te mereces toda la felicidad del mundo. Solo necesitas ser menos mandona.

– Esa es mi forma de ser, Alzira. Soy mandona y las cosas tienen que ser a mi manera.

– ¡Pobres tus hijos!

– Voy a ser una madre muy dura. Siempre tienen que estar en la línea. Verás cómo los educaré. Odio a los niños groseros.

Sonó el teléfono y Arlete chilló de placer.

– Solo podría ser Osvaldo.

Aceleró el paso hacia el pasillo. Se sentó en el taburete y captó el tono del dispositivo.

– Hola.

– ¿Hola mi amor como estás?

Reconoció la voz de Osvaldo y sintió un ligero temblor en todo su cuerpo.

– ¡Mejor ahora!

– Me quedo feliz. Te extraño mucho.

– Yo también. No puedo esperar a verte.

Osvaldo se aclaró la garganta y empezó a tararear al otro lado de la línea:

– Quiero envolverme en tu cabello, abrazar tu cuerpo entera, morir de amor, perderme de amor... – Arlete se quedó en silencio y casi perdió el conocimiento. Después de unos tres "oye, ¿aun estás ahí?", tartamudeó:

– No creo.

– ¿Qué fue? ¿No te gustó?

– Sí... – las palabras escaparon de su boca.

– ¿Canto tan mal? – Arlete se rio.

– De alguna forma.

– Estaba aquí ayudando a mi madre con el almuerzo y sonó esta canción de Wanda. Inmediatamente me acordé de ti y no pude resistirme. Llamé tan pronto como terminó la canción.

– Yo también estaba escuchando el mismo programa de radio.

– ¡Otra coincidencia! ¿Quieres ahora?

– Dame la hora del día, ¿en serio?

– Le presté atención desde el primer momento que nos conocimos. Nunca escondí que me gustas. Y esto, nosotros al teléfono, es la prueba que estoy enamorado.

– Yo también estoy enamorado de ti. Puedes creerlo.

– ¡Lo creo!

– Llamé porque tengo una invitación que extenderte.

– ¿Invitación?

Osvaldo estaba radiante:

– Primero, antes de invitarte, quiero decirte que anoche regresé a casa.

– ¡Oh! – Ella exclamó.

– ¿Estás en São Paulo?

– Sí. No puedo esperar para abrazarte y besarte – Arlete se sonrojó y preguntó, curiosa:

– Cuéntame sobre la invitación.

– Mi jefe tuvo que viajar a la playa y me regaló dos entradas para ver a Elis Regina en el Teatro Bandeirantes. ¿Irías conmigo?

– ¿Me estás invitando a ver *Falso Brillante*?

– ¡Ajá!

– ¡No lo creo! ¡Daría cualquier cosa por ver cantar a Elis en este espectáculo!

– Entonces prepárate porque mi hermano me prestó su auto. Te recogeré alrededor de las siete, ¿de acuerdo?

– Claro que sí.

Hablaron un poco más e intercambiaron nuevos votos de amor. Arlete colgó el teléfono y gritó de alegría.

Alzira salió al pasillo, terminando de secar una taza.

– ¿Fue él? ¿Osvaldo?

– Lo era. Y hasta tarareaba las estrofas de la canción de Wanda. Mira como está mi corazón – Arlete tomó la mano de su hermana y se la llevó al pecho –. Explotarás de tanta alegría.

– ¿Osvaldo ha regresado de su licencia?

– Regresó ayer. Y me llevará a ver el show de Elis Regina.

– ¡Qué bueno! Pero, ¿papá te lo permitirá?

– Está más interesado en esa Gisele común y corriente. No le importa si estamos en casa o no.

– En cualquier caso, mejor controla esta animación. No dejes que se note. Papá está loco por acabar con nuestra felicidad.

– Tienes razón. Voy a cambiar mi camino, hoy voy a estar tranquila. Si trae a la idiota esa a almorzar, hagamos como que todo está bien. Después querrá llevarla al cine, como hace todos los domingos. Llegará tarde por la noche, para variar. No llegaré tan tarde.

~ 0 ~

Era la una de la tarde cuando llegó Olair con Gisele como amiga. La mujer llevaba un perfume horrible, de un olor fuerte y tremendamente dulce. La ropa no merecía ningún comentario por su parte. Llevaba un corpiño dorado y una falda diminuta que ceñía su cuerpo. Gisele podría ser una mujer, pero vestía mal y se portaba mal. Era vulgar de pies a cabeza.

Se sentó a la mesa y, sin modales, tomó un trozo de pollo con la mano. Luego llenó el vaso con cerveza.

– Hola chicas, ¿cómo están? – Arlete no respondió.

– Está bien – dijo Alzira, sin mucho entusiasmo.

– La casa está bien ordenada.

– Aprendimos de nuestra madre a dejar siempre la casa limpia. Así es más difícil que el animal entre – dijo Alzira.

– Eso sí, de vez en cuando, incluso cuando la casa está limpia, aparecen algunos animales extraños. No podemos evitarlo – dijo Arlete.

Gisele notó el tono y sintió que la estaban acosando. Se volvió hacia Olair y lo ocultó.

– Cariño, ¿tienes cerveza negra? ¿Un Mazbeer?

– No.

– ¿Te importaría recogerlo en el bar de Rodinei?

– ¿Quieres cerveza oscura? No sirve...

Gisele lo interrumpió en broma y en voz baja:

– ¡Dios mío! Y me encanta comer pollo con cerveza oscura. Pero, si no quieres, no hay problema – dijo, en tono infantil y dulce.

Olair no dijo nada. Se levantó y fue en busca de la cerveza. Tan pronto como llamó a la puerta de la casa, Gisele las miró fijamente:

– ¡Idiotas! ¿Creen que me están engañando?

– ¡Oye, mira el tono! – Exclamó Arlete.

– ¡Qué tono, ni qué nada! Ambas me odian.

– Todavía no te odiamos. Pero no nos gustas, eso es cierto.

– Me voy a casar con Olair y van a tener que aguantarme. Lo quieran o no.

– No estoy obligado a vivir con una perra bajo el mismo techo. Y, además, somos las legítimas propietarias de la mitad de esta casa.

– ¿Ah, sí? – Añadió Gisele, en tono amenazador –. ¿Por qué eres dueño del cincuenta por ciento de esta pequeña casa? O te metes en mi ritmo o haré de tu vida un auténtico infierno.

– ¿No basta con que mi padre sea autoritario? No pararé con una bruja dándome órdenes.

Gisele se rio a carcajadas. Bebió un poco más de cerveza, la agitó y la tragó. Disparó:

– La bruja las gobernará a ambas. Comerán aquí – señaló –, en la palma de mi mano.

– No nos conoces – añadió Arlete.

– Las conozco, sí. Soy un viejo mono, sé con quién estoy tratando. Me casaré con Olair y ustedes cumplirán todos mis deseos. ¿Creen que voy a arruinar mis hermosas uñas largas y rojas? No nací para el tanque. No sé lavar, planchar ni cocinar. Solo sé amar. Soy buena en eso.

– Si preguntáramos a los hombres de este barrio, muchos de ellos sabrían lo buena que eres en ese sentido – añadió Arlete.

Gisele se encogió de hombros.

– Me acosté con muchos, sí. ¿Y eso? Le gusto a tu padre. Y todos vamos a vivir juntos. ¡Y seremos felices para siempre! – Dijo en tono provocativo.

– No lo admitiré.

Gisele miró profundamente a los ojos de Arlete.

– Tú y ese abogado agrícola se llevaron mi casa.

– ¡Vaya! Espera. La justicia fue quien te quitó tu casa. Paga tu alquiler a tiempo. ¿Ahora quieres culpar al mundo por las consecuencias de tus acciones? Toma tu parte de la responsabilidad ante la vida – afirmó Alzira, con voz conciliadora pero firme.

– No vengas a darme una lección de moral. Ahora aprenderás a no meterte conmigo.

– No tiene sentido amenazarme. Vamos a hacer de tu vida un infierno. ¿Quieres pagar para ver? – bromeó Arlete, con voz rencorosa.

Gisele sonrió un poco, terminó de comer su trozo de pollo y luego llenó su vaso con cerveza.

Alzira negó con la cabeza. Arlete provocó:

– ¿No vas a esperar a la cerveza negra, querida?

– Tienes razón – asintió Gisele.

En una fracción de segundo, cogió el vaso de cerveza y se lo arrojó a la cara de Arlete.

La joven se levantó de un salto y no lo podía creer.

– ¿Qué crees que estás haciendo, loca?

Alzira tomó un paño y se lo llevó para limpiar a su hermana. Arlete se limpió y le devolvió el paño a su hermana. Se arrojó sobre Gisele y no hubo Cristo que pudiera separarlas. Gisele, a propósito, tiró del mantel y todo cayó al suelo: platos, vasos, fuentes con comida. Y, a propósito, permitió que Arlete se acercara a ella y la abofeteara un par de veces. Olair llegó después. Quedó atónito por la confusión. Dejó caer las botellas de cerveza y tiró con fuerza de Arlete, lastimándola.

– ¿Que está sucediendo aquí? – Gritó.

Gisele fingió llorar y se levantó lentamente. Tenía la ropa sucia con porciones de pasta y el pelo despeinado, lleno de salsa de tomate. La cara estaba muy roja y marcada por las bofetadas.

– No sé qué le pasó – gimió – . Te acababas de ir y empezaron a atacarme con palabras. Intenté no escuchar y Arlete se enfadó. Perdió el control y avanzó sobre mí. Alzira quería volcarme la mesa. ¡Intentaron matarme, Olair!

Alzira protestó:

– ¡Es mentira, papá! Yo no hice nada. Ella comenzó la pelea – Arlete también dijo:

– Me tiró cerveza a la cara.

– ¡No, Olair! – Suplicó Gisele – . Nunca haría eso. Me conoces. Tus hijas me odian.

Gisele habló y se llevó las manos a la cara, fingiendo estar llorando. Las hermanas se miraron incrédulas ante esa escena. Olair los miró con odio.

– Has trastocado mucho mi vida desde que naciste. Tu madre te dio una educación pésima y fue una mujer pésima. El resto es historia.

Arlete hinchó el pecho y lo miró:

– No hables de nuestra madre. No tienes derecho.

– Sí tengo. Estaba casada con esa molestia. Y mira lo que me dejó como herencia: dos niñas irresponsables y temerarias. Dos respaldos. No habían nacido antes.

Habló y se acercó a Gisele. La abrazó.

– ¿Está bien?

– ¿Cómo puedo ser? – Dijo con voz llorosa. Tus hijas no quieren que estemos juntos. Será mejor que vuelva a mi cuartito al fondo del bar.

– De ninguna manera. No puedes salir de aquí.

– No hay problema – añadió Arlete – . Alzira y yo vamos a salir.

– Sería bueno que volvieran mañana. O nunca más – dijo Olair, con voz rencorosa.

– ¿Olvidaste que tenemos derecho a la mitad de esta casa? Vendes, nos das nuestra parte y cada uno sigue con su vida. ¿Qué opinas?

Olair iba a responder, pero Gisele se lo reprochó:

– No digas nada, cariño. Las chicas están nerviosas y enojadas con nosotros.

– Tienes razón, no voy a escuchar a dos mujeres estúpidas. Salgan de aquí, ya – gritó.

Arlete corrió al baño y se limpió rápidamente. Se mojó el cabello y se frotó la cara con un poco de lavanda. Volvió, tomó a Alzira de las manos y salió de la casa. Caminaban desorientadas, sin saber a dónde ir.

– Ella hizo cambiar de opinión a papá – dijo Alzira –. Va a hacer de nuestras vidas un infierno.

– Gisele calculó todo correctamente. ¡Qué idiota fui! Me dejé llevar por esta desafortunada mujer. ¿Qué vamos a hacer, Arlete? Tengo miedo.

– ¿Miedo, de qué?

– No lo sé. No soportaría vivir bajo el mismo techo que Gisele.

– Yo tampoco.

– Oremos y pidamos a Dios que nos dé un poco de luz – suplicó Alzira.

– Ya dije que podíamos irnos.

– Entonces vamos.

– ¿Y dejarle la casa sola a esta plebeya? Nunca.

– Arlete, ¿por qué nos vamos a pelear por esta casa? Arremanguémonos y sigamos nuestro camino. Somos fuertes y podemos construir nuestra vida sin depender de nuestro padre.

– Pero, no es justo.

– Justo o no, tenemos que pensar en nosotras mismas en nuestro futuro. Somos buenas personas y la vida nos ayudará. Estás enamorada de Osvaldo y estoy segura que te casarás. Voy a seguir adelante con mi vida y pronto todo terminará. Seremos personas felices y realizadas.

Arlete vaciló por un momento.

– Tienes razón. Necesitamos pensar en las dos.

– Todo tiene un camino en la vida. Nos tenemos la una a la otra – añadió Alzira.

Se abrazaron y, en ese momento, un halo de luz cayó sobre sus cabezas desde lo Alto. Al momento siguiente, al doblar la esquina, se encontraron cara a cara con Ariovaldo y Celia.

Iban a hablar, pero Celia se apresuró:

– Me desperté pensando en ustedes dos. Íbamos a tu casa para invitarlas a almorzar con nosotros.

Las hermanas se miraron, abrazaron a Celia y empezaron a llorar.

Capítulo 6

Valeria cruzó el ferry y diez minutos después estaba en el departamento de Elenice, ubicado cerca del Orquidario, en la playa José Menino. Ella y Milton estaban en la playa y Natalia estaba sola, recibió a su amiga con un abrazo cariñoso y luego dijo:

– No estás bien.

– No. De hecho, no me siento nada bien.

Se acomodaron en un sofá cama. Natalia cogió un mate frío y se lo sirvió a Valeria.

– Toma. Lo acabo de sacar de la nevera, puse algunas gotas de limón.

Valeria bebió un poco del líquido frío y refrescante.

– Todo estaba bien en la casa de la playa. Marion apareció y charló de forma extraña. Ella sale con Tomás, pero está afín de Darío.

– Marion es loca, loca. Solo piensa en su belleza. Usa a los hombres para satisfacer sus deseos y aumentar su cuenta bancaria.

– Me da escalofríos, Natalia. Me acordé de la pobre Laura. Marion era cruel hasta el punto de atropellar a una persona. Ella no es normal.

– Dejémosla de lado. Marion no merece nuestros comentarios. Pero no viniste aquí desde Guarujá para hablar de Marion.

Valeria asintió.

– Es verdad. El problema es Darío. Se volvió loco y casi me ahoga. Tiene algunos chistes estúpidos e idiotas. No me gusta esta forma tan grosera de tratarme.

– Él no me gusta. Nunca te lo oculté.

– Yo sé. Sin embargo, tenemos una conexión íntima muy fuerte, Natalia. Cada vez que intento separarme, él me recupera. Termino cediendo y volvemos.

– Una pareja que se ama de verdad no puede vivir con tantos altibajos. Pelean mucho, discuten mucho. ¿Podría ser este el hombre que deseas a tu lado en los años venideros?

– No sé. Sabes que incluso Taviño me gustaba. Si no fuera...

Valeria no pudo terminar la frase. Abrazó a Natalia y se puso a llorar. Mientras pasaba suavemente una de sus manos por el sedoso cabello de su amiga, Natalia consideró:

– Te gustó mucho Octavio. Es una pena que sea tan imprudente y fanático del crimen organizado.

– No quiero recordar esa noche...

Valeria no quería, pero la imagen siempre le venía a la mente. Había cumplido quince años y, al final de su fiesta de debutante, algunos amigos y su entonces novio – Octavio, conocido como Taviño, acababa de cumplir dieciocho – se dirigieron a una avenida desierta cerca de Interlagos para participar en una racha, una especie de carrera clandestina de coches. Los chicos y chicas tenían muchas bebidas en la cabeza y querían terminar la noche con un poco más de adrenalina en la sangre. Fueron al punto donde se llevaban a cabo estas carreras. La disputa fue entre Taviño y Darío. El que tuviera el coche más potente y llegara más rápido al otro extremo de la avenida ganaría una pequeña cantidad de dinero. Valeria y las demás chicas se dirigieron al lugar donde estaba previsto que llegara el ganador. Darío y Taviño aceleraron sus coches y se dio la salida. Los neumáticos chirriaron y quemaron el suelo. Para que quedara bien, Darío quiso hacer un caballo de batalla, esas maniobras radicales que se hacen en los vehículos mediante un cambio brusco de dirección y el freno de mano, provocando un derrape con un giro de entre 180 y 360 grados. Fue así que ocurrió la tragedia.

Taviño se asustó, perdió la dirección y chocó el coche contra un poste. Su muerte fue instantánea.

Natalia la tranquilizó.

– Sé que fue terrible. Podrías haber terminado tu noche de fiesta de otra manera. Sin embargo, querías salir con ese grupo de delincuentes.

– Después del funeral, Darío se acercó sintiéndose un poco culpable y nos juntamos. Me sentí muy sola, terminé involucrándome.

– ¿Lo amas?

– No. Puedo decirlo con seguridad. Me gusta Darío, pero no lo amo.

– Vas a cumplir diecinueve años, Valeria, ya no eres una niña. Es hermosa, tiene una buena vida, un padre que te adora. ¿Por qué vivir en esta relación que no te aporta nada bueno?

– No sé. Como te dije, la atracción es muy grande. Puede que no lo ame, pero cuando estamos juntos me vuelvo loca, pierdo la razón y, cuando recobro el sentido, el daño ya está hecho.

– ¿Qué me dices sobre lo que sientes por Tomás? – Valeria se encogió de hombros.

– Sabes que me gusta. Pero le tengo miedo a Marion.

– Este miedo es demasiado fuerte para mi gusto – respondió Natalia.

– ¿Cómo así?

– No sé. Mi sensibilidad dice que hay algún espíritu que te impide tener una relación con Tomás.

– Bueno, Natalia. Déjate de tonterías. ¿Un fantasma me impide tener una relación con Tomás? Esa es buena – respondió Valeria, irónicamente.

Elenice llegó al apartamento. Saludó a Valeria. Luego se cubrió con su traje de baño, colocó su sombrero, su sombrilla y su colchoneta en un rincón del balcón. Se veía genial. Ojos bronceados y brillantes, vivaces.

– ¿Dónde está Milton? – Preguntó Natalia.

– Se encontró con dos amigos del ayuntamiento y están tomando una cerveza en la playa. Hace mucho sol y hoy ya me he bronceado mucho.

– Tu piel es divina, señora Elenice.

– Gracias – Elenice notó los ojos hinchados de Valeria.

– ¿Sucedió algo?

– Estaba recordando la trágica noche. La muerte de Taviño.

Elenice sintió un escalofrío recorrer su cuerpo. Se pasó las manos por los brazos.

– Solo hablar de este chico me pone la piel de gallina.

– Me gustaba, doña Elenice – dijo Valeria, entre lágrimas.

– Lo sé, cariño. Todos teníamos enamoramientos adolescentes.

– Si estuviera vivo, podríamos estar comprometidos.

– No creo. Eran citas de adolescentes. Tú y Taviño no tenían nada en común.

– ¿Será?

– Sí – observó Elenice – . Al igual que con Darío, tampoco tienen nada en común.

– ¿Es lo que le estaba diciendo, madre? – Intervino Natalia –. Valeria y Darío no tienen nada que ver el uno con el otro.

– Quizás necesites conocer a un hombre que despierte tu amor.

– No lo creo, señora Elenice.

– ¿Porque no? Siempre le gustaste a Tomás. Es un buen muchacho.

– No lo sé, tengo miedo de involucrarme de manera seria.

– Entiendo. No quieres una relación seria. Ahora comprendo por qué solo atraes relaciones problemáticas a tu vida.

– ¡Mi relación con Taviño estuvo llena de peleas y con Darío no es diferente!

– ¿El amor te causa miedo?

Valeria no supo qué responder. Realmente nunca había amado. Sin embargo, estar involucrada con alguien la ponía tensa. La relación con Darío no contaba. Ella misma sabía que no era más que una relación que ya había pasado su fecha de caducidad. Se dio cuenta que necesitaba recibir tratamiento y superar esa fascinación sexual que tanto ejercía sobre ella Darío.

Respecto a Tomás, realmente no sabía lo que estaba pasando. A ella le agradaba, pero algo en su mente siempre le advertía que tuviera cuidado con Marion. La voz era clara y amenazadora:

– Si te quedas con Tomás, Marion te hará cosas peores que a Laura.

Solo de pensar en esa frase que martilleaba en su mente, a Valeria se le puso la piel de gallina. Atrapada en sus miedos e inseguridades, bajó la cabeza y permaneció en silencio. Elenice asintió y Natalia se levantó cerrando la cortina de la ventana. Luego acercó el ventilador y encendió el dispositivo cerca de ellos. El calor hará que la habitación esté cargada. Elenice se levantó y puso una cinta de casete en el pequeño reproductor que había cerca. Entonces, una música clásica de rara belleza invadió la sala. Ella suspiró y dijo:

– Cerremos los ojos y sintonicemos la música. Ahora dejemos de lado todo lo externo, olvidemos nuestros problemas, nuestras dudas y aflicciones. Conectemos con la fuerza del bien, que es la única fuerza que existe. El bien eleva nuestra alma y nos conecta inmediatamente con Dios. Todo lo que podamos resolver, Él nos da la fuerza, el coraje y la lucidez suficientes para poder tomar la mejor decisión. Lo que aun no tenemos fuerzas para entender, aceptar o resolver, se lo dejamos a Él para que Él haga lo mejor.

Exhaló un largo suspiro y continuó:

– ¡Que Dios y los buenos espíritus nos protejan y ayuden! Que así sea.

Elenice terminó de hablar y sintió una leve sensación en el pecho. Abrió los ojos y Valeria todavía tenía los ojos cerrados. Ella se quedó dormida. Le hizo un gesto a su hija y ambas se levantaron sin hacer ruido. Elenice tomó una almohada y la colocó detrás de la cabeza de Valeria. Luego salieron al balcón.

– Mamá, ¿crees que Valeria tiene alguna perturbación espiritual? – Preguntó Natalia.

– Siento que tiene sentimientos muy encontrados. Debe ser algo relacionado con su vida pasada. Ella tiene un enorme bloqueo emocional que le impide amar.

– Quería hablar con ella de espiritualidad y ella siempre me interrumpe, gentilmente.

– Debemos respetarla. La gente está interesada en espiritualidad por dos motivos: por amor o por dolor. Necesitamos dejar a Valeria tranquila. En el momento adecuado, ella lo hará. Abrirá su corazón para comprender mejor los valores del espíritu.

– Darío y Marion están en casa de Guarujá. Sabes muy bien lo que pienso de estos dos.

– Valeria necesitará decidir por sí misma con quién quiere mantener relaciones de cariño y amistad. No podemos decirte que fulano de tal es gente que no te hace ningún bien.

– Ahora bien, si nos damos cuenta que Darío no es una buena persona, ¿por qué mantenerlo al lado de Valeria? ¿Y Marion? Y chica vanidosa, egoísta, inútil. Mala. Nunca me gustó.

– ¿Qué sentido tiene abrirle los ojos a Valeria? ¿No le hemos confiado ya nuestros sentimientos respecto a estos amigos?

– Ya.

– ¿Y aceptó nuestras impresiones? – Natalia negó con la cabeza. Elenice continuó:

– No lo sé Marion. No tengo nada que decir sobre esta chica. Pero conozco a Tomás. Algo me dice que hay algún tipo de perturbación espiritual que le impide acercarse a Valeria.

– Yo también me siento así, mamá.

– En cuanto a Darío, lo siento perdido y perturbado. Necesita oraciones en lugar de dedos acusadores.

– Difícil. Él no me gusta.

– Aquí no cabe tu gusto personal, hija mía. Qué es difícil enviarle una vibración positiva, dirigida a su corazón, para que cambie su actitud ante la vida y recibir apoyo espiritual?

– ¿Realmente sientes que está perturbado?

– Sí. Algo me dice que el espíritu de Taviño está conectado a él.

Natalia no se sorprendió.

– Tenía bastantes sospechas. Darío ha tenido actitudes muy extrañas desde la muerte de Taviño. Si ves que su espíritu está influyendo negativamente en Darío, ¿cómo puedes advertirle?

— A través de oraciones, vibraciones positivas. Ves que te rodea, siempre que es posible, en un círculo de luz. Vamos imagina a Darío siempre bien y sonriendo. Dios hará el resto.

— Tienes razón. Vale la pena intentarlo.

La conversación transcurrió agradablemente. Elenice y su hija hablaron emocionadas sobre el futuro de Natalia. Había aprobado el examen de ingreso a la universidad de arquitectura y estaba radiante. Valeria no tuvo tanta suerte, pero empezaba a tener ganas de estudiar en el extranjero.

— Quizás hable con Américo. Si envía a Valeria a estudiar a Italia, las posibilidades que ella y Darío continúen su relación serán muy pequeñas.

— Haz eso, mamá. Al señor Américo le agradamos y siempre lo ha escuchado.

— Nos gusta Valeria y rezaremos y pediremos lo mejor. Amelia me gustó mucho. Tienes amigos de la secundaria. Si yo no estuviera aquí y tú estuvieras enfrentando los mismos problemas, estoy seguro que Amelia te ayudaría.

Sentada en el sofá, Amelia, en espíritu, acarició el cabello de su hija.

— Ahora te verás obligada a elegir, ángel mío. ¡Que Dios la proteja!

El espíritu se elevó, atravesó la pared y envolvió a Elenice en un abrazo cariñoso.

— Gracias. Sabía que estarías cerca y cuidarías de mi pequeña hija — y, volviéndose hacia Natalia, observó:

— Eres una verdadera amiga. ¡Que Dios ilumine tus pasos, siempre!

Amelia besó la frente de Elenice e hizo lo mismo con Natalia. Entonces, su espíritu se desvaneció en el aire.

Elenice y Natalia sintieron una sensación placentera. Elenice recordó su amistad con Amelia y las travesuras que ambas practicaban en los pasillos del colegio, dejando a sus monjas con el pelo en pie. Natalia se rio a carcajadas y así pasó el tiempo.

Dos horas después, Valeria despertó de muy buen humor.

– Señora Elenice, hacía tiempo que no dormía una siesta tan buena. Me siento ligera, renovada.

– Me alegro que te encuentres bien.

– Ese poco sueño me abrió el apetito. ¿No tienen hambre?

Elenice miró su reloj y eran más de las dos de la tarde.

– Milton pasará toda la tarde con sus amigos. ¿Qué tal si vamos las tres a un restaurante a la vuelta de la esquina? Sirven un pescado maravilloso. Y luego podremos comer un helado y pasear por los jardines junto al mar.

– Estoy de acuerdo.

Natalia también asintió y, minutos después, las tres estaban cómodamente instalados en el restaurante, conversando entre ellas gesticulando mucho y haciendo sus pedidos.

Capítulo 7

Después del almuerzo, Celia invitó a las chicas a tomar un café en el patio trasero. Era una casa muy sencilla, pero bien ordenada. Ariovaldo se había encargado de mantener los árboles en el patio. Hizo unas bancas de madera con cajas sobrantes, las pintó de verde oscuro e improvisó una mesa con caballetes de hierro que le había regalado el director de la escuela. Sobre la mesa, una glorieta formada por manantiales e hibiscos rojos.

Mientras llevaba la bandeja con la tetera y las tazas, Alzira confesó:

– Tu casa es pequeña, pero muy acogedora.

– Este patio trasero es divino. No parece que estemos en el mismo barrio – añadió Arlete.

– Ariovaldo y yo tardamos muchos años en poder comprar el terreno. Luego pasaron más años hasta que construimos la casa. Es pequeño, pero cubre nuestras necesidades, cuando Lara viene de Buenos Aires con su marido, se queda en el cuartito del fondo – señaló.

Al final del patio, entre los árboles frutales y otras plantas y bengalas, había un área de lavado y un pequeño y elegante dormitorio con baño. Le recordó a una casa de muñecas.

– Me encantaría vivir en una casa así – dijo Alzira – . Todo ordenado, pintado, organizado. Me gusta mucho una casa bien ordenada y organizada.

– Alzira nació así – prosiguió Arlete – . Desde pequeña hacía las camas temprano en la mañana, pasaba la escoba por las habitaciones y ayudaba a mi madre en la cocina. De hecho, tiene muy buena mano para los platos salados y dulces.

Celia estaba asombrada.

– ¿Te gusta cocinar? – Alzira asintió.

– Prefiero lo dulce a lo salado. Mamá me enseñó a hacer unos panes, unas rosquillas dulces que había aprendido de mi abuela. Parece que estas recetas se perpetúan en el tiempo, habiéndose transmitido de generación en generación.

– ¿Nunca pensaste en ganar dinero con ello?

– No, señora Celia. Pienso en estudiar letras.

– ¿Quieres ser profesora? – Preguntó Celia.

Arlete miró de arriba abajo, indecisa.

– Me gusta leer clásicos de la literatura brasileña. Realmente aprecio a Orígenes Lessa y Erice Veríssimo.

– ¿Tienes ganas de enseñar?

– No lo sé con certeza.

– Cierra los ojos – preguntó Celia.

– ¿Cómo así?

– Créeme, vámonos. Cierra los ojos y toma mis manos.

Alzira asintió y los cerró.

– Imagina que estás enseñando en una sala llena de estudiantes. Estás enseñando literatura brasileña.

Alzira se obligó a pensar, cerró los ojos con fuerza y empezó a imaginar. Celia continuó:

– ¿Cuál es la sensación?

– Difícil de expresar. No siento nada.

– Mantén los ojos cerrados.

– Bien.

– ¿Y si llegados a este punto sales del aula y entras a una cocina bien equipada, con todos los utensilios? Imagina que te acercas a un mostrador y empiezas a preparar pastas, tartas y pasteles.

Alzira suspiró y sonrió ampliamente.

– No hace falta que me preguntes cómo me siento. Me encanta estar en esta cocina. Mis manos se deslizan suavemente a través de la masa de caramelo. ¡Oh! – Se sorprendió Alzira – . Aparecieron otras chicas, me están ayudando, me siento como si estuviera en la cocina de una pastelería. ¡Incluso puedo oler los dulces!

Celia le pidió que abriera los ojos.

– ¿Qué prefieres? ¿Dar clases o hacer dulces?

– Sin lugar a dudas, prefiero pasar el día haciendo dulces – admitió.

– Puede que te guste la literatura, pero tu alma quiere algo más. Puedes leer todos los libros que quieras. Solo porque te guste leer no significa que tengas que ser profesora.

– No tenemos las condiciones para hacer nada. Más aun ahora que papá está saliendo con Gisele.

– ¿Por qué siguen viviendo con él? Por lo que me dijeron en Navidad, tú vas a cumplir diecinueve años – señaló a Arlete – y tú, Alzira, vas a cumplir dieciocho. Son prácticamente dueñas de su propia nariz. Ambas pueden encontrar trabajo. Pueden mantenerse por sí mismas y salir de casa.

– Parte de la casa es nuestra – dijo Arlete – . Papá está pensando en poner esa musaraña dentro de nuestra casa. No lo permitiré.

– ¿Por qué no, Arlete? ¿Quizás te sientes tan impotente que crees que necesitas la casa que tu padre compró con su dinero? ¿No sientes que puedes lograr lo que deseas por mérito propio?

– No. Mi madre trabajó duro para que él pudiera pagar las cuotas de la casa. Ahorró todo lo que pudo. Terminamos desesperados porque todo el dinero que entraba era para pagar la casa. Hace unos dos años se volvió loco y se le metió en la cabeza porque tenía que pagar la casa. No creo que sea justo ahora entregárselo a él y a esa desgraciada en bandeja.

– Esa casa es de tu padre y de tu madre. No negaré que tienen derecho a la mitad, sobre todo porque la ley les otorga esta protección. Pero, ¿van a dejar de vivir su vida para luchar por la mitad de esa casa? ¿Van a abandonar sus deseos, sueños y logros, dejarlos de lado, para hacerle un infierno a una pareja que, aparentemente, quiere intentar ser feliz?

– De esta manera, me hace sentir como el la villana de la historia. Soy la víctima – protestó Arlete.

– No hay víctimas en el mundo. Somos responsables de todo lo que nos pasa.

– No estoy de acuerdo. No pedí ser su hija – murmuró Arlete.

– Sí, lo pediste. Si no lo pediste, al menos te sentiste atraída a esa casa por afinidad de ideas. Dios nunca comete errores, niña.

Arlete bajó los ojos y dejó que las lágrimas cayeran libremente. Alzira se acercó y rodeó la cintura de su hermana con el brazo.

– No te enfades, Arlete. Estamos unidas y tenemos la fuerza para afrontar cualquier situación. Perdimos a mamá que tanto amamos. Si podemos superar esta pérdida y seguir adelante con nuestras vidas, ¿no crees que pelear por esa casa es algo demasiado pequeño? ¿Viste lo que nos dijo la señora Celia? Que somos capaces. Podemos tener nuestra propia casa – dijo Alzira y se volvió hacia Celia:

– Terminé de leer la novela *Entre el amor y la guerra*. Yo estaba fascinada. El libro captó mi atención de principio a fin. También comencé a ver la vida de una manera más positiva y menos fatalista.

– Los libros espíritas son capaces de conmovernos y, a través de una lectura ligera y agradable, nos traen mensajes de consuelo, esperanza y paz. Si quieres, tengo otras novelas de carácter espiritualista. Puedo prestarlos.

– ¡Oh, me encantaría! – Exclamó Alzira– .

Celia llenó una taza de café y se la entregó a Arlete.

Luego le prestó un pañuelo.

– Gracias.

– Arlete, debemos prestar atención a los tesoros que la vida nos ofrece. Necesitamos prestar más atención a la fuerza del pensamiento, que es un atributo del espíritu. Vea que la apertura se produce por sugestión; es decir, la inducción a hacer o actuar de una determinada manera. Las creencias surgen del pensamiento, que son conglomerados de pensamientos impresos en nuestros circuitos emocionales. Ellos son los que acaban con el mundo que nos rodea.

– Pensé que el pensamiento era más fuerte que cualquier otra cosa – añadió Alzira.

– El pensamiento tiene su fuerza, pero no es tan fuerte como la creencia. Creer es aceptar en tu corazón el imperativo de una determinada forma de pensar.

Arlete se sonó la nariz y cogió su taza de café. Bebió el líquido humeante y se removió en el taburete.

– Siempre quise tener una vida independiente. Resulta que estamos muy apegadas a esa casa. Crecimos allí y, si cuando nos vayamos, ¿dónde quedarán los recuerdos que tenemos de nuestra madre?

– Todo en la vida es cíclico y fugaz. No nos quedamos atrapados en el mismo lugar para siempre. La memoria afectiva que tienen nunca será eliminada, ni siquiera con la muerte del cuerpo físico, porque es parte integrante del espíritu, y el espíritu es eterno.

Las niñas estuvieron de acuerdo y Celia continuó:

– La fase que atraviesan ahora es desafiante.

– Un gran desafío – siseó Arlete.

– El desafío nos hace avanzar. A través del desafío, pasamos del lugar común a la madurez, aprendiendo a lidiar con nosotros mismos de manera efectiva. Los desafíos nos permiten ver las innumerables posibilidades de opciones que tenemos para encontrar nuestra felicidad. Cada uno de nosotros es nuestro propio dueño.

– Tengo miedo de salir de casa. Tengo miedo de fracasar y volver a pedirle ayuda a mi padre. Ya no quiero que nos tire en la cara toda la comida que nos ha dado desde que nacimos. Un padre que ama a sus hijos nunca hablaría así.

– Digo que atrajiste a este padre para fortalecer tu espíritu. Mira, Arlete, que la forma en que fuiste criada te hizo una mujer fuerte, con opinión y ganas de crecer, de ser independiente. Si tuvieras un padre que si te malcriaba demasiado, podrías estar viviendo en otra realidad y no te darías cuenta de la fuerza que tienes para mover tu propio destino.

– Nunca lo había pensado de esa manera.

– Todo lo que dices tiene mucho sentido – asintió Alzira – . Nunca nos criaron para cuestionar las diferencias entre las personas. Desde pequeña me preguntaba por qué vivía en esa casa. Y recientemente comencé a cuestionar la vida. ¿Por qué perdí a mi madre?

– No perdiste a tu madre – aseguró Celia – . Josefa simplemente se fue a otra dimensión, a otro mundo. La Tierra es un mundo transitorio, donde nuestro espíritu se reencarna para aprender a reconocer su fuerza y ampliar su inteligencia durante un período de tiempo determinado.

– ¿De verdad crees que encontraremos a nuestra madre nuevamente?

– Estoy segura. ¿No recuerdas nuestra conversación en Navidad? Hablamos de espíritus, de la muerte de su madre, de sus pesadillas...

– Es verdad. Esa noche fue mágica.

– Fue mágica y calmó mi corazón – añadió Arlete.

– Soñé con ella al día siguiente – dijo Alzira –. Mamá estaba en una especie de hospital y había muchas camas, creo que más de cien camillas, con muchas enfermeras y médicos ofreciendo tratamiento a los pacientes.

– El espíritu de tu madre debe haber sido llevado a un Puesto de Socorro que existe en el mundo espiritual. Murió a causa de un cáncer que destruyó su cuerpo físico y afectó su periespíritu. Tan pronto como esté libre de las energías de la enfermedad, podrá ir a una Colonia de recuperación. Quizás pronto puedas soñar más con ella e incluso tener una cita.

– ¿En serio? – Preguntó Arlete.

– Sí. Nunca perdemos el contacto con quienes amamos. Los vínculos del amor son sólidos y eternos. En el momento oportuno tendrán contacto con Josefa.

Las hermanas se estremecieron de placer. Se sintieron muy bien en compañía de Celia. Alzira quería saber más:

– ¿Qué es el periespíritu?

– Buena pregunta, Alzira – Celia sonrió y respondió entusiasmada –. Periespíritu es el nombre que se le da al vínculo entre el espíritu y el cuerpo físico. Cuando el espíritu se encarna, el periespíritu sirve de vínculo entre el espíritu y el cuerpo.

Desencarnado, el periespíritu se convierte en el cuerpo mismo con el que el espíritu se manifiesta y transita hacia otras dimensiones.

– ¿Hemos vivido muchas vidas? ¿Es eso cierto? – Preguntó Arlete.

– Sí. Hemos vivido muchas vidas y viviremos tantas otras como sean necesarias para la expansión de la lucidez que traerá la madurez a nuestro espíritu.

La conversación continuó amena y se prolongó durante toda la tarde.

Eran más de las seis cuando Arlete saltó:

– Necesito estar lista. Osvaldo me recogerá en un rato para dar un paseo.

Celia sonrió.

– Te gusta mucho este chico. Y le gustas mucho. Serán muy felices juntos.

Arlete sintió un calor incomparable en su pecho. Abrazó a Celia y le agradeció:

– Muchas gracias por decirme esas palabras. Era todo lo que mi corazón quería escuchar.

Se despidió y Alzira también se levantó.

– ¿Por qué te vas ahora? – Preguntó Celia –. Sería un placer que te quedes a cenar.

– Me encantaría, pero necesito ayudar a Arlete a prepararse.

– ¡Nada! Puedes dejarme prepararme yo misma – aseguró Arlete.

– ¿Y si Gisele sigue en casa? ¿Prometes que no te meterás en problemas con ella?

– Quédate un poco. ¿Qué sentido tenía permanecer encerrada en esa casa? La compañía allí no es la mejor – afirmó Arlete.

– Tienes razón. ¿Puedo quedarme, señora Celia? Con una condición.

– ¿Cuál es?

– Vas a enseñarme a hacer algo dulce. ¿Un dulce?

– Sí. Tengo algo en el armario. Lo que falte se lo pedimos a Ariovaldo y él lo recogerá en la panadería.

Alzira sonrió alegremente:

– Está correcto. Voy a hacer una tarta de zanahoria que me gusta mucho – Arlete admitió:

– La tarta de zanahoria de Alzira es inmejorable. Nunca he comido un pastel más sabroso.

– ¡Entonces comamos pastel de zanahoria! – Dijo Celia.

– Celebremos porque siento que sus vidas cambiarán para mejor.

– ¿Realmente lo crees? – Preguntó Alzira, esperanzada.

– Algo muy bueno está por suceder, créanme – Las hermanas se miraron felices.

– Dios la escuche, señora Celia. Dios la escuche – Arlete se despidió de su hermana y le dijo:

– Después de esta agradable tarde, nada me quitará mi dosis de alegría. Ni siquiera Gisele.

– Así es, Arlete. Utiliza siempre esta frase, con firmeza: dentro de mí, mando yo.

– Nunca lo olvidaré, señora Celia.

Y, de camino a casa, solo quedó en su pensamiento una frase, que Arlete repitió como un mantra:

"Dentro de mí, mando yo."

Capítulo 8

Valeria regresó a Guarujá a altas horas de la noche. El encuentro con Elenice y Natalia había sido muy lindo.

Como es bueno estar cerca de personas a las que les gusto, de verdad, se dijo.

Estacionó el auto en el garaje y apagó el motor. Entró a la casa y todo estaba oscuro. Encendió la luz y pronto apareció una de las criadas:

– Doña Valeria, ¿necesita algo?

– No. Quiero saber dónde está Darío.

La criada se sonrojó. Había escuchado sus gritos de placer y los de Marion durante horas y horas. La desvergonzada pareja ni siquiera tuvo la decencia de mantener cerrada la puerta del dormitorio. La niña, por respeto a Valeria, se limitó a decir:

– El chofer de la señorita Marion los recogió hace dos horas. Fueron a una fiesta en Ilha Porchat. El señor Darío dijo que no tiene hora para volver.

Valeria sonrió aliviada. Estaba cansada de Darío, sus tragos, sus bromas y esa relación sin salida. Esperaría a que llegara y, al día siguiente, terminaría la relación. Fue lo mejor que se pudo hacer.

Caminó hasta su cama, se desnudó y se dio una buena ducha. El calor era insoportable. Terminó su ducha y se frotó el cuerpo con una colonia refrescante. Se secó, se puso un *babydoll* y encendió el aire acondicionado de la habitación. Cerró la ventana y corrió las cortinas. Se inclinó hacia la mesita de noche y eligió un disco. Cogió uno de los de la colección Excelsior – La máquina encendió el sonido y colocó el vinilo en el tocadiscos. Encendió la lámpara de la mesita de noche y apagó la luz de la habitación. Se tumbó en la cama y se dejó envolver por las melodías del disco.

Valeria se durmió y tuvo un sueño reparador. A las diez de la mañana se despertó. Abrió los ojos, se relajó y notó que la aguja del disco golpeaba el alfiler, regresó y volvió a golpear el alfiler.

– Olvidé que este dispositivo no tiene apagado automático.

Se levantó, tomó otro disco de su colección y empezó a tararear la canción mientras levantaba las cortinas y abría la ventana. Desde el balcón de su dormitorio podía ver el mar.

El día había amanecido nublado y el ruido rítmico de las olas le daba una profunda tranquilidad.

Valeria reflexionó sobre los últimos acontecimientos. No podía entender por qué estaba atrapada en una relación sin futuro. No había logrado aprobar el examen de ingreso y quería hacer un curso de decoración en Europa.

Pensó, pensó y decidió que hablaría con su padre sobre la posibilidad de ingresar en una reconocida escuela de formación de decoradores, que con el tiempo se convertiría en diseñadora de interiores. Pensó en el instituto que había en Florencia, en Italia. Américo le había dado ánimos para incorporarse al instituto. A su tío Adamo le encantaría compartir su compañía.

– Seguiré el consejo de mi padre – dijo Valeria, mientras se cambiaba de ropa para desayunar.

Se puso un bikini y un traje de baño nuevos. Salió de la habitación y se encontró con una de las criadas.

– ¿Quiere que le sirva café en la despensa o en el balcón, señorita Valeria?

– El día está nublado, pero bochornoso. Me gustaría que me sirvieras en el balcón.

– Está bien, señora.

– ¿Apareció Darío?

– Apareció poco después de las ocho de la mañana. Llegó en estado deplorable, señora Valeria.

– Prepara el café y llévalo al balcón. Veré cómo está Darío.

Antes de eso, Valeria llamó a la oficina de su padre. Américo respondió con una amplia sonrisa en sus labios.

– ¡Hija Linda! ¡Cuánta nostalgia!

– Yo también te extraño, papi.

– ¿Cómo van las cosas? ¿Te estás comportando?

– Sí lo estoy. Ayer estuve casi todo el día en compañía de Natalia y doña Elenice. Me hacen mucho bien.

– Aprecio mucho tu amistad con Natalia. Es una buena chica y conozco a Elenice desde hace años. Perdió dinero, pero sigue siendo una mujer de gran carácter y una buena consejera.

– Llamé porque he estado pensando en seguir tus consejos e inscribirme en ese curso de decoración en Florencia.

Américo abrió y cerró los ojos, mostrando extrema felicidad.

– Me alegra mucho que estés pensando en tu futuro.

– Sé que el curso empieza en agosto, que el año escolar en Europa es diferente al nuestro, pero estoy decidida y voy a prepararme para ingresar al instituto y tener un buen desempeño, quiero que estés muy orgulloso de mí.

– Ya estoy muy orgulloso de ti.

– Ah, antes que se me olvide, también quiero que sepas que voy a terminar mi relación con Darío.

– No sabes lo feliz que estoy con estas decisiones. Sabes, me alegra saber que tuviste algo de sentido común y te diste cuenta que este chico, aunque sus padres son mis amigos, no es el hombre para ti.

– Gracias por apoyarme, papi.

– Valeria – dijo Américo, con la voz ahogada –. Yo te amo mucho.

– Yo también, papi.

– Oye, esta conversación parece un adiós.

– Tienes razón – dijo, con la voz también entrecortada.

– ¿Quieres que baje a la playa el fin de semana?

– No es necesario. Voy a romper y subir a la sierra hoy mismo. ¿Me harías compañía durante la cena?

– Me encantaría. Tengo una reunión con el Ministro de Transportes, pero la pospondré hasta mañana temprano. Tú eres más importante.

– Te amo papá.

– Yo también te amo hija.

Américo colgó el teléfono y se sintió invadido por una gran ansiedad. Sentía una opresión en el pecho, como si algo malo estuviera a punto de suceder.

– No es gran cosa – se dijo en voz alta –. Esta noche voy a cenar con mi hija.

Apartó sus pensamientos con las manos y presionó un botón en un dispositivo conectado al teléfono:

– Señorita Mirtes, por favor. Cancele mi reunión con el Ministro.

– Doctor Américo, vino a São Paulo solo para hablar con usted.

– Dile que tuve una indisposición alimentaria y mañana temprano nos vemos donde él quiera.

– Está bien.

Américo volvió a concentrarse en sus asuntos. No importa cuánto intentara alejarlo, ese mal presentimiento no salía de su pecho y ahora también le revolvía el estómago. Se levantó, sacó un antiácido del armario, lo mezcló con agua y bebió el líquido efervescente.

– Debe haber sido el desayuno. Ese trozo de pastel de coco no me sentó bien.

Valeria colgó el teléfono y se levantó. Caminó hasta la habitación de Darío, giró la manija y abrió la puerta. Todo estaba oscuro. Un olor mezclado a bebida y cigarrillo invadió sus fosas nasales.

Entró y abrió la ventana. La luz entró intensamente y Darío se despertó asustado.

– Oye, ¿qué es esto?

– Hora de levantarse.

– Llegué de la fiesta eran más de las ocho de la mañana. Tengo sueño.

– Tendrás todo el día para dormir. Ahora levántate.

Valeria se acercó a la cama y tiró de la sábana. Darío estaba desnudo. Esa imagen la conmovió. Darío tenía un cuerpo espectacular. Era naturalmente musculoso y tenía la piel bronceada. La marca del bañador lo hacía aun más provocativo, más sensual.

– Necesitamos hablar – dijo, en voz baja, tratando de ocultar su emoción.

Fue difícil contener la emoción.

¿Por qué diablos soy débil? – Se preguntó mientras intentaba quitar los ojos del cuerpo de su novio.

Una voz le susurró al oído:

– Porque lo deseas y lo quieres, Valeria. No te atrae Darío, pero te atraigo yo. Dormirás con él y podré sentir placer a través de él. Vamos, lo quieres. Lo quieres.

El espíritu de Taviño habló con una voz llena de voluptuosidad. Valdría la pena intentarlo, pero la fuerza del espíritu sobre su voluntad era mucho mayor. Darío la abrazó y el contacto entre sus cuerpos la hizo olvidarse de la promesa de romper, por ahora. Valeria se acostó sobre el cuerpo de su novio y se querían mucho. Taviño acercó su periespíritu al aura de Darío y comenzó a sentir la misma emoción que el muchacho. Y también controlaba el mente de Darío. Hazlo así, ahora hazlo de esa forma.

Después que terminaron de amarse, Valeria se levantó y se dio cuenta que estaba en la tentación. Ella peleó consigo misma y Darío preguntó:

– Entonces, cariño, ¿vamos a tomar nuestro café? He perdido el sueño y tengo mucha hambre.

Ella no dijo nada. Se puso el bikini, irritada consigo misma, y salió de la habitación. Se encerró en el baño y lloró. Pidió ayuda a los cielos.

Lola, un espíritu amistoso de otras vidas, se acercó y le sugirió, mientras se alisaba sus largos cabellos rojizos:

– Necesitas fortalecer tu pensamiento, querida. Y aprende que estás a cargo de ti misma. Nadie tiene el poder de manipular tu voluntad. Esto sucede porque lo haces fácil y dejas que suceda. No puedo mantener alejado a Taviño. Tú y Darío lo atraen naturalmente. En el momento en que te sientas con fuerzas suficientes para liberarte de ambos, estos no podrán hacerte nada.

Valeria dejó de llorar. Tomó un trozo de papel higiénico y se sonó la nariz. Se lavó la cara y trató de sonreírle a su imagen reflejada en el espejo. Se sintió disgustada consigo misma. Se quitó el bikini y se metió en la ducha. Se pasó la esponja vegetal por todo el cuerpo y se enjabonó varias veces. Lloró y oró fervientemente:

– Por favor Dios. Ayúdame a deshacerme de este sentimiento hacia Darío. No lo amo y ya no quiero tener una relación con él ni con nadie más.

Valeria terminó su ducha, se secó y se puso un poco de crema hidratante en el cuerpo. Se peinó, eligió un vestido corto, tacones o chanclas y salió al balcón.

Se llevó una sorpresa desagradable. Marion acababa de llegar.

– Buenos días, querido.

– ¿No fuiste la fiesta con Darío? ¿No tienes sueño?

– No. Necesito dormir poco. Soy joven y llena de energía.

– Así es – Valeria quería que la dejaran sola y no estaba de humor para discutir – . Disfruta y tómate un café con nosotros.

– ¿Se levantó Darío?

– No creo.

– Debe estar en el baño. Nada como una ducha fría para despertarse.

– Tienes razón.

Marion se sirvió jugo de sandía y untó mantequilla en un panecillo.

– ¿De verdad te gusta Darío? – Ella preguntó

Punto en blanco.

– Me gusta.

– ¿Con ese entusiasmo? – Preguntó Marion.

– Marion, te conozco desde hace años, desde pequeña. ¿Cuál es tu nota? ¿Estás interesada en Darío?

– Yo, yo...

– No hay necesidad de tartamudear. ¿Tú piensas que soy estúpida? No lo soy. Sé que te lanzas hacia él. Y estoy segura que ya están juntos.

Marion fingió asombro.

– ¡Imagínate, querida! El novio de mi amiga para mi es mujer. Nunca te haría algo así y...

Valeria la interrumpió con firmeza:

– ¿Sobre mí? No me vengas con esas tonterías. ¿Y el pobre Tomás? ¿Por qué lo traicionas?

Marion se rio, muy típico.

– Tomás es una aplicación a mediano plazo. Él me dará apoyo para emprender mi carrera artística en el extranjero, eso es todo. No puedo deshacerme de él ahora. Darío se mete conmigo, ¿sabes?

– No sirves para nada – dijo Valeria, en un tono de profundo disgusto.

– ¿Cuál es el problema?

Valeria suspiró molesta y movió la cabeza hacia un lado.

– De momento tu catálogo de deseos lo quiere porque quieres a Darío. ¿Estoy correcta?

¿Y eso te molesta?

– Al contrario. Me encantaría que te quedaras con él.

– ¿Me estás entregando a Darío en bandeja? – Antes que Valeria respondiera, Darío preguntó:

– ¿Me lo das en plato? ¿Qué conversación es esta?

– Nada – Valeria desvió el tema. Marion no quiso perder la señal. Era el momento justo para provocar la mayor confusión entre la pareja. Era ahora que despejaría el camino para tener a Darío para ella sola, aunque fuera por una semana o un mes.

– Valeria ya no quiere tener nada que ver contigo.

– ¿Cómo así? – Él no entendió.

– Te está dando una patada. Ella ya no quiere salir contigo. ¿Entendiste?

Valeria se levantó de su silla.

– Marion, tómalo con calma.

– ¿Por qué mentirle a Darío? ¿Por qué burlarse de él? ¿Necio? No es nada de eso.

– Y sí – dijo Marion, en tono histérico – . Valeria quiere romper contigo, pero lo siente.

– No pongas en mi boca palabras que nunca he dicho, Marion.

Las dos comenzaron una discusión que casi termina en pelea, si no fuera porque Darío las separó.

– ¿Ey qué es eso? ¿Por qué pelear?

En el fondo, le encantaba ser el centro de esa discusión. Estaba atado a Marion y también tenía ganas de romper con Valeria. Pero Taviño estaba cerca, y allí se mezclaban deseos y anhelos.

El espíritu de Taviño estaba furioso.

– Ella no puede soltarte. Valeria es nuestra muñequita, nuestro amor. Sin ella, no sé qué vamos a hacer.

Darío sintió un nudo en el pecho. Derramó las palabras de Ta Wine como si fueran suyas:

– Sin ti, Valeria, no sé qué hacer.

Los dos detuvieron su discusión y lo miraron con total sorpresa. Valeria no entendió:

– ¿Qué dijiste? – Taviño permaneció pegado a su oreja:

– Tiene que ser tuya, Darío. Si pierdo a Valeria, nunca podré volver a sentirla. Nunca podré volver a amarla. Eres el vínculo que me permite interactuar con ella, no puedes dejarla, de ninguna manera.

– No hay manera que me dejes – gritó Darío.

Los ojos de Valeria se abrieron como platos.

– Solo puede ser el efecto de la droga. Darío no sabe lo que dice – Marion intervino:

– ¿No prefieren hablar solos?

– Me parece una excelente idea – aseguró Valeria – . Tu presencia aquí no ayuda en nada.

La chica hizo un puchero y frotó su cuerpo contra el de Darío.

– Después de resolver este problema, no olvides llamarme.

Marion habló y se fue. Valeria no dijo nada. Sacudió la cabeza.

– ¿Vamos a hablar? – Insistió Darío.

– Me dio dolor de cabeza. Quiero escalar la montaña. Vamos juntos.

– Puedes quedarte aquí si quieres, Darío. Hablaremos en otra ocasión.

– No.

– Tenemos la cabeza caliente. Será mejor que nos calmemos. Hablaremos otro día.

La tomó en sus brazos y la sacudió con fuerza:

– No me dejarás. ¡No lo harás!

Por un momento, Valeria tuvo la clara impresión de haber visto a Taviño frente a ella.

– No puede ser – se dijo – . Estoy alucinando.

Ella abrió y cerró los ojos.

– Suéltame, Darío. Me estás lastimando – La soltó y luego dijo:

– Subiré a la montaña contigo. Hablaremos en el camino.

– No creo que sea buena idea que subamos la montaña juntos.

– Vine contigo y me voy contigo. Ve a empacar tus cosas y yo empacaré mi mochila. Subiremos en media hora.

Valeria estaba cansada de pelear, de discutir. Sería mejor subir a la montaña con Darío y hablar en otro momento. Se moría por llegar a casa y abrazar a su padre. Ese era solo su deseo.

Media hora más tarde estaban en el Maverick subiendo por la Via Anchieta. Había un gran número de camiones que habían repostado en el puerto y el coche iba subiendo lentamente. Darío intentó cortarle el paso a un camión, pero luego se vio obligado a detenerse frente a otro. Se estaba irritando.

– ¡Malditos camiones! – Gritó.

Valeria tomó una cinta de música pop y puso el sonido para aligerar la atmósfera pesada.

– Hablemos – insistió Darío.

– No tenemos nada de qué hablar por ahora. Estoy cansada de discutir contigo.

– Pero yo te amo.

– Nada, Darío. Te encanta la marihuana, la cocaína, la bebida, las mujeres. Sé que me engañas con varias chicas.

– No es verdad.

– Tuviste sexo con Marion ayer, en mi casa – Se movió en el asiento del coche y no dijo nada.

– ¿Lo ves? Eres un idiota.

– Caramba, bebé. Solo era una broma. No tengo nada que ver con Marion. Estoy atado a ti.

– Di mirándome: ¿me amas?

Valeria preguntó con franqueza, con el corazón. Ella quería que él también fuera sincero. Darío iba a decir que no, pero Taviño, sentado en el asiento trasero del auto, intervino:

– Ya no hay vuelta atrás, hombre. Ella hizo la típica pregunta de una mujer y simplemente finge, mírala profundamente a los ojos y di "sí" o "te amo."

Darío respiró hondo y dijo:

– Yo te amo.

– Mientes. Tú no me amas.

No supo qué responder. Volvió el rostro hacia adelante y se concentró en el viaje. Valeria abrió su corazón. Dijo todo lo que sentía. Darío, si no hubiera estado bajo el control de Taviño, lo habría entendido todo y habría terminado felizmente la relación. Pero la insistencia del espíritu fue dolorosa. Taviño se metió con la oreja de Darío. Calentó el oído del chico diciendo muchas barbaridades, distorsionando todo lo que Valeria le decía.

Darío se estaba hartando de todo. No sabía si estaba irritado porque Taviño hablaba demasiado, o porque Valeria tampoco dejaba de hablar, o porque había mucho camión y él estaba cansado de tragar humo. Giró con los ojos llenos de resentimiento y gritó:

– ¡Basta de hablar! ¡Serás mía y se acabó!

Lo último que escuchó Darío fue el grito de Valeria. Miró hacia adelante, pero ya era demasiado tarde. Pisó el freno y el coche patinó en la pista. Un remolque que venía justo detrás no tuvo tiempo de frenar y presionó al Maverick, empujándolo debajo del camión de delante. El accidente fue tan violento que, cuando policías de carreteras, médicos y peritos llegaron al lugar, no pudieron distinguir los cuerpos sin vida ni siquiera separarlos de los escombros.

Capítulo 9

Fue una escena muy triste... Arlete salió del teatro llorando. Osvaldo sacó con delicadeza un pañuelo de su chaqueta y se lo entregó.

– ¿Te conmovió tanto *Falso Brillante*?

– Nunca había visto un espectáculo tan hermoso en toda mi vida. Nunca olvidaré esta noche. La música me conmovió.

– ¿En serio?

– Como dice el estribillo de la letra de Belchior, *"a pesar de haber hecho todo lo que hicimos, seguimos siendo los mismos y vivimos como nuestros padres"* – dijo Arlete, con la cabeza gacha.

– Esto me hizo pensar en mi intransigencia hacia mi padre.

– ¿No se llevan bien?

– No. Papá nunca nos llamó a mí ni a Alzira tampoco para nuestra madre. A veces sus ojos expresan una gran melancolía. Es como si no tuviera ganas de estar a nuestro lado.

– No puedo decir nada porque no conozco a tu padre.

– Es muy cruel. Ha pasado un tiempo desde que murió mi madre y ya está pensando en casarse.

– Tu padre tiene derecho a empezar de nuevo, o incluso a vivir su propia vida.

Arlete sintió que se le subía la sangre.

– ¿Estás defendiendo a mi padre? Ustedes los hombres son todos iguales.

– Negativo – respondió Osvaldo –. Tu padre es dueño de sí mismo. Él es quien está a cargo de su propia vida.

– Pero me tiene a mí y a Alzira. Necesita pensar en nosotras. Quiere casarse y quiere que esa dulce Gisele viva bajo el mismo techo que nosotras. Eso es asqueroso.

– ¿Por qué?

– Porque, por ley, la mitad de esa casa nos pertenece a mí y a mi hermana. No creo que sea justo que haga lo que quiera sin consultarnos.

– ¿Puedo hacer una pregunta?

– Sí.

– ¿Ayudaste a tu padre a comprar la casa?

¿Cómo así? – Preguntó Arlete, sin entender.

– ¿Contribuiste con alguna cantidad?

– Claro que no. Cuando papá compró la casa, éramos pequeñas.

– Tiene derecho a hacer lo que quiera, al fin y al cabo, era Olair quien pagaba las cuotas.

Arlete se detuvo y miró a Osvaldo a los ojos.

– Eres abogado y sabes que mi hermana y yo tenemos derecho al cincuenta por ciento de esa casa. Es la ley, ¿no?

– Sí. Entre todos tienen derecho a la mitad de la casa. Si tu padre muriera hoy, creo que sería justo para ti y tu hermana tener la propiedad, usarla para vivir, o alquilarla y tener un ingreso, o incluso venderla y hacer ahorros. Sin embargo, fue tu padre quien trabajó duro para comprar la casa. Según tengo entendido, puede hacer lo que quiera.

– No es justo. Mi hermana, mi madre y yo pasamos dificultades para que él pudiera pagar las cuotas. ¿Crees que es justo que no seamos recompensados por las privaciones a las que fuimos sometidos?

– ¿Por qué? Viviste en esa casa durante años. Tenían un techo sobre sus cabezas, no pasaban frío, tenían acceso a duchas calientes...

Arlete no lo podía creer.

– Suenas como papá hablando. ¡Es horrible! – Osvaldo sacudió la cabeza hacia un lado.

– Escucha, Arlete. Sé que te sientes la "dueña" de la casa. La ley brasileña nos favorece y alienta a pensar así. Cuando nuestros padres o familiares mueren, queremos un pedazo de todo lo que construyeron. Lamentablemente, veo casos en los que los niños exigen "su parte" antes de ser los legítimos dueños de sus herencias. Quien haya hecho una fortuna debería tener derecho a hacer con ella lo que le plazca, como ocurre en la legislación estadounidense.

– No renuncio a lo que es mío.

– Ya no estás viviendo tu vida, cumpliendo tus logros gracias a un pedacito de tu hogar. ¿No actúas así porque tienes miedo de salir de casa y vivir tu vida de forma independiente?

Arlete se sonrojó.

– Estoy saliendo contigo, Osvaldo. Creo que pronto tendremos una vida juntos.

– Yo también pienso así. Quiero que te conviertas en mí esposa. Sin embargo, creo que todos somos útiles, inteligentes y tenemos muchas habilidades. Me encantaría que mi esposa pudiera tener una carrera, ganar su propio dinero, tener y sentir su propio valor.

– ¿Y quién se hará cargo de la casa? ¿Y quién cuidará de los niños?

– Los padres y las criadas, bueno. La esposa no debe hacer todo sola, como fueron educadas para hacer nuestras madres.

Apoyo compartir las tareas del hogar con mi esposa. Ya no más mi esposa apoyada en la puerta de entrada cotilleando con los vecinos. La mujer que se va a casar conmigo también debe pensar en sí misma y tener una carrera, un trabajo, porque el trabajo dignifica al ser humano.

– No tengo formación. Terminé la secundaria y ni siquiera pensé en ir a la universidad.

– ¿Por qué no? – Preguntó Osvaldo, curioso.

– Seguridad, tal vez.

– ¿O eres de las que quieren conocer a un hombre, casarse y quedarse en casa todo el día, llevando una vida fútil y aburrida?

– Al decir eso, me ofendes. Nunca quise tocar a nadie.

Siguieron caminando y se detuvieron frente a un snack bar.

– Me lo llevo – dijo Osvaldo. Arlete miró su reloj.

– Es tarde. Nunca llegué muy tarde a casa.

– Tomamos un refrigerio rápido y luego nos vamos. Te dejaré en casa.

Arlete sintió que su estómago gruñía.

– De acuerdo.

– Está bien. Un pequeño refrigerio y nos vamos.

Entraron a la cafetería y se sentaron en taburetes, apoyando los codos en el mostrador. Hicieron el pedido y Osvaldo continuó:

– Arlete, sinceramente me gustas. Pero no puedo prometerte matrimonio ahora mismo. Necesitas ganar un poco más, saldar algunas deudas familiares. En unos dos o tres años podré caminar hacia el altar.

– ¿Todo eso?

– Pasan así tres años –, chasqueó los dedos –, rápidamente. Quiero hacer un curso preparatorio que dure dos años. Quiero, en primer lugar, aprobar el concurso para juez o fiscal. Después de eso, estaré listo para hacer un compromiso matrimonial. Podré hacer el pago inicial de una propiedad, comprar muebles, planificar, en definitiva, nuestra vida matrimonial.

– ¿Y tendré que aguantar a mi padre y a mi futura madrastra todo este tiempo?

– Es una cuestión de elección.

– No tengo elección – dijo secamente. Arlete habló y recogió la pajita frente a ella. La puso dentro de la botella de refresco y bebió un poco del líquido. Osvaldo modificó:

– Querida, si no soportas a tu padre y a tu futura madrastra, ¿por qué no sales de casa?

– ¿Y a dónde iría? No tengo trabajo, no tengo ingresos...

– Podemos conseguirte el trabajo, siempre hay una vacante. Algo.

– ¿Dónde viviré?

– Alzira y tú pueden ir a una pensión para chicas. Todavía quedan muy buenas pensiones en la ciudad. ¿Qué opinas?

– No sé...

– Confía en la vida. Cuando queremos hacer algo para dar lo mejor de nosotros, la vida siempre nos ayuda.

Arlete no respondió. No sabía qué decir. Osvaldo le dijo lo obvio. Si no era feliz en esa casa, debería encontrar fuerzas dentro de sí misma, creer en la vida y seguir adelante.

De regreso, Osvaldo continuó la conversación y la motivó mucho. Arlete pensó detenidamente y reflexionó. Osvaldo tenía razón.

No tiene sentido que quiera casarme ahora solo para poder irme de casa, pensó. Osvaldo tiene razón. Siento que lo amo, pero no estaría preparada para enfrentarme a un hogar. Ahora no. Hablaré con Alzira sobre el asunto.

– Oye, un crucero para tus pensamientos. Arlete se rio.

– Es muy poco. Puedes aumentar el valor.

Se rieron y pronto Osvaldo detuvo el auto en la acera. Se despidieron con un cariñoso beso y Arlete le agradeció una vez más la agradable velada.

Tan pronto como cerró el portón y el auto de Osvaldo desapareció en la calle, Arlete se dio la vuelta y soltó un grito de sorpresa.

– ¿Qué estás haciendo aquí?

– Soy yo el que pregunta – gritó Olair, con los brazos cruzados y su expresión nada agradable. A su lado estaba Gisele, con una sonrisa maquiavélica. Ella inmediatamente dijo:

– ¿No te lo dije, cariño? – Gisele hizo una voz infantil y mordisqueó la oreja de Olair – . Este papá estaba hecho un gran desastre dentro del auto. Corrí a llamarte porque esto es muy feo. ¿Qué dirán los vecinos de ti mañana?

Arlete se defendió.

– Esta ahí me está calumniando, padre. Osvaldo y yo no hicimos nada. Él me respeta mucho. Solo me dio un beso de buenas noches.

Gisele se rio.

– ¿Beso de buenas noche? Eso fue como desbloquear el desagüe de un fregadero. Desagradable.

– ¿Cómo puedes ser tan mala, Gisele?

– ¡¿Yo?! Solo quiero el bienestar de tu padre. Es el mejor sastre de la región. No quiero que su reputación se vea afectada por una hija con un comportamiento vulgar.

Arlete sintió que se le subía la sangre. Sacudió la cabeza de un lado a otro.

– Eres mala. Quieres separarnos de nuestro padre. Y todavía lo dices mal. Estás denigrado y no degradado, idiota.

Gisele se encogió de hombros y Olair abofeteó a su hija.

– ¡Basta! Además de faltarme el respeto, besarte en el auto, en la puerta de entrada, ¿también le estás faltando el respeto a tu futura madrastra?

Arlete se llevó la mano a la cara. Sintió que le ardía.

– No puedo soportarlo... Olair la interrumpió secamente.

– ¡Cállate! Basta ya de lloriqueos. Hablé con Alzira y ya hizo la maleta. Tú harás lo mismo. Mañana temprano te irás.

– ¿Para dónde? – Tragó con fuerza.

– No lose todavía. Ya no te quedarás aquí en esta casa – Arlete abrió y cerró los ojos. Quería atacar a Olair y su novia. ¿Cuál sería el punto? Su padre nunca le había brindado un ápice de cariño o consideración. Olair solo quería saber de él y solo se miró el ombligo. Arlete estaba cansada. Bajó la cabeza y subió las escaleras. Entró a la casa y corrió al dormitorio. Alzira ya había hecho la maleta.

– ¡Realmente nos va a sacar de aquí! No lo puedo creer – dijo Arlete.

– No tiene sentido discutir, hermana. Papá tomó la decisión esta noche. Dijo que se va a casar con Gisele y quieren estar juntos, empezar una nueva vida junto a ella, sin nosotros cerca.

– Quiere borrarnos de su vida. Aun se arrepentirá.

– No pienses así – dijo Alzira – . Quedarse en el dolor y el resentimiento no nos ayudará en absoluto. Necesitamos, en este momento, ser fuertes y confiar en la vida.

– Esto me lo contó hace un rato Osvaldo – confiando en la vida.

– Tú y yo estamos sanas y podemos afrontar cualquier tipo de trabajo. Podemos encargarnos de cualquier cosa, incluso de la limpieza, si es necesario. Cualquier trabajo, siempre que sea honesto, dignifica al ser humano. Papá nos va a llevar a una pensión. Conseguimos un trabajo y seguimos con nuestras vidas. El solo tiene algo extraño...

– ¿Qué pasó, Alzira?

– Papá dijo que encontró al señor Ariovaldo y tuvieron una conversación. Después aceptó y dijo: "aunque estoy molesto, voy a tener que llevarlas allí." ¿Dónde es esa "allí"?

– No tengo la menor idea. Pero el señor Ariovaldo podría darnos apoyo y no darle consejos a su padre. ¡Parece que todos están en nuestra contra, hermana mía!

– No hables así. No siento que Ariovaldo haya dicho nada que nos haga daño. Él y doña Celia son nuestros amigos.

– ¿Lo crees? Me siento tan insegura...

Arlete se sentó en la cama y se llevó las manos a la cara. Lo cubrió y comenzó a llorar. Rompió en lágrimas de corazón. Alzira se sentó a su lado y, mientras su hermana lloraba un río de lágrimas, pasó suavemente su mano por el cabello de Arlete.

– ¡Chi! Todo estará bien. Confiemos.

~ 0 ~

A la mañana siguiente, las niñas se despertaron temprano. Alzira y Arlete se limpiaron, se arreglaron y se dirigieron a la cocina. Alzira cogió la tetera para preparar café y Olair apareció en el umbral.

– ¿Qué crees que vas a hacer?

– Voy a poner agua a hervir y colar el café. Calentar la leche.

– Nada de eso. Vámonos ahora.

– Tengo hambre.

– El viaje será largo. Quiero volver al tiempo para abrir la sastrería.

Alzira sintió un nudo en el estómago. Perdió el hambre. Arlete llegó a la cocina y escuchó la misma conversación.

– Será mejor que nos llevemos. O, si lo prefieres, puedes darnos algún cambio y nos las arreglamos. Sabemos leer y solo danos un mapa con la dirección. No necesitamos que tu mala voluntad nos lleve a donde queramos.

Olair estuvo a punto de abofetearla de nuevo, pero Alzira se interpuso entre ellos.

– Paren de pelear. Vámonos de inmediato.

Arlete regresó a la habitación y recogió las dos bolsas. Olair salió y puso en marcha el coche. Pronto se pusieron en camino hacia quién sabe dónde.

Capítulo 10

El velorio de Darío estuvo lleno de curiosos y numerosos periodistas. Su padre era un banquero exitoso y su madre era una *socialité* que vivía en los Estados Unidos. Asistió mucha gente de todo el país, desde empresarios y figuras de la sociedad hasta políticos y artistas.

La procesión fue televisada y la muerte fue destacada en los principales periódicos del país. Por increíble que parezca, los padres no quedaron para nada consternados por la muerte de su hijo. Demetrio, el padre, tenía el ceño fruncido y apenas saludaba a la gente. Dijeron que estaba en shock. María Augusta, la madre, fingió llorar de dolor. Todo fue un acto. Nunca se llevaron bien y criaron a su hijo con niñeras y sirvientas. Por eso Darío había crecido sin límites. Como no creían en nada, estaban completamente desconectados de cualquier credo o religión, pensaban que la muerte era el fin. María Augusta estaba segura que en un momento u otro su hijo se pondría firme. Fría y calculadora, previó lo que pasó y un año antes había contratado un seguro de vida para Darío, del cual se beneficiaría.

Tras el entierro, Demetrio volvió a sus funciones y María Augusta decidió no permanecer en el país ni un solo día. Estaba contenta con el dinero del seguro que se embolsaría. Le pidió al chofer que la llevara al aeropuerto. Subió al avión y se sentó cómodamente en su asiento de primera clase.

Darío siempre había sido una molestia. No pudo soportar más sus payasadas. Ahora no tendrá más problemas y, además, haré una nota negra, pensó mientras bebía una copa de champán que acababa de entregarle la azafata.

~ 0 ~

No muy lejos, Valeria yacía en una cama de hospital. Américo y Natalia no se soltaron ni un solo minuto.

Esperaron el momento en que ella abrió los ojos y volvió a la vida. Valeria se había salvado. Con el tiempo, recordaría ese trágico suceso con detalles cada vez más vívidos. Cuando la discusión se acaloró y Darío volvió su rostro hacia ella, Valeria sintió que estaba a un paso de la muerte. Por instinto, abrió la puerta del auto y se arrojó al costado de la carretera. Darío no tuvo tiempo para nada. Tampoco el conductor del camión que había caído. Su muerte fue instantánea.

Valeria había sufrido algunos hematomas en piernas, rodillas y codos. El rostro sufrió algunos rasguños. Dado el estado en el que encontraron el auto y los restos de Darío, la niña había logrado acercarse a lo que se conoce como un milagro.

Lentamente movió su rostro hacia un lado. Abrió y cerró la boca y se pasó la lengua por los labios. Sintió sed y trató de abrir los ojos. Parecían pesar mucho y con gran dificultad ordenó sus pensamientos. Las imágenes aparecían de forma revuelta, un poco borrosas.

Américo dejó caer el periódico sobre la mesa y se levantó de un salto. Se acercó a la cama de su hija y dobló su cuerpo. Él puso sus manos en las de ella.

– ¿Cómo te sientes, hija?

– Tengo sed.

Natalia tomó una jarra de agua de la mesa al lado de la cama y vertió el líquido cristalino en un vaso. Se lo entregó a Américo y colocó el vaso contra los labios de Valeria.

– Bebe, hija. Despacio.

Valeria abrió lentamente los labios y tomó un sorbo de agua. Se pasó la lengua por los labios y abrió un ojo. Vio a su padre y se conmovió.

– ¡Ay, papi, estoy viva!

Américo dejó escapar una lágrima.

– Más viva que nunca, mi amor.

Natalia se acercó y se paró al otro lado de la cama.

Puso sus manos en las de su amiga.

– Valeria, mamá y yo hemos estado orando por ti todos estos días.

– ¿Cuánto tiempo llevo aquí?

– Una semana – respondió el padre.

Poco a poco Valeria volvió en sí y las escenas del desastre vinieron a su mente. Se desesperó y empezó a luchar en la cama.

– ¡Fue horrible! Darío no tuvo tiempo... Darío no tuvo tiempo...

Américo presionó el botón de enfermería y Natalia corrió hacia la puerta. Una enfermera entró en la habitación y al ver el estado alterado de la niña le dio un sedante. A los pocos segundos, Valeria volvió a quedarse dormida.

– Todavía está en shock – dijo la enfermera – . Unos días más y estará bien, recuperada.

– ·¿Estás segura? – Preguntó Américo, inseguro.

– Sí. Su hija se encuentra en uno de los mejores hospitales del país, atendida por excelentes profesionales. Las placas no revelaron fracturas. Valeria solo sufrió algunos hematomas en su cuerpo.

– Pero ella siempre recordará el accidente...

– Sí, señor Américo. Cuando le den el alta, el médico probablemente le recomendará sesiones de terapia. Tu hija estará bien, créeme.

La enfermera habló y se fue, Natalia se acercó a Américo y lo abrazó.

– Sé cómo se siente, señor Américo.

– El accidente fue horrible. No sé si Valeria volverá a ser la misma algún día.

– Definitivamente nunca volverá a ser la misma. Estas tragedias cambian nuestras vidas.

– Ella no merecía pasar por eso.

– ¿Somos nosotros quienes decidimos por qué cosas pasaremos o no? Todavía solo tenemos control sobre nuestro libre albedrío. Vivimos según nuestras elecciones.

– No entiendo por qué Valeria estaba saliendo con este chico. Sé que su familia debe estar muy triste por su muerte, pero Valeria no le convenía a Darío.

– Realmente no encajaba – respondió Natalia – . Pero la vida es inteligente, señor Américo. Valeria tuvo que pasar por esta tragedia para valorar la vida y repensar sus creencias. Ella ya es una mujer, es capaz de hacer su propia vida. No podía quedarse más en esta lluvia que no se moja, en esta relación poco constructiva.

– Casi muere.

– Lo dijo bien: casi. Ella es feliz, vive con Silva. Podrá volver a la vida normal, pero ahora más madura. Valeria es fuerte y superará esta tragedia. Su espíritu saldrá fortalecido de esta experiencia.

Américo sonrió.

– Hablas de espíritu.

– ¿Le pareció gracioso?

– Sí. Eso me recordó a una antigua novia. Ella creía firmemente en el mundo de los espíritus. Estaba segura que la vida continuaba después de la muerte.

– Tenía toda la razón.

– ¿Estás segura? Creo que todo esto es muy fantasioso – dijo Américo, receloso.

– Creo en la espiritualidad, en la continuidad de la vida. Si no creyera eso, no sé cómo aceptaría las diferencias sociales y económicas del mundo.

– ¿Morir y volver? ¿No parece sacado de una telenovela? ¿Como la que sale en televisión, *The Trip*?

– Sí.

– ¿Qué me dices?

Américo se alejó, se mordió los labios y dijo pensativamente:

– ¿No es una obra de ficción?

– Es una serie, obviamente, pero los textos de la telenovela fueron supervisados por el periodista, escritor y profesor José Herculano Pires, muy respetado en el mundo espiritual.

– He oído hablar del profesor Herculano Pires. Me parece un hombre serio.

– Muy serio, muy inteligente y muy estudioso. Se dedica con gran amor a los estudios espirituales, por lo que fue invitado por el autor para brindar orientación sobre las escenas que tratan de la doctrina kardecista. La novela muestra claramente los temas básicos del Espiritismo, como la mediumnidad, las obsesiones o influencias que recibimos de los espíritus, la comunicación entre encarnados y desencarnados...

Américo parecía interrogante.

– ¿Encarnados y desencarnados? – Natalia sonrió.

– Lo siento, señor Américo. Olvidé que no todos conocen la jerga espírita. Estamos encarnados, yo, tú, Valeria – señaló a su amiga en la cama, personas que viven en este mundo, en el cuerpo de carne que alberga el espíritu. Nosotros somos los encarnados. Y desencarnados son los que están fuera de la carne, que no pertenecen temporalmente al mundo terrenal; es decir, son los "muertos."

– Por lo que me cuentas, parece que los muertos siguen más vivos que nunca. Como en la telenovela. ¿Es eso?

– Perfectamente. El autor, Ivani Ribeiro, es espírita. Están familiarizados con el tema y las cuestiones abordadas. Además, para escribir la novela se basó en dos clásicos espirituales: los libros *Nuestro Hogar* y *La Vida Continua*, dictados por el espíritu André Luiz al médium Chico Xavier.

– Me gusta mucho Chico Xavier. Lo vi en televisión, hace unos años, en un programa de debate, me impresionó su confianza y cómo me transmitió, a través de un tubo de televisión, tanta tranquilidad, serenidad y amabilidad. Si forma parte de un grupo que predica esta religión, algo digno de él debe ser.

– Allan Kardec siempre ha sido claro en este punto. El Espiritismo es una doctrina de carácter científico– experimental, con consecuencias filosóficas. No debe verse como una religión, pero me lleva a una religiosidad intensa. La acepto como una religión natural, como enseña el profesor Herculano Pires, sin connotación alguna con religión o rito alguno. Y la ciencia del alma, digamos.

Américo asintió.

– Ciencia del alma. Perfecto.

– Además – coincidió Natalia – religión significa la creencia en la existencia de un poder o principio superior. La palabra deriva de *religare*, del latín, que significa "conectarse con" o "volver a conectar"; es decir, restablecer la conexión con este principio superior, al que llamamos Dios.

– Me impresiona tu facilidad con el tema. Te conozco desde que eras pequeña y nunca había notado este rasgo tuyo.

– Después que mi padre perdiera todo lo que había construido a lo largo de su vida, me cuestioné por qué tuvo que pasar por una experiencia tan dolorosa. De un momento a otro perdí la cómoda casa en la que vivía, el colegio, los cursos, los empleados, el conductor... Mis amigos desaparecieron y, entonces, con estrépito, mamá y papá se separaron. Fue una época muy difícil para las dos, estábamos prácticamente en la pobreza.

Américo estaba a punto de hablar, pero Natalia hizo un gesto con la mano:

– Sin embargo, prácticamente todos los amigos desaparecieron. Debo admitir que nos ayudaste mucho, mamá compró una de sus propiedades por un precio ridículo y nunca ajustó el alquiler. Siempre estaremos agradecidos por la ayuda que nos diste.

– Hice lo que haría cualquier buena persona. Siempre fui amigo de su madre, cuando Amelia falleció, fue Elenice quien me ayudó a cuidar a la pequeña Valeria – él se emocionó, se aclaró la garganta y concluyó:

– Debo ser yo quien les dé las gracias. Nunca quería cobrarte el alquiler.

– No es justo, Américo. Todo en la vida se basa en intercambio. Nos diste una casa y pagamos por vivir en ella, aunque la cantidad fue muy pequeña. y con mucho estaremos encantados de depositar dinero en su cuenta corriente todos los meses.

– Tu forma de ver la vida es fascinante, Natalia. Yo, que pronto cumpliré cincuenta años, siento que tengo menos conocimiento espiritual que tú. Nunca quise conectarme con la religión. Siempre he visto la religión como algo que intenta pisar al hombre y quitarle las fuerzas, siempre con intereses ocultos, manipuladores.

– Solo hace falta tener discernimiento para separar el trigo de la paja. Se nace creer en algo superior que gobierna la vida, siempre que nos toque y caliente nuestro corazón. Mamá, después que lo perdimos todo, buscó consuelo y encontró fuerza en el conocimiento espiritual para seguir adelante. Confieso que no cambiaría la vida que tengo hoy por nada en este mundo, ni siquiera por la vida lujosa que tuve.

Una voz profunda pero melodiosa dijo detrás de ella:

– Después de toda esta conversación, me interesé por el tema.

Natalia se dio vuelta y se sobresaltó. Dio un pequeño paso atrás y sintió que le temblaban las piernas. Américo sonrió ampliamente y estiró los brazos:

– Hermano. ¡Cuánta nostalgia!

Los dos se abrazaron y Américo hizo la presentación:

– Natalia, este es mi hermano Adamo, que vive en Italia. Ella extendió la mano y le estrechó la mano. Sintió un shock, en definitiva, una sensación muy diferente, placentera y excitante.

– Mucho gusto.

Natalia habló y bajó la cabeza. Insistió para que sus piernas dejaran de temblar. Adamo abrió una hermosa sonrisa, mostrando sus dientes blancos, perfectamente alineados. Los labios eran carnosos y los ojos marrones. Era más fornido, más fuerte y de apariencia mucho más joven que Américo. Su bigote y sus espesas patillas le daban un aspecto muy viril. Era un tipo bastante interesante. Fijó sus ojos en los de Natalia.

– Confieso estar hechizado. Nunca había visto una chica tan hermosa – Ella se sonrojó y Américo se aclaró la garganta. Sabía que su hermano era galante y seductor. Lo codeó y señaló a Valeria.

– Ve a ver a tu sobrina.

Adamo sonrió, rodeó la cama y se acercó a Valeria. La besó en la cara y miró fijamente sus rasgos delicados, aunque magullados. Natalia lo intentó, pero no pudo esquivarlo.

Los ojos de ese hombre. Recordó cuando había visto su foto enmarcada, meses antes.

Es mucho más guapo en persona. Soy ensimismada, pensó la joven, mientras buscaba la manera de ocultar lo que sentía.

Capítulo 11

Olair llevaba más de cuarenta minutos conduciendo su pequeña furgoneta. Las niñas, sentadas en el asiento trasero y con sus maletas en la mano, intentaron imaginar a dónde las llevaban.

Arlete no pudo soportar tanta ansiedad y preguntó:

– ¿A dónde nos llevas?

– No importa, cállate y disfruta del paisaje.

Arlete se tragó su ira. Alzira cerró los ojos y pronunció una sentida oración.

Pasó el tiempo y el coche entró en la Via Anchieta. Después de conducir unos kilómetros, Olair se salió de la carretera y siguió una señal. Alzira lo leyó y preguntó:

– ¿Rudge Ramos?

– Sí. Estamos en São Bernardo do Campo.

– ¿Por qué tuvimos que cruzar la ciudad? ¿No había pensiones más modestas en el centro? – Preguntó Arlete.

– No van a recibir una pensión por nada. Pensión es cosa de prostitutas.

– Un gran lugar para que Gisele viva, mientras la boda del siglo no llega a buen término – Olair soltó su mano derecha del volante y su brazo voló hacia atrás. Las chicas bajaron la cabeza y salió volando.

– No digas ni una palabra más sobre mi prometida. Detengo el auto aquí en la calle y les doy una paliza a ambas. ¡Ahora!

Arlete quiso responder, pero Alzira le dio un codazo e hizo un gesto suplicante, sacudiendo la cabeza de lado a lado.

Arlete abrió y cerró la boca y prefirió no continuar la discusión.

Unos minutos más tarde, Olair tomó una avenida que se convertía en una pequeña plaza, deteniéndose en una calle tranquila, apacible, con muchos árboles y casas modestas pero bien cuidadas, con jardines decorados.

Las chicas se miraron. Arlete dijo:

– Vaya, esto es mucho más bonito que el lugar donde vivimos.

Olair fingió no haber oído. Abrió la puerta del coche, salió y plegó el asiento del conductor.

– Pueden saltar y marcharse. Aquí es donde se quedarán.

Salieron rápidamente del auto, cada una con su propia maleta de ropa. Olair dio dos pasos por la acera y se detuvo frente a una casa muy linda de dos pisos, cubierta de pequeños ladrillos. Las puertas y ventanas eran blancas. Parecía una pequeña casa inglesa, con una entrada lateral y un hermoso jardín al frente, lleno de diferentes bengalas que despedían un agradable olor a humo. Se quedó pensativo por un momento y tocó el timbre. Alzira preguntó:

– ¿Es esto una casa de huéspedes?

No respondió y volvió a tocar el timbre. Una gota de sudor le corrió por la frente y una gran mancha comenzó a formarse bajo sus brazos. Olair estaba impaciente y parecía muy nervioso.

Una agradable mujer, de unos cuarenta años, apareció en la entrada lateral y se llevó la mano al pecho al verlo.

– ¡¿Olair?! ¿Eres tú? – Preguntó, aparentemente sorprendida.

Él no respondió y ella se dirigió a la puerta. Miró por encima del hombro y vio a las chicas. Cuando vio a Alzira se acordó enseguida de Josefa. Eran muy similares. Intentó esbozar una sonrisa. Las chicas se quedaron calladas, sin saber de qué se trataba.

Estaba seco y espeso, como siempre.

– Nunca pensé que volvería a ver tu cara. No estoy acostumbrado a salir con rameras. Pero mi conciencia me advirtió que trajera a las niñas aquí. Necesitan un hogar.

– Tu conciencia tiene un nombre: Ariovaldo.

Olair no respondió y las chicas se miraron asustadas.

– ¿Vendiste la casa? ¿Te perdiste la sastrería?

– No te debo ninguna satisfacción.

– ¿Cómo no? Llegas a la puerta de mi casa, tocas la puerta, me llamas de prostituta y...

Él la interrumpió secamente:

– No quiero discutir. Deja que se queden contigo. Si no puedes permitirte el lujo de albergarlas, envíelas a una pensión. Pero mi conciencia ahora está tranquila. Hice lo que tenía que hacer.

Habló, giró el cuerpo y, sin mirar a sus hijas, subió al auto y lo puso en marcha. Dio la vuelta a la plazoleta y el coche desapareció en la curva.

Arlete y Alzira no se movieron. Se sentían muy avergonzadas por la escena. La mujer se apresuró a abrir el portón y fue a abrazarlos.

– Mis sobrinas, qué maravilloso es verlas.

– ¿Eres la tía Lourdes? – Preguntó Alzira emocionada.

– Sí.

– Oh, no sabes lo aliviadas que estamos. ¡Pensamos que papá nos iba a arrojar a la presa Billings!

Lourdes sonrió y volvió a abrazarlos.

– Olair es truculento, pero no llegaría tan lejos.

– Es una pena que mi madre se haya casado con un hombre tan bruto y estúpido.

– Tu madre se casó con un hombre estúpido porque no mostró respeto. Siempre me gustó Josefa, pero me molestaba su pasividad. Nunca hizo el esfuerzo de cambiar su actitud y confrontar a su marido. El resto es historia.

– Mamá nunca tuvo opinión propia – añadió Alzira – . Dejó que papá nos golpeara a ella y a nosotros. Nunca dejaría que un hombre me pusiera un dedo encima. Esta es una falta de amor propio – Arlete asintió con la cabeza, pero desconfiaba.

– ¿Por qué acabas de decir que la conciencia de tu padre se llama Ariovaldo?

Lourdes se rio con picardía.

– Entonces te explicaré mejor la historia.

– Antes que nada – intervino Alzira – , ¿podemos pasar unos días en tu casa hasta que encontremos un lugar donde vivir?

– ¡Imagina! Vivirán conmigo.

– ¡No, tía! – Protestó Arlete – . No queremos invadir tu privacidad. No sabemos si estás casada o...

Lourdes la interrumpió con bondad en su voz:

– Estoy soltera y vivo sola. Tengo un gato blanco llamado Sonrisa.

Lourdes habló y el gato salió corriendo del patio.

Pasó a través de los barrotes de la pequeña puerta de hierro y comenzó a rodear a las niñas. Lourdes sonrió:

– Sonrisa es traviesa. Parece humano. Y le gustaste. Buena señal.

Arlete se agachó y lo levantó.

– Hola amiguita, ¿cómo estás?

El gato movió la nariz, abrió y cerró los ojos y soltó un grito.

– Está contento con la llegada de más gente – añadió Lourdes.

– No creo que sea justo que lleguemos hasta aquí, así sin más. Nunca se nos permitió tener contacto contigo. Mamá nunca nos contó nada sobre tu separación.

– Estoy segura que Josefa debe estar detrás de esto.

Alzira y Arlete se miraron. Arlete tomó la palabra:

– Lamento informarte, pero mamá murió hace unos meses.

Lourdes dejó caer una lágrima por el rabillo del ojo.

– Lo sé. Estuve en el funeral.

– ¿En serio? – Preguntaron las hermanas al mismo tiempo.

– Sí. Tengo una amiga que vive en el barrio y siempre me dio información sobre Josefa y ustedes.

– Ah… ¿eres amiga de la señorita Celia?

– Sí.

– ¡Por eso mencionaste el nombre del señor Ariovaldo!

– Somos amigos desde hace mucho tiempo. Sé todo sobre ustedes a través de ellos. Seguí su crecimiento desde la distancia; después de todo, Olair no me permitió acercarme a su esposa.

– Mamá, podría haber insistido. Debía haberse impuesto – sugirió Arlete.

– Tu madre era una persona muy pasiva y sumisa, miedosa de expresar sus deseos o incluso imponer su voluntad. Una lástima.

– No soy como ella. ¡Si me caso con Osvaldo las cosas serán muy diferentes! – Exclamó Arlete.

– Me doy cuenta que ambas son muy diferentes a su madre. Afortunadamente, Josefa sufrió rechazo, no sabía cómo afrontar los "no" de la vida. El rechazo no es agradable, pero debemos aprender a afrontarlo para fortalecer nuestra confianza en nosotros mismos. Quizás Zefa aprenda esto en el mundo astral.

– La señora Celia nos habló del mundo astral. Ella dijo que mamá no murió, pero fue su cuerpo de carne el que murió. Mamá vive en espíritu y se recupera de su enfermedad en un hospital – dijo Alzira.

– Es eso mismo. Tu madre sigue viva en espíritu y, quizás, pronto podamos tener contacto con ella.

– ¿Es posible? – Dudó Arlete.

– Todo es posible, querida. Ahora ven, entremos y veamos la casa en la que van a vivir.

Las chicas recogieron sus maletas y entraron. El gato las acompañó mientras Lourdes les mostraba el lugar. Era una casa modesta pero muy elegante, con pocas habitaciones y muy ordenada. Lourdes era una mujer organizada y la casa olía a limpio, los muebles eran viejos, pero estaban en buen estado. En la planta baja había una sala de estar, una cocina, un baño y un pequeño patio. En la parte trasera, además del patio trasero, había un pequeño dormitorio y un pequeño lavadero.

En la parte superior había dos dormitorios. Una de las habitaciones tenía un armario de cuatro puertas, una cómoda, un tocador y dos camas. Una mesita de noche separaba las camas. En él había una pequeña lámpara. El telón parecía nuevo, en un tono rosáceo. Las paredes estaban pintadas de rosa pastel.

Arlete seguía sospechando.

– Esta habitación huele a pintura nueva. Los muebles son nuevos. ¿Por qué tendrías una habitación completa para chicas, con dos camas individuales?

Lourdes se rio alegremente.

– Zefa me dijo que siempre fuiste muy observadora y muy inteligente. Está correcto. No lo ocultaré. Sabía que vendrían aquí.

– ¿Cómo?

– Ah – dijo Alzira – , ¿fue doña Celia quien te lo dijo? – Lourdes asintió. Las chicas movieron la cabeza a los lados.

– ¿Eres amiga de doña Celia y de Ariovaldo desde hace mucho tiempo? – Preguntó Alzira.

– Ellos son muy buenos amigos. Josefa, Celia y yo éramos amigas de la infancia.

– Doña Celia nunca nos dijo que era amiga de mamá – comentó Alzira.

– O de ti – añadió Arlete.

– Porque Celia tenía miedo que si decía algo en casa, Olair le prohibiría verla.

– Pero, ¿por qué papá no te quería cerca o nunca nos dejó tener contacto contigo? – Sondeó Arlete, curiosa.

Lourdes esbozó una pequeña sonrisa.

– Son prácticamente mujeres y no pienso guardar mis secretos. Sin misterios. Algún día les contaré por qué Olair me odia tanto y por qué me privó de mi amistad con su madre. Por el momento, lo importante es saber que Ariovaldo convenció a Olair para que las trajera aquí. Aquí había un cuarto de costura. Lo desarmé y lo arreglé. Los muebles son buenos, los compré a plazos en una mueblería de la Rua Jurubatuba.

Las chicas estaban felices. Se sentaron en la cama, sintiendo la suavidad de las sábanas, el aroma de las almohadas. El armario era bastante grande considerando la poca ropa que traían.

– Y todo está demasiado bueno para ser verdad – dijo Alzira pellizcándose.

– Ahora tienen un verdadero hogar.

Arlete se levantó de la cama y abrazó a su tía. La besó varias veces en la cara. Estaba muy emocionada.

– Nunca tendré palabras para agradecerte. Estás siendo más que una madre para nosotros.

– Ya que aprobaste la habitación, quiero pedir algo a cambio.

– ¿Qué es? – Preguntó Alzira –. Puedes pedir lo que quieras.

– No me llamen señora. ¿Qué tal si me tutean? Supongamos que soy la hermana mayor de las dos, ¿de acuerdo?

Las chicas rieron con satisfacción.

– Eres muy hermosa – observó Arlete.

– Gracias, querida.

Arlete se pasó la mano por el estómago.

– Lo siento tía, pero no hemos comido nada. Papá no nos dejó desayunar.

– Dejen las maletas en las camas, luego ordenaremos y organizaremos todo. Bajemos y traeré un café con leche.

Lourdes y Arlete pretendían salir de la habitación y Alzira permaneció sentada en la cama.

– ¿No vienes, hermana?

– Ya bajo, Arlete. Solo un minuto.

Arlete puso su brazo alrededor de la cintura de su tía y bajaron las escaleras. Alzira cerró los ojos, sonrió y agradeció:

– Gracias Dios mío. Estaba segura que todo terminaría bien. Gracias desde el fondo de mi corazón.

Un espíritu con forma de mujer le acarició el cabello y la besó en la frente.

– Querida Alzira, no podía quedarme a tu lado porque la energía que flotaba sobre tu casa era densa y naturalmente me repelía. Los mezquinos pensamientos de Olair unidos a los pensamientos negativos de Gisele no me permitieron tener un contacto más cercano. Ahora estaremos cada vez más juntas. Nada podrá mantenernos alejados. Yo las amo mucho.

Lola habló y desapareció en el aire. Alzira sintió una fuerte emoción y dejó que una lágrima rodara por su rostro. Sintió una indescriptible sensación de bienestar.

Capítulo 12

Habían pasado poco más de tres meses desde que Valeria había salido del hospital. Se recuperó rápidamente de las heridas y hematomas en su cuerpo. Realizó algunas sesiones de terapia y, poco a poco, superó el trauma del accidente. Se estaba recuperando, pero sentía un cansancio sin igual.

Valeria también tuvo pesadillas sobre el accidente. En él discutía con Darío y luego veía claramente, frente a ella, el rostro de Taviño. Luego abrió la puerta del coche, rodó sobre el asfalto y Taviño intentó sostenerla. Valeria gritó y despertó.

Natalia siempre estuvo presente, ayudando a su amiga a superar todo ese tormento.

– Tienes que reaccionar, Valeria.

– Lo que me intriga no es soñar con el accidente, sino la aparición de Taviño en el lugar. No hay nada que hacer.

Natalia sintió un escalofrío recorrer su cuerpo.

– Siento que tiene algo que ver con eso.

– Imagínate, Natalia – dijo Valeria, moviendo la cabeza de un lado a otro –. Taviño murió hace años.

– Ya te dije que nuestro cuerpo de carne muere. El espíritu se desprende del cuerpo físico y permanece más vivo que nunca.

– Ya no siento nada por Taviño. Nada. ¿Por qué pensaría en él?

– Puede que ya no te guste, pero ¿quieres garantizar que todavía no le agradas?

– Pon esa boca para allá – Valeria golpeó tres veces la madera de la mesilla de noche –. Espero que Taviño esté lejos de aquí. ¿Sientes algo?

Natalia cerró los ojos por un momento, inhaló y exhaló. Luego los abrió y sonrió:

– Es curioso, no entiendo aquí el espíritu de Taviño, ni el de Darío. Pero siento una presencia. No sé cómo identificarla.

– ¿Es bueno o malo?– preguntó Valeria, desconfiada.

– Buena. Muy buena. Buena de más.

– Te resulta fácil lidiar con estos asuntos espirituales, Natalia. A ver si notas algo más, ¿vale?

Natalia cerró los ojos y en su mente apareció un joven muy guapo. Sus ojos eran de un verde intenso, su cabello espeso y sedoso y su sonrisa encantadora. Transmitía amor, amor puro. Ella sonrió y abrió los ojos:

– Tienes el espíritu de un hombre a su lado. Un hombre muy guapo, de hecho – Valeria se rio.

– ¡¿Yo?! ¿Realmente hermoso? ¿Igual que Pedrito Aguinaga?

– Más o menos.

– ¿Estás viendo a mi futuro novio?

– No lo sé – respondió Natalia –. Quizás. Pronto te irás a Italia y harás lo que más te gusta: estudiar decoración. ¿Sabrás si no te enamorarás de un compañero de clase? Un italiano así, alto, fuerte, un *maschio* precioso.

Ambas rieron a carcajadas.

Pasaron mucho tiempo hablando del futuro, de los sueños del otro. Valeria, en cierto momento, comentó:

– Lo estoy intentando, pero me está pasando algo extraño. ¿Será que tengo alguna perturbación espiritual?

Natalia movió la cabeza hacia un lado, en señal de negación.

– No siento que haya ninguna perturbación. Había sentido una presencia masculina, pero era algo dulce, tierno. Nada que pueda molestarte.

Valeria se quedó pensativa por un momento.

– Quizás fue el almuerzo y la llamada telefónica de Marion. Mi estómago no pudo soportarlo – Natalia sonrió con desdén.

– ¿Marion te sigue llamando?

– Cuando Tomás vino a visitarme, tuvo un ataque de nervios.

– Hum, ¿vino Tomás aquí? ¿Cuándo?

– La semana pasada. Fue muy amable, muy educado.

Natalia entrecerró los ojos.

– Mira eso. Tomás siempre ha estado enamorado de ti, Valeria. Al día de hoy sigo sin entender por qué no le prestaste atención. Tan amigable, tan responsable.

– Voy a confesar algo: sentí mariposas en el estómago cuando entró a la habitación.

– Hum – Natalia sonrió feliz –. Tomás es un partido.

– He pasado por muchos problemas últimamente. No sé si me gustaría empezar una nueva relación. Todavía me siento insegura. Y, para empeorar las cosas, parece que todavía está saliendo con Marion.

– ¡No Lo puedo creer! Marion estaba interesada en Darío. Pensé que esta relación con Tomás había pasado su fecha de caducidad.

– Negativo. El día del accidente, Marion me confesó que estaba interesada en Darío, pero que no renunciaría a Tomás.

– Tomás no coincide en absoluto con Marion. Son como el aceite y el vinagre, no se pueden mezclar.

– Pero siguen juntos, sí. Tanto es así que Marion sigue llamándome porque está molesta porque Tomás viene solo.

– Ella no cambia. Esta chica es petulante y mimada.

– Desagradable. ¿Cómo puede ser tan inútil? Lo quiere porque quiere visitarme.

– Nunca fueron amigas – protestó Natalia.

– Ella es insistente. Marion tiene un temperamento terrible y es obstinada y nerviosa. Asquerosa, como tú misma dijiste. Llamó para decir que volvería a casa más tarde.

– Por lo que he oído, la invitaron a hacer un cameo en una película americana.

– Por eso no sueltes a Tomás. Su familia está bien relacionada con la gente del cine estadounidense. Marion no ama a Tomás, pero se aferra a él para convertirse en una estrella.

– Una estrella – Natalia se rio con desdén – . Solo si es una estrella fugaz. Esa mujer no tiene brillo, ni carisma.

– Es bonita, no lo podemos negar – añadió Valeria.

– La belleza no dura para siempre, amiga. Un día Marion envejecerá y no sé qué será de ella.

– Ojalá estuvieras a mi lado cuando ella llegue. Podemos despedirla rápidamente.

Natalia no dijo nada. La petición de Marion le pareció muy extraña. Sin embargo, prefirió no discutir. Valeria caminó muy mal y al mes siguiente viajaría a Italia. Extrañaría mucho a Valeria, pero el curso duraría tres años y el tiempo pasaría rápido.

– ¿Cómo es la universidad? – Preguntó Valeria.

– Me encanta, hacer el curso correcto.

– Serás una gran arquitecta. Sé de eso.

– Quién sabe, tal vez no seamos socias en el futuro. Nosotras montamos nuestra oficina, tú te encargas de los proyectos y yo decoro las casas, las tiendas, las oficinas...

– Me encantaría.

La conversación continuó animadamente. Una de las criadas llamó a la puerta y anunció que Marion estaba en el vestíbulo de entrada.

– ¡Solo hablábamos de ella!

Valeria suspiró molesta: mejor la recibo ahora.

– Me voy.

– De ninguna manera – protestó Valeria – . Te quiero a mi lado, te lo dije. Esta casa es mía y tú te quedas. Marion se atreve a pedirte que te vayas. Vuelvo a ser la Valeria de siempre y la mando a correr.

Natalia se rio emocionada. Sin embargo, las risas duraron poco. Muy poco. Marion entró en la habitación. Estaba acompañada por Adamo. Natalia sintió que la saliva desaparecía de su boca.

Luego de conocerse en el hospital, Natalia conoció a Adamo cuando fue a visitar a Valeria. Se estaba quedando en la casa y solo saldría con su sobrina a cuestas.

Natalia sintió los ojos de Adamo fijos en ella, pero creía que era imaginación de su parte lo que le interesaba. Para no dar una bandera, ella lo trató con seriedad. Ya no era espontáneo y, de esta manera, Adamo entendió que ella no sentía ninguna atracción hacia él.

– Puro error – se dijo – . Adamo era el hombre que soñó tener a su lado, por el resto de su vida.

Marion entró a la habitación de manera efusiva, jalando a Adamo de un brazo y sacudiendo el otro, con una revista en sus manos.

– ¡Mira con atención, presta atención!

Arrojó la revista sobre el regazo de Valeria.

– ¿Que es eso?

– El pasaporte a mi estrellato.

Valeria cogió la revista y vio la portada.

– ¿Saliste desnuda?

– Desnuda no – respondió Marion, con la mayor tranquilidad –. Hice una sesión de desnudo artístico.

– Desnudo artístico, lo sé – dijo Natalia, con desprecio.

– La *Status* es una revista de nivel.

– ¿Y salir desnuda en una revista garantiza el pasaporte al estrellato? ¿Qué dijiste? – Preguntó Valeria.

– Las grandes estrellas del cine empezaron así – argumentó Marion, enfadada, alzando los hombros –. Marilyn Monroe, por ejemplo. Y hay artistas a los que les fue mucho peor. Yo estoy muy feliz. El país entero me desea. Soy preciosa, ardiente y... ¡rica! Acabo de hacer un cameo en una película pornochanchada.

– La conversación es muy amena – bromeó Natalia –, pero ¿a qué le debemos el honor de la gran estrella del porno?

– Divertido. Puedes regodearte conmigo, porque lo que viene de abajo no me llega – Marion giró por la habitación y se sentó al lado de Valeria –. Adamo me estaba ayudando a construir mi nuevo nombre.

– ¿Nuevo nombre? ¿Cómo así? – Preguntó Valeria, sin entender.

– Mis padres están un poco nerviosos por las fotos y con el "tip" que hice en la película brasileña.

– Tú también podrías, Marion. ¿No crees que cruzaste la línea?

– Solo porque aparezco desnuda, corriendo por la playa. ¿Él puede? ¿Mira estas tonterías? Mis padres son muy correctos. Marion Albuquerque Salles de Miranda no es el nombre de una estrella y es aristocrático. No vende.

– ¿Y Adamo llegó a una conclusión? – Preguntó Valeria mirando a su tío.

Adamo sonrió desconcertado.

– Di algunos consejos, pero no soy muy creativo. Voy a dejarlas en paz. Necesito resolver algunos problemas. No olvides que nos vamos el mes que viene.

– ¡Oh! – Marion hizo un puchero –. Te voy a extrañar mucho, Adamo.

– Tienes a Tomás para compensar su falta, cariño – respondió Natalia, alterada.

– Hay demasiada gente en esta sala, Valeria. Tenía tantas ganas de estar a solas contigo...

Valeria miró a Natalia y le mordisqueó los labios. Adamo se acercó y la jaló suavemente por los hombros:

– Será mejor que dejemos en paz a las niñas, Natalia.

– Mejor quedarme con Valeria.

– No voy a matarla, cariño – se burló Marion –. Voy a hablar de mis futuros planes. Ahora mira si puedes dejarme a solas con ella. Ve y hazle espacio a Adamo, vamos.

Natalia estaba a punto de replicar y Adamo la sacó de la habitación.

– ¿Por qué estás tan nerviosa delante de Marion? – Preguntó intrigado.

– De ninguna manera – respondió Natalia, todavía irritada –. Vamos a bajar.

– Necesitamos té.

– Necesitamos deshacernos de esta desafortunada mujer.

Adamo movió su cabeza hacia un lado.

– Ven, le pediré que nos preparen un té. ¿Me acompañarás? – Natalia se sonrojó y asintió.

Mientras bajaban las escaleras, en la habitación de Valeria la conversación se desenfrenaba.

Me llamaré Marion Krystal.

– ¿En serio?

– Sí. Mi agente fue quien sugirió que la gente se asociara con la actriz Sylvia Kristel, que interpretaba a Emmanuelle.

– Su película fue prohibida en el país, Marion.

– ¿Y? Todo el mundo está interesado en lo prohibido. Puede que la película haya sido prohibida en los cines, pero todo el mundo conoce a la actriz. Voy a seguir una carrera cinematográfica. Ahora que he posado desnuda no he dejado de recibir invitaciones. Empiezo a saborear el éxito.

– Pero el éxito, en estas circunstancias, es efímero – dijo Valeria.

– Voy a disfrutar de mi juventud.

– Un día envejecerás.

– Voy a envejecer, pero siempre estaré hermosa, me voy a cuidar, hacer ejercicio, hacer dieta, usar cremas de cuidado que frenen el envejecimiento. El dinero siempre me mantendrá hermosa y joven.

– Me resulta difícil aferrarme únicamente a la belleza. ¿No crees que es demasiado poco, demasiado superficial?

– El mundo es superficial – dijo Marion – . Soy súper superficial. Vivir y eso. Nací hermosa y rica. Moriré bella y rica.

– No piensas en conocerte mejor y... – Marion la interrumpió con un rápido gesto de la mano.

– Todo un disparate, una basura. Lo que cuenta en el mundo es la belleza, la piel sedosa, la osadía de participar en una película erótica. Nací para ser una estrella.

– ¡Que tengas suerte!

Marion se rio y se levantó de la cama. Ella dio un nuevo giro a sí misma.

– ¿Sabías que me voy a comprometer con Tomás?

– Lo sospechaba.

– No me gustaba que viniera aquí solo.

– ¿Por qué? ¿Pensaste que me devoraría?

Marion se tragó su ira.

– No. Por supuesto que no, pero...

– ¿Qué, Marion? – Preguntó Valeria, cambiada –. Parece que me estás persiguiendo. Siempre quisiste tener mis novios o mis enamorados.

– ¡¿Yo?!

– Sí. Empecé a salir con Taviño en la escuela y tú corriste tras él. Luego salí con Darío y tú también viniste tras él...

– Gran cosa. Parece que todos tus novios mueren. ¿Te convertirás en una auténtica viuda negra?

– No es divertido.

– Sí. Parece que es a propósito. Cuando ya no te interesan y yo los quiero, mueren.

– ¡Qué manera más estúpida de expresar tu opinión!

– Nada estúpido, Valeria. Somos de la misma calaña. Yo te manejo. Ahora la situación se ha revertido. Quieres a mi novio. O mejor dicho, mi futuro prometido.

– ¿Tomás? No.

– Es rico, es parte de nuestro círculo social. Somos compatibles.

– Esto no tiene nada que ver con eso. Tomás es un amigo.

– Un amigo que siempre babeaba por ti. Ahora esto...

Marion la interrumpió secamente.

– ¿Crees que nunca me di cuenta?

– ¿Y qué, Marion? Puedes quedarte con él.

El tiempo no era muy bueno. Marion dijo irritada:

– El papá de Tomás conoce a algunos productores de Hollywood.

– Ahora entiendo el motivo de este compromiso.

– Sí. Tomás será el camino de ladrillos amarillos que me llevará al estrellato.

– Estás usando a Tomás.

– Lo estoy. Por eso no te acercarás a él, al menos no ahora.

– ¡Qué cosa tan degradante! Utilizar una persona para lograr sus intenciones.

– El mundo es inteligente, Valeria. Ya sabes – dijo, mientras intentaba quitar el esmalte rojo de una uña – , voy a usar a Tomás como quiero. Es guapo, pero débil y muy manipulable.

– No es tan estúpido. Si se da cuenta que no lo amas... – Marion se rio.

– ¿Amar? Ah, lo había olvidado. ¡Eres de esas personas que creen en el amor! Santa ignorancia.

– Tomás todavía notará este interés tuyo.

– Cuando se dé cuenta, será demasiado tarde. ¿Crees que en América no me cortejará algún personaje de cine? Cambiaré a Tomás ahora mismo. Con este cuerpo – Marion se pasó la mano por su curvilíneo cuerpo – siempre seré deseada.

– Estoy cansada. ¿Te importaría irte?

– De todos modos, no quería quedarme aquí mucho tiempo. Solo vine a darte la advertencia. No te metas con Tomás.

Marion habló con los ojos inyectados en sangre de furia. Cogió la revista de la cama y caminó rápidamente hacia la puerta. La golpeó fuerte.

De repente, Valeria se sintió mal. Se acostó en la cama. No me encontraba bien. Muy cansada y enferma.

Capítulo 13

Marion bajó rápidamente las escaleras. Pasó a los empleados con el pecho en alto y se dobló hasta llegar a la despensa.

– Adamo, ya me voy.

– ¿No quieres quedarte a tomar el té?

– No me gusta el té. Y algunas compañías no me gustan – dijo mirando fijamente a Natalia.

– Quienes se sientan incómodos deben alejarse.

– Estoy fuera ahora. Antes – Marion pasó su brazo por el cuello de Adamo –. Quería darle esta copia. La autografiaré con mi nuevo nombre.

Adamo no dijo nada. Natalia se levantó, conmocionada.

– Voy a ir a la cocina a ver si el té está listo.

Marion sacó un bolígrafo de su bolso y escribió en la portada de la revista. Luego se lo entregó a Adamo y lo besó en la mejilla.

– Si no necesitara a Tomás para llevarse bien en América, te juro que me acostaría contigo. ¡Qué pena!

Ella le susurró al oído, se levantó y se fue, haciendo clic con los tacones. Adamo sonrió y sacudió la cabeza hacia un lado.

– ¡Esas mujeres! – Dijo en voz alta.

– ¿Hablando solo? – Natalia se acercó llevando la bandeja con una tetera y dos tazas.

– Me asombra la vanidad humana. La vanidad castiga y obstaculiza, retrasa el camino de nuestro espíritu hacia un bien mayor. Pobre Marion.

– Ella es muy inútil.

– Sin embargo, no la condeno. Cada uno sabe lo que hace mejor. Y, es más, cosechamos lo que sembramos. En lugar de juzgar, espero que Marion tenga la oportunidad de revisar sus creencias y cambiar su postura antes que sea demasiado tarde.

– No me gusta ella. Solo después de pasar por aquí capté su mala energía.

– Te involucras fácilmente con la energía de los demás.

Natalia sintió que se sonrojaba.

– ¡¿Cómo así?! No estoy entendiendo.

Adamo esperó a que ella se sentara y sirvió té. Después de sorber el líquido caliente y sabroso, dijo en tono serio:

– He estado estudiando el mundo de las energías y cómo nos influyen.

– Leí algo al respecto. Pero no me involucro tan fácilmente con la energía de la gente. Y nací con mucha sensibilidad y capto fácilmente todo lo que la gente piensa.
¡Soy una esponja!

– Y una esponja porque quieres. Depende de cada uno de nosotros seleccionar qué entra y qué no entra en nuestro campo áurico. No hay víctimas en el mundo.

Natalia intentó ocultarlo.

– No digo que sea una víctima, pero sufro de la mala mente de los demás.

– Te dejas involucrar, sí. Vi lo perturbada que estabas por la presencia de Marion.

– Es terrible – dijo Natalia –. Y una persona mezquina, inútil y que solo piensa en la belleza de su cuerpo. ¿Cuál es el punto de ser así? El cuerpo envejece y lo que realmente cuenta es el espíritu.

No tengo nada en contra de la belleza del cuerpo. ¿Crees que Marion es una mujer hermosa?

– ¡Claro! – Dijo Adamo, sinceramente.

– ¡No puedo creerlo! – Exclamó molesta.

– Marion es hermosa. No podemos negar eso. Si ella usa su belleza para lograr las cosas y si cree que solo a través de la belleza tendrá todo lo que desea, ese es un problema con ella, con sus ideas, con la forma en que su espíritu ha estado viviendo a lo largo de algunas encarnaciones. ¿Somos tú o yo el que señala con el dedo y dice lo que está bien y lo que está mal?

– Su forma de actuar no tiene nada de espiritual. Eso me irrita.

– ¿Por qué estás enojada? ¿Ella te irrita o estás irritado por ella?

– Es lo mismo.

– No – continuó Adamo, serio –. Nos criaron como víctimas. Culpamos a Dios y al mundo por nuestras desgracias. Otros culpan de sus fracasos a encarnaciones pasadas.

– Eso es cierto.

– No es así. Por supuesto, hoy somos producto de todas nuestras existencias pasadas. Pero no podemos atribuir al pasado todo lo malo que nos sucede. Por tanto, si el pasado interfirió tanto en nuestras vidas, si fuera el único que influyera decisivamente en nuestra encarnación actual, no veo ninguna razón para que se nos dé una nueva oportunidad de reencarnar. Somos perfectos en nuestro nivel de evolución. Estamos aquí en el planeta por dos razones.

— ¿Y cuáles son? — Preguntó Natalia, mientras tomaba un sorbo de su té.

— Aprender a ser impersonal y, con ello, alcanzar más fácilmente nuestra felicidad. Nos reencarnamos para la felicidad.

— Soy impersonal.

— No lo eres. Te dejas llevar por los demás. Si la persona está enojada, tú te enojas. Si alguien te dice algo que no te gusta, te cierras y te lastimas. Ahora bien, no podemos depender de las influencias de la gente. Somos los comandantes de nuestro cuerpo, nuestra mente, nuestro espíritu. Debemos imponer nuestra voluntad por encima de todo. Si alguien piensa diferente a ti, debes aprender a comprender que cada uno tiene derecho a ser y decir lo que quiera.

— Ew... — Adamo la interrumpió.

— Escucha, Natalia. No puedes dejarte influenciar por los demás. Necesitas aprender a ser firme, a ser dueña de tus pensamientos y no permitir que la energía de los demás te invada tan fácilmente. Necesitamos crear nuestras barreras energéticas para combatir la negatividad en el mundo. Es hora de crear un campo magnético positivo a tu alrededor, para tomar conciencia de tu poder de gobernar tu propia vida.

— Aprendí que tengo que ser comprensiva con el dolor de los demás. Me involucro. Si mi amiga Valeria está triste, yo también. Yo soy así.

— Un grave problema para tu madurez espiritual, porque nunca estarás lo suficientemente bien como para ayudar a tu amiga y, sobre todo, ayudarte a ti misma.

– No puedo evitarlo. Me gusta Valeria.

– Porque te gusta tu amiga y necesitas ser impersonal. Mucha gente confunde la impersonalidad con la frialdad de sentimientos. No es nada de eso. Impersonalidad y no te mezcles con la energía de otras personas. Si la otra persona no está bien, yo necesito estar bien para ayudarla. ¿De qué sirve si yo también me siento mal? ¿En qué ayudará? – Adamo suspiró y dijo:

– El coraje de verse y ponerse al servicio es el secreto de la evolución. Cierra los ojos.

Natalia dejó la taza sobre la mesa. Acomodó su cuerpo en la silla y cerró los ojos.

– Empieza a decirte a ti misma, con fuerza: "Yo decreto mi poder."

Natalia repitió:

– Yo decreto mi poder.

– Yo soy la que está a cargo de mí.

Y ella repitió. Adamo pronunció algunas frases de impacto positivo y luego le tocó ligeramente la mano.

Por ahora es todo. Tu patrón energético ya ha cambiado.

– Vaya, siento como si me hubieran quitado un peso de encima.

– Estabas conectada con otras personas debido a tus pensamientos turbulentos.

– Lo siento, no debería haberme enojado con Marion.

– No necesitas pedir disculpas. Te enojas porque te lo tomas todo personalmente. Cuando aceptamos los insultos del mundo, nos perturbamos. Cuando estás perturbada, la perturbación aumenta. Cuando estás equilibrada, no entra la perturbación.

– Tienes una manera muy diferente de ver la vida.

– Aprendí de la manera difícil. Siempre he tenido una gran sensibilidad y capté todo tipo de energía, buena o mala, encarnada o desencarnada.

– ¡Vaya, te pareces a mí!

– Y solo me lastimé. Pensé que tenía que sufrir por deudas pasadas. Entonces, estudié más profundamente la espiritualidad y aprendí que soy responsable de todo lo bueno o malo que me pasa.

– Sentarse en el mundo de la culpa no es una salida digna.

– ¿Vale la pena culpar al mundo de tus desgracias? – Preguntó Adamo, de manera seria.

Natalia se estremeció.

– El mundo nos causa mucho sufrimiento.

– Cambiemos la forma de ver esta situación. Sufres porque te dejas llevar por el sufrimiento del mundo; es decir, te dejas afectar porque quieres.

– Hablas como si fuera una irresponsable. Y mi sensibilidad...

– La sensibilidad es un don. Conocerlo y utilizarlo a tu favor solo te hará crecer en el mundo. La sensibilidad es una recompensa y no una desgracia.

– Aprendí de otra manera.

– Entonces desapréndelo – dijo Adamo, con firmeza – . Utiliza tu fuerza para tu crecimiento y felicidad, nunca para causarte dolor.

– Creo que necesito revisar todo mi patrón de creencias.

– Acéptalo. Si continúas pensando y actuando de esta manera, como una víctima del mundo, sufrirás innecesariamente.

Veo que eres una joven hermosa y talentosa e inteligente. En primer lugar, es necesario acabar con la creencia que el sufrimiento y el sufrimiento te hacen crecer. El sufrimiento duele mucho siempre.

¿Duele crecer en vida a través de la inteligencia, en lugar del dolor?

Esas palabras conmovieron profundamente a Natalia. Adamo hablaba todo lo contrario a lo que había aprendido o considerado creencia válida. Creía que el sufrimiento por adoración eran herramientas importantes y útiles para su evolución espiritual. Adamo ahora sugirió que todo era una cuestión de punto de vista. Su mente entró en shock y, luego de esa conversación con Adamo, Natalia vería la vida con otros ojos.

Capítulo 14

Olair se sentía como el hombre más feliz del mundo. Se había librado de esos dos obstáculos. Nunca le habían gustado mucho sus hijas y ahora era libre de vivir felizmente con su amada.

Todo se hizo para complacer a Gisele. Pintó y redecoró la casa, compró muebles nuevos, electrodomésticos, todo como quería. Incluso gastó dinero en comprarse un televisor en color, algo caro y presente en pocos hogares en aquella época.

– ¿No crees que estás gastando demasiado, hombre? – Preguntó Ademar, uno de sus clientes.

Olair respondió con una sonrisa que recorrió de esquina a esquina:

– He ahorrado dinero toda mi vida y ahora puedo permitirme gastarlo en mi nueva esposa.

– Oye, pero tú misma dijiste que no tenías dinero para pagarle a Josefa un médico privado.

– Yo mentí. ¿Crees que gastaría dinero en esa mala enfermedad? Zefa estaba condenada, iba a morir. ¿Por qué iba a desperdiciar el dinero que tanto me costó ganar en una esposa moribunda?

Ademar negó con la cabeza.

– Olair, que cosa más fea. Josefa fue una excelente esposa. Ella siempre se hizo cargo de la casa y de las niñas. Ella siempre fue muy reservada, discreta.

– Y vivió a mis expensas. Puse comida en la mesa. Si ella se daba un baño caliente y tenía un televisor para ver sus programas era porque yo pagaba la factura de la luz. ¡Pagué por su ropa, pagué por todo! Ella no hizo nada más que su obligación. Y, si me preguntas, hizo muy poco. No la extraño.

– ¿Ni a tus hijas?

– No. Arlete y Alzira siempre han sido una espina clavada en mi zapato. Arruinaron mi vida. Si no los hubiera sacado al mundo, habría podido ahorrar más dinero. Pero tuve que gastar en material escolar, ropa, uniforme, más comida en la mesa... – Olair hizo una pausa, aspiró su cigarrillo y continuó – . Me costaron mucho. Estoy muy feliz que estén lejos de aquí.

Ademar se encogió de hombros. Conocía a Olair desde hacía muchos años y sabía que el hombre era irascible, nervioso y duro. No le gustaba que le contradijeran y su palabra era ley. Intentó cambiar el tono de la conversación.

– ¿Estás feliz con Gisele?

– Mucho – Olair era todo sonrisas – . Esa es una mujer con "m" mayúscula, amigo. Cumple todos mis deseos y siempre está dispuesto a amar. Cada noche se entrega a mí.

– ¿Se ocupa ella de la casa?

– ¡Imagínate! ¿Estás loco? ¿Y quiero una mujer que huela a lejía? De ninguna manera. Quiero que Gisele esté siempre limpia, bien arreglada y perfumada, con sus enormes uñas rojas, para rascarme la espalda. Contraté a una criada para trabajos pesados.

– Veo que ahora te has convertido en otro hombre. ¡Quién te vio y quién te ve! – Exclamó Ademar.

– El tiempo pasa, nos hacemos mayores, pero nos volvemos más inteligentes. Fui usado y estancado en la vida por culpa de tres mujeres que no me dieron nada. Es como si el tiempo se hubiese detenido, todos estos años.

– ¿A dónde fueron tus hijas?

– Se las dejé a un familiar del lado de São Bernardo.

Olair no soportaba hablar de su hermana. Le aterraba recordar la vergüenza que había vivido con Lourdes, años atrás.

– "Esa desgraciada merece arder en el infierno", pensó entre dientes.

– ¿Entonces ahora es solo la nueva esposa?

– Así es. ¿Sabes que incluso pienso en regalarle un viaje? Un cliente rico de Jardim Franca me dijo que los granofinos viajan a Bariloche. Estoy pensando en dividir un viaje para nosotros dos.

– Mira, Olair. Me impresiona tanta devoción. Espero que este amor dure mucho tiempo.

– Es de por vida – respondió él, serio – . Gisele me ama y viviremos muchos años juntos.

– ¡Que así sea!

El cliente terminó de ponerse el traje, se vistió y se fue. Ya eran cerca de las siete de la tarde y era hora de cerrar la sastrería. Olair apagó las luces, cerró la puerta de hierro y puso llave. Dobló la esquina y pasó por la panadería. Es que Gisele no le gustaba ni sabía cocinar, decía que era aburrido tener que preparar la comida y oler a especias.

Olair aceptó y se convirtió en una costumbre: todas las noches iba a la panadería, compraba unos panecillos, un poco de jamón y mozzarella, una botella de guaraná. Llegaba a casa cansado, pero feliz.

Rodeó la pequeña verja de hierro y subió el escalón. Cuando fue a poner la mano sobre el pomo, se abrió la puerta y salió Rodinei, serio.

– Rodinei, ¡qué sorpresa!

– Olair, vine a hablar con Gisele sobre la casa. Ella me está presionando y...

Olair lo interrumpió con amabilidad en su voz:

– Tonterías. Ella es así porque quiere que nos des la Escritura.

– Lo arreglaré para el próximo mes, ¿vale?

– Claro. Rodinei, eres como un hermano para mí. Si no hubiera confiado en ti, nunca habría pasado la casa a tu nombre, solo para que mis hijas no tuvieran derecho a heredar nada.

Rodinei se rio entre dientes y su canino dorado brilló.

– Eres inteligente, amigo mío. Aprovechaste que Josefa estaba mal. Recuerdo el día que la hiciste firmar la escritura.

– Josefa pensó que era un documento de seguro de vida para las niñas. Era estúpida, tonta, no se atrevía a enfadarme. Pero gracias a ti, querido, logré quedarme con esta propiedad para mí.

– Y para tu nueva esposa, ¿verdad? – Añadió Rodinei.

– Por supuesto, para Gisele.

Rodinei se despidió y se fue. Olair entró en la casa y colocó los paquetes de panadería sobre la mesa de la cocina. Gisele se estaba duchando.

– ¿Bañar a esta hora, querida?

– Rodinei me ató el tiempo, cariño. Lo siento, me baño ahora. Sé que no te gusta y... Gisele no terminó de hablar, se llevó una gran sorpresa. Olair se quitó la ropa y corrió la cortina de la ducha y entró en el cuadrado minúscula.

– ¡Quiero amarte ahora!

Gisele sonrió y cerró los ojos.

– "¿Hasta cuándo tendré que entregarme a este tonto? Odio a este hombre sucio con un aliento horrible. Solo hago este esfuerzo porque Rodinei me lo pidió" – se dijo.

Olair seguía teniendo suficiente con su esposa, y ella fingió placer. Seguí pensando: "Rodinei es un hombre. Él simplemente se fue de aquí y me dejó mareada de tanto placer que me dio. Ahora tengo que fingir ser feliz con este don nadie. No veo la hora de encontrar mi propia casa y poner a este desafortunado en la calle. Voy a hacer lo mismo que él le hizo a su esposa."

Gisele estaba cansada. Había pasado casi toda la tarde en brazos de Rodinei. No tenía el más mínimo deseo de continuar con ese fregado. Cogió la botella de champú y deliberadamente la giró hacia los ojos de Olair.

– ¡Ay! Mis ojos están ardiendo.

– Oh, cariño, lo siento – dijo, en un tono infantil y fingido –. Me confundí. Perdón. Mete los ojos bajo el agua.

Gisele se separó del bruto y cogió una toalla. Ella se la entregó a su marido.

– Ahí tienes, Olair. El dolor pasará. Vamos a seguir.

– Perdí las ganas. Me duelen los ojos. Ve a preparar la mesa. Compré pan y embutidos.

Gisele sonrió. Había logrado su objetivo. Se secó, se puso unas bragas y un camisón. Fue a la cocina y puso la mesa. Preparó los bocadillos, llenó un vaso con guaraná y se sentó en la silla.

– Esperaré otro mes y haré el movimiento. Me lo llevaré todo de este anciano común y corriente – hablaba entre dientes, mientras masticaba su bocadillo con la boca abierta.

Gisele llevaba días eufórica. Ahora finalmente completaría su diabólico plan. ¿Y qué plan era ese?

Retrocedamos un poco en el tiempo, al momento en que Josefa enfermó. Gisele sale de la ciudad de Aquidauana, en Mato Grosso do Sul – en aquella época, la ciudad todavía era parte del estado de Mato Grosso – para probar la vida en la gran ciudad. Probó en Cuiabá, Belo Horizonte, Río de Janeiro y, finalmente, llegó a São Paulo. Después de algunos trabajos aquí y allá, conoció a Rodinei.

Gisele se enamoró perdidamente del dueño del bar. Rodinei era del Nordeste, de rostro duro marcado por agujeros de acné y un macho cabrío hasta el último mechón de pelo. En una conversación con el muchacho, supo que Olair, el dueño de la sastrería, tenía a su esposa muy enferma, muriendo de cáncer.

– Tiene una mala enfermedad. En el barrio dicen que es cáncer – dijo Rodinei.

– Tuve una tía que contrajo esta enfermedad y también murió – comentó Gisele.

– El hombre está nervioso. Si su mujer muere, la mitad de la casa será de sus hijas. No quiere compartir la casa con nadie.

– ¿Por qué?

– Porque dijo que luchó mucho para conseguir todo lo que tiene, que ninguna de sus hijas le ayudó de ninguna manera. El hombre acaba de ahorrar algo de dinero y liquidó la casa en el banco. Creo que Olair tiene razón.

Gisele asomó la cabeza para pensar. Y surgió la brillante idea:

– ¿Por qué no te ofreces a quedarte con la casa?

– ¿Qué es eso, Gisele? ¿Y soy un hombre que tiene dinero para comprar una casa?

– Esta casita debe valer poco. Aun así, no tengo dinero. Vivo en la parte trasera del bar.

Un brillo malicioso pasó por los ojos de Gisele.

– ¿Y si te pasa la casa como si la hubiera vendido?

– No entendí.

– Es simple. Te ofreces como comprador. Vas al notario, Olair escribe la escritura a tu nombre y, después que muera la anciana, tú y yo nos quedaremos con la casa. Todo fachada.

– No será idiota si recorre la casa así, de la mano.

– Tú mismo dijiste que Olair no quiere compartir la casa con sus hijas. Estoy segura que aceptaría hacer un negocio, y dirá más: te agradecerá que te ofrezcas para prestar el nombre.

– No sé. Entonces el hombre puede ir a la comisaría, hacer el informe policial y demostrar que nunca recibió un centavo por la casa. Quiero distanciarme de la policía.

– Tonto – dijo Gisele – . Olair no podrá probar nada. Y si quieres acudir a los tribunales, como es lento, nunca lo conseguirá. Podrás recuperar tu casa.

– Eres mi reina y debes ser tratada bien. Te juro que haría cualquier cosa para que te sientas cómoda.

– Entonces pon tu cabeza a trabajar.

– No es mala idea. Una casita en el cielo, sin tener que pagar nada... Me empieza a gustar.

Gisele sonrió con picardía y se arrojó sobre Rodinei. Hizo todo lo que le gustaba en materia de amor y convenció al chico para que aceptara el plan. Todo fue sencillo. Se acercaría a Olair y le haría pasar un mal rato al hombre. Después de la muerte de Josefa, se casarían. Al cabo de un tiempo, Gisele pediría la separación y se iría a vivir con Rodinei, en la casa que sería de ellos. Y, obviamente, Olair al diablo.

Todo salió según lo planeado. Josefa firmó la venta de la casa y falleció pocos meses después. Olair cayó como un pez en la red de Gisele. Se enamoró de la falsa rubia y se casaron.

Ahora había llegado el momento de revelarle la verdad a Olair y pedirle la separación. Gisele estaba cansada de vivir con ese hombre sucio y de modales groseros, no podía esperar a vivir al lado de Rodinei, el hombre que realmente amaba.

Capítulo 15

La vida transcurría sobre ruedas y los días parecían ser cada vez mejores para Arlete y Alzira. La compañía de Lourdes les hizo mucho bien. Poco a poco se fueron adaptando a la nueva rutina.

La semana que llegaron a casa de Lourdes, Arlete llamó a Osvaldo y le contó lo sucedido. El novio fue a verlas y consiguió trabajo como mecanógrafa para Arlete, en una ensambladora de vehículos, allá en São Bernardo. Con el paso de los meses, Lourdes notó el don de Alzira para la cocina y animó a su sobrina a preparar dulces y snacks salados para vender. Al poco tiempo, el vecindario y los compañeros de trabajo de Arlete estaban haciendo solicitudes. Según decían, Alzira tenía manos de hada.

Un sábado, Osvaldo pasó a recoger a Arlete a su casa. Iban al cine a ver el electrizante *Tiburón*. Lourdes invitó a Alzira a visitar a un par de amigos y jugar a las cartas.

– No, tía. Estoy cansada. Hicimos muchos dulces y tartas durante la semana. Me gustaría tomar un refrigerio e ir a mi habitación a leer. Y tengo que vigilar al gato.

– ¿Sobre el gato? – Preguntó Lourdes sorprendida –. Sonrisa es independiente. Le encanta salir de noche y caminar por los tejados del barrio. ¿Por qué esta preocupación por el gato ahora?

Alzira no respondió. Lourdes estaba preocupada por el comportamiento de la niña. Alzira no quería salir, no tenía amigos y no quería tener nada que ver con citas. Cada fin de semana, la joven cogía su gastado ejemplar de *Mirad los lirios del campo* y se encerraba en su habitación.

– Ya conoces esta historia sobre decoración y salteado. ¿No preferirías leer otra novela?

– Doña Celia me prestó una vez una novela espiritual.

– ¿Y qué pensaste?

– Me ha gustado bastante. Pero el libro de Veríssimo me causó una gran impresión. Le tengo un cariño enorme – dijo, mientras alisaba la portada del libro.

Lourdes tuvo tiempo de sobra y se sentó en el sofá, al lado de su sobrina.

– ¿Qué hace que te guste tanto el libro?

– Me enamoré de Olivia. ¡Quiere a Eugenio de una manera tan desprendida y sublime, tan hermosa!

– No he leído el libro, pero conozco la historia – A Alzira se le llenaron los ojos de lágrimas.

– ¿Algún día amaré como Olivia? Los jóvenes no quieren nada serio. Siempre me llamaron directa.

– Bueno – dijo Lourdes – Arlete es un año mayor que tú. Sale con un joven bueno y piensan en casarse. ¿Por qué no pudiste tener la misma suerte?

– Como Arlete es relajada, tiene una actitud muy diferente a la mía. Ella es extrovertida. Soy más tímida y servida. Es difícil encontrar a alguien.

– Depende de usted. Si estás atrapado en casa todos los fines de semana, será difícil encontrar novio.

– No tengo ganas de salir, tía. Me siento parte de otro mundo, de otro siglo. No me gusta toda esta modernidad.

– Haz amigos y veremos.

– Tengo tu amistad – dijo Alzira, en tono cariñoso – , tengo a mi hermana y la amistad de doña Celia y del señor Ariovaldo.

– Sería bueno conocer chicas y chicos de tu edad. Osvaldo insistió en que fueras al cine con ellos.

Vio la tristeza en los ojos de Arlete cuando rechazaste la invitación..

– ¡Imagina! ¿Sostendré una vela?

Ambas se rieron.

– A Arlete le gusta tu compañía.

– Eso lo sé, tía Lourdes. Resulta que no me gusta el bullicio de los sábados por la noche. Y si tuviera que ver una película romántica, incluso estaría de acuerdo. Pero, ¿ver una película de terror? No hace mi trabajo.

– Prefieres quedarte en casa.

– Lo prefiero. Puedes salir y reunirte con tus amigos, jugar a las cartas. Voy a leer un poco y, después, si todavía no me duermo, voy a ver la Sesión de Gala. Parece que la película de hoy es aquellas viejas, en blanco y negro.

– No lo sabes – Lourdes miró su reloj de pulsera – . Llegaré tarde.

– Disfruta, tía.

– Pero si cambias de opinión, no dudes en hacerlo para pasear. La noche es hermosa y estrellada. Hay una brisa fresca y agradable.

– Sal con tus amigos. Estaré bien en compañía del libro.

Oyeron una bocina.

– Son mis amigos. Si quieres salir, hay una llave de repuesto dentro de la maceta de helechos, cerca de la pequeña puerta.

Lourdes la besó en la mejilla y se fue.

Alzira tomó un refrigerio. Tomó el libro y se sentó en el sillón. Sus ojos, poco a poco, comenzaron a empañarse y el sueño empezó a llegar. Cerró los ojos, se durmió y soñó.

Alzira se encontró sentada en una silla del balcón de una antigua casona de estilo colonial, de finales del siglo XIX, mirando los verdes campos que se encuentran frente a ella. Se miró a sí misma y se asombró:

– Estoy usando ropa vieja. ¡Del siglo pasado!

Estaba encantada de ver el camafeo delicadamente unido al vestido de terciopelo color vino. Miró hacia adelante y vio que se acercaba un hombre de rostro sombrío. Alzira sintió un frío en el estómago.

– ¿Qué estás haciendo aquí? – Preguntó irritada. Quiero ver a mi hija.

– Carolina no es tu hija – espetó Alzira.

– ¡Y esta casa es mía!

– Tampoco lo es.

– Si hubiera sabido que el marido de su hermana era el comprador de esta casa, nunca la habría vendido. Me usaste. Quiero recuperar mi casa y a mi hija.

– Te interesa más la casa que tu hija, ¿no, Malaquías?

– ¿Y qué te importa? Si esta chica – señaló dentro de la propiedad – me ayuda a recuperar mi patrimonio, ¿cuál es el problema? ¿Qué tienes que ver con esto?

– ¡Tengo todo! – Ella gritó – . ¡No le pongas un dedo encima a la chica!

– Bueno, bueno. ¿Ahora te has convertido en una mujer valiente? – Preguntó el hombre – . Nunca tuviste el coraje de hacer nada en tu vida. Te casaste y tu marido te dejó porque estás seca y nunca podrás tener un hijo. ¿A qué hombre le gustarías?

– No acepto que vengas a mi casa y me hables en ese tono – protestó.

– Está bien. No quiero peleas. Quiero ver a mi hija.

– Ella no es tu hija, Malaquías. Mi hermana se casó con otra persona. Es su hija.

Los ojos del hombre estaban inyectados en sangre de odio.

– Antes de casarse con ese idiota, tu hermana común y corriente se acostó conmigo. Se casó con ese tipo por dinero. Y el idiota me estafó comprando esta casa por una miseria.

– ¡La vendiste porque quisiste!

– Si hubiera sabido que él era el comprador, nunca habría cerrado el trato.

– Hablas así porque perdiste a tu esposa y tus propiedades.

Malaquías le dio una bofetada. ¡Plaff!

– ¡So animal! – Gritó y se levantó de la silla – . No vuelvas a ponerme tus sucios dedos encima.

– Mi deseo ahora no es solo ponerte las manos encima – dijo en tono profano y altamente perturbador.

Alzira se sonrojó y predijo lo que sucedería. Se estremeció.

Intentó que su voz fuera más firme:

– ¡No te atrevas!

– Sal de mi camino. Quiero ver a mi hija.

Alzira no lo pensó. Atacó al hombre y comenzó a abofetearlo.

– Maldito seas. ¡Te odio!

Se volvió hacia ella y la abofeteó de nuevo. Luego le arrancó el vestido y se tumbó encima de ella. Alzira inmediatamente se encontró en otro lugar. Ahora ella estaba sentada en una banca. A su alrededor había un hermoso jardín.

Vio acercarse a una mujer y sonrió:

– ¡Lola!

– ¿Cómo estás mi amor?

– ¡Qué guapa estás!

– Malaquías vino a pegarme y...

– ¡Shtt! Mantén la calma. Eso es parte del pasado.

Lola se sentó junto a Alzira y delicadamente colocó sus manos sobre las de la niña.

– ¡Tienes las manos frías!

– Fue miedo. Malaquías abusó de mí.

– Ya pasó. Eso fue hace muchos, muchos años. Éramos hermanas. Tú, yo, Anamaría y Judite. ¿Por qué no regresaste?

– Porque decidí quedarme. Tú y tus hermanas han vuelto. ¿Recuerdas la planificación?

– Sí. Judite sería mi hermana y Anamaría sería nuestra madre.

– Así es. Josefa y Arlete están a tu lado.

– Josefa murió.

– Desencarnó. Completó una etapa de su viaje evolutivo. Pronto podrán volver a encontrase.

Alzira sonrió. Luego frunció el ceño.

– Todavía me siento enojado solo de pensar en todo esto. Él era brutal, yo era una mujer indefensa – habló Alzira y las lágrimas corrían por su rostro.

– No te atormentes más. Es hora de liberarte de esta existencia pasada. Tu espíritu es el mismo, sin embargo. Hoy vives en otra realidad.

– Él tuvo la culpa que yo tuviera miedo de amar.

– No. Atrajiste esa situación para volverte más fuerte. Eras una mujer que se desesperaba de cualquier cosa, no eras firme en tus decisiones.

– Crecí rodeada de delicias. Después de la muerte de mis padres, me quedé sin rumbo. Mis hermanas y mi sobrina fueron responsables que yo siguiera con vida.

– Necesitas perdonar a Malaquías y liberarte de esta mancha en tu alma.

– Difícil. Por más que lo intento no puedo pensar en perdón.

– Cuando te das cuenta que eres responsable de todo lo que le sucede y que Malaquías no era más que un instrumento de vida para fortalecer tu espíritu para volverse fuerte y dueña de ti misma, tal vez pienses en el perdón. De hecho, el perdón sirve para calmar nuestra alma y sanar los agujeros creados en nuestra aura. El verdadero sentimiento del perdón nos convierte en seres más fuertes y lúcidos.

– Voy a intentarlo.

– Tienes un gran corazón, Alzira, lo tienes todo para ser feliz.

– ¿Yo feliz? No creo.

– Deja de castigarte. Deja atrás el pasado y la oportunidad que la felicidad llegue a ti.

Alzira abrazó a Lola.

– ¿Por qué no estás con nosotras? Te extraño mucho.

– Ya lo dije. No pensaba reencarnar contigo, Josefa y Arlete. Mi espíritu tiene otras aspiraciones. ¿Qué hay entre cincuenta y setenta años más? Es nada frente a eternidad. Sus vidas pasarán en un abrir y cerrar de ojos y pronto estaremos todas juntas nuevamente, evaluando los pasos dados en esta bendita encarnación.

– ¿Bendita encarnación? – Preguntó Alzira –, estoy enojada. Malaquías reencarnó en mi padre y nos echó a mí y a mi hermana de la casa. ¿Quieres una prueba más dura que esta?

– Malaquías actuó debido a la encarnación pasada. Olair todavía se siente atrapado en el pasado. Sin embargo, tú y Arlete tuvieron la oportunidad de tener una vida mejor. Ustedes viven al lado de Lourdes y, entre nosotras, viven mucho mejor que en esa casita.

– Pensando así...

– Alzira, la vida te dio la oportunidad de renacer junto a un enemigo y deshacer los nudos de la amargura y la animosidad. Josefa, tú y Arlete superaron una etapa difícil pero importante en esta encarnación y, a partir de ahora, tienen todo para vivir felices. Josefa se está recuperando bien y pronto vivirá conmigo. La encarnación le resultó muy útil. Ahora pudo darse cuenta de cuánto se menospreciaba. Me juró que será fuerte y nunca más se doblegará ante las ideas del mundo.

– Me quedé un poco traumatizada por todo. Perdí a mi madre, mi casa y siento que voy a morir soltera.

– ¿No estás siendo dramática?

– ¡De ninguna manera! – Lola se rio.

– Me parece muy dramático. Malaquías se reencuentra con tu padre y ya no están juntos. El libre albedrío lo separó de ti y de tu hermana.

– Pensando mejor, con calma y equilibrio, mi vida mejoró mucho después que nos entregó al cuidado de la tía Lourdes.

– ¿Viste? Todo mejoró. Perdona a tu padre. Libérate de ello sinceramente. Di una oración de liberación por Olair y libéralo de tu vida. ¿O prefieren quedarte con el rencor y regresar juntos en otra vida, pasando nuevamente por las mismas experiencias?

Alzira golpeó tres veces la madera del banquillo.

– ¡Dios no lo quiera y nos salve!

– Entonces piensa bien en todo lo que te dije. Y, en relación con su padre, firme en el sentimiento: "Estoy siendo guiada a mi verdadero lugar. Dejo ir todas las cosas y personas que ya no son parte del plan de Dios en mi vida, liberándolos para que puedan ser felices en sus vidas y en sus propósitos. En nombre de Dios."

Repitió Alzira y sintió un enorme bienestar.

– Practica esta frase tantas veces como quieras. Funciona como una poderosa herramienta para eliminar personas y situaciones que ya no necesitamos o con las que no queremos lidiar.

– Usaré esto en relación con mi padre.

– Haz esto y pronto verás que tu vida mejorará aun más. Después de todo, cuando hacemos espacio para liberarnos verdaderamente de personas y cosas que ya no forman parte de nuestras vidas, estamos creando nuevos espacios para personas y cosas interesantes en nuestro camino. Inténtalo.

– Me despertaré y lo olvidaré todo.

– Tal vez olvides nuestra conversación, pero te ayudaré a recordar la poderosa frase.

Alzira la abrazó con ternura.

– Eres un ángel en mi vida, Lola. Muchas gracias.

Lola le devolvió el cariño y sonrió.

– Debo irme.

– Ah, ¿pero ya? Disfruté mucho de tu compañía.

– Volverás a tu cuerpo, despertarás y te irás.

– Yo no quiero salir. No me gusta nada. Todo es muy moderno. Me gustaría vivir como lo hice en mi última vida.

– Todo cambia con el tiempo, querida. La vida se ha vuelto más dinámica, ayudando a las personas del planeta a reequilibrarse más rápidamente.

– Me gusta la quietud, los muebles viejos...

– Puedes vivir en este mundo manteniendo la esencia del pasado. Puedes, por ejemplo – dijo Lola con voz amistosa – , vivir en el campo y decorar tu casa con muebles de época.

– Una buena idea.

– Y, si fuera tú, me arriesgaría a dar un paseo. Solo un pequeño paseo.

– ¿Por qué me estás diciendo esto? – Preguntó Alzira, desconfiada.

– ¡Sal y mira! Estoy en la hora. Necesito irme.

Lola abrazó a Alzira, la besó cariñosamente en la mejilla y se fue. Al cabo de unos momentos, Alzira se removió en su asiento y abrió los ojos. El gato estaba sentado en su regazo. Ella sonrió:

– ¡Sonrisa! ¿Te has quedado conmigo todo este tiempo?

El gato maulló, como si entendiera y respondiera la pregunta. Luego saltó y se envolvió alrededor de los pies de Alzira. Maulló una vez más y se escapó, saltando por la habitación.

– ¡Se pasea! – Ella exclamó.

Alzira recordó el sueño y sonrió. Era consciente que había soñado con una mujer hermosa, pero realmente no la conocía. Recordó a su padre y las palabras le salieron con facilidad, como un texto memorizado, alto y claro:

– "Estoy siendo guiada a mi verdadero lugar. Dejo ir todas las cosas y personas que ya no son parte del plan de Dios en mi vida, liberándolas para que puedan ser felices en sus vidas y en sus propósitos. En nombre de Dios."

Entonces dijo:

– Lo dejaré ir, padre – Alzira cerró los ojos y pensó en Olair. Intentó verlo sonriendo y continuó – . Ya no eres parte del plan divino en mi vida y, por eso, te libero para que puedas ser feliz en tu vida. En nombre de Dios. ¡Ahora y siempre!

Alzira abrió los ojos y sintió una ligera sensación de bienestar. Sintió sed y se levantó. Cogió el libro y lo colocó sobre la mesa de la sala. Fue a la cocina y bebió un vaso de agua.

– Quizás necesite salir un poco. Este sueño me afectó.

Caminó hacia el patio trasero y miró hacia arriba. El cielo estaba lleno de estrellas y una agradable brisa acariciaba su rostro. Alzira decidió:

– Voy a dar una vuelta.

Se arregló, se recogió el pelo en un moño, se perfumó y cogió su bolso.

– Arlete y Osvaldo fueron a ver la película al cine Astor. Sé cómo llegar – se dijo.

Cerró la puerta, cruzó la calle y cogió un autobús que subía hasta lo alto de la calle Consolação.

Una hora más tarde se bajó en la esquina de la calle con la Avenida Paulista. Caminó hasta el Conjunto Nacional. Estaba sorprendida por tanta gente. Fue a una librería y hojeó un libro de recetas.

Alzira consultó su reloj y faltaban veinte minutos para el final de la sesión.

– Ojalá los encuentre – dijo suavemente, mientras sus ojos contemplaban las fotos de las recetas.

– ¿Te gustó el libro? – Preguntó muy educadamente al chico. Alzira levantó la cabeza y lo miró a los ojos.

– Muy bonita, pero mis recetas son mucho mejores – Él se rio.

– ¿Por qué no escribes un libro de cocina?

La joven suspiró. Cerró el libro y lo volvió a colocar en el estante.

– Qué daría.

– ¿Por qué? ¿No crees en tu potencial?

– Por supuesto que creo. Soy muy buena cocinando.

– Por eso, escribir un libro de recetas es un paso natural para cualquiera que sepa cocinar.

– No. Hay una gran diferencia entre hacer dulces y venderlos a los vecinos y publicar un libro de cocina exitoso como este – señaló el ejemplar expuesto.

– Si las ganas de escribir son de tu alma, nada te detendrá. Todo lo que el alma quiere lo podemos conseguir.

– Quisiera muchas cosas en la vida y no las tengo.

– Porque no fue por tu alma. Debe ser el deseo de la mente.

– No sé separar lo que es del alma y lo que es de la mente. Son todos iguales.

Un amable vendedor se acercó y anunció que la tienda cerraría en diez minutos. El chico dijo algo al oído del vendedor y Alzira se escabulló.

Salió de la tienda y se dirigió al vestíbulo del cine. Pronto terminaría la película.

– Espero encontrarme con Arlete y Osvaldo – se dijo, mientras miraba nuevamente su reloj.

El chico0 se acercó y Alzira se sobresaltó.

– Ey.

– Hola – respondió ella, de manera tímida.

– Me dejaste solo en la tienda.

– Estaban cerrando. Fuiste a hablar con el vendedor y decidí venir al lobby del cine.

El chico sacó un paquete de una bolsa y se lo entregó a Alzira.

– ¿Qué es eso? – Preguntó temerosa.

– Un regalo. Ábrelo.

Alzira rompió delicadamente el envoltorio. Era el libro de recetas que había hojeado en la tienda minutos antes.

– ¡Dios mío! ¿Compraste el libro?

– ¡Ajá!

– Es caro. ¿Por qué hiciste algo tan loco como eso? – El chico se rio de buena gana.

– Y es una locura que vale la pena.

Alzira se fijó en el chico. Tenía una hermosa altura mediano, con gafas de seis grados que ocultaban grandes ojos negros. El cabello era oscuro y peinado. Vestía una camisa de cacharrel naranja y jeans. El perfume que exudaba era delicado y ella se sonrojó.

– Necesitamos presentarnos porque me gustaría escribir una dedicatoria en el libro. ¿Puede ser?

– Puedes – dijo torpemente – . Mi nombre es Alzira y ¿el tuyo?

– Eugenio.

Alzira se estremeció. Se sintió un poco mareada y Eugenio la abrazó.

– ¿Qué pasó?

– Nada.

– ¿Cómo que nada? ¿Dije mi nombre y casi tienes un piripaque?

Ella trató de ocultar su emoción y respondió:

– Mucho gusto. Mi nombre es Alzira – Eugenio fingió estremecerse.

– ¿Que pasó?

– Ya dijiste tu nombre. Estoy jugando contigo. Quiero saber por qué estabas tan emocionada cuando me presenté.

– No fue nada.

– ¿Algún ex novio con el mismo nombre? – Ella cruzó la mano en el aire.

– ¡Imagina! Y tonterías. Un gran disparate.

– Me encantan las tonterías – dijo Eugenio.

– Te reirás de mí.

– Yo nunca haría eso – dijo seriamente.

– Y eso, bueno, estoy enamorada de un libro de Erico Veríssimo. Y hay un personaje en uno de sus libros que realmente me conmueve.

– ¡Oh! Solo puedes estar hablando de *Mirad los lirios del campo*.

– ¿Lo conoces? – Preguntó, aturdida.

– ¡Y cómo! – Suspiró Eugenio – . Mamá conoció este libro siendo niña y le pidió a papá que, si tenía un hijo, que el niño se llamara Eugenio, por el personaje. ¿Tú lo crees?

Alzira quiso gritar y decir que sí, que creía en sueños, en brujas, en cualquier cosa. Estaba más que emocionada. El chico frente a ella se llamaba Eugenio.

No por el libro que tanto amaba. ¿Qué decir? ¿Que había encontrado al hombre de su vida en menos de quince minutos? Él la llamaría loca y huiría asustado, eso seguro.

Se mordió los labios y respondió:

– Lo creo. ¡Y me encantaría conocer a tu madre!

– "¡Dios del cielo! ¿Qué dije? Es mejor mantener la boca cerrada", pensó.

Eugenio iba a responder, pero se abrieron las puertas del cine. Alzira levantó la cabeza.

– ¿Estás esperando a alguien?

– Mi hermana y su novio vinieron a ver una película aquí. Quiero decir, eso es lo que me dijeron.

Unos minutos después vio a Arlete y Osvaldo, tomados de la mano y sonriendo. Al ver a su hermana parada allí, Arlete se sobresaltó.

– ¿Qué estás haciendo aquí? ¿Le pasó algo a la tía Lourdes?

– No. Decidí venir a buscarlos. Me arriesgué. Pero no quiero, de ninguna manera, entrometerme.

– No te entrometerás en nada – dijo Osvaldo, mientras la saludaba. Entonces notó al chico detrás de Alzira.

– ¡Eugenio! ¿Qué haces aquí, hombre de Dios? – Los dos se abrazaron y Arlete llevó a Alzira a un lado.

– Nunca sales de casa. De repente la encuentro aquí en la puerta del cine, un sábado por la noche, al lado de

un chico guapo. ¿Estoy teniendo alucinaciones? ¿La película del tiburón me trastornó la cabeza? – Se pellizcó Arlete.

– No – respondió Alzira riéndose – . Es que volví a tener un sueño.

– ¿En la hacienda?

– Sí. La misma escena. Solo que fue peor esta vez. Sentí algo muy malo. Me desperté con un comienzo. La tía Lourdes salió con un par de amigos a jugar a las cartas. No quería estar sola en casa. Tenía ganas de salir y me arriesgué a venir aquí.

– ¿Y el chico?

– Nos conocimos en la librería.

– ¿Cuándo?

[177]

– ¡Hace menos de media hora! ¿Puedes creer que su nombre es Eugenio?

– Sí, ¿y entonces? – Preguntó Arlete.

– Lleva el nombre del gran amor de Olivia. ¿Entiendes?

Arlete movió la cabeza arriba y abajo. Osvaldo se acercó a las chicas.

– Cariño, él es Eugenio Salles, un amigo del colegio. Estaba realizando un curso de especialización en Estados Unidos.

Eugenio sacudió la cabeza hacia los chicos. Arlete levantó la cara e intercambiaron besos.

– Un gusto. Soy Arlete, la novia de Osvaldo y hermana de Alzira.

Eugenio sonrió ampliamente.

– El gusto es todo mío. En las cartas que intercambiaba con Osvaldo siempre hacía referencia a ti. Pero nunca me dijo que su novia tenía una hermana tan hermosa.

Eugenio habló y miró a Alzira. Ella se sonrojó y Osvaldo añadió:

– Nunca dije nada porque soy muy reservado. Y, además, estabas saliendo con Celiña.

– La relación se acabó. Celiña conoció a un político estadounidense y se casaron. Está embarazada de su primer hijo.

– ¿Tú sales con alguien? – Preguntó Arlete.

– Acabo de llegar de Estados Unidos, estoy pensando en montar mi despacho de abogados y establecerme aquí. Amo a mis papás.

Osvaldo notó el interés de Eugenio por Alzira.

Interrumpió la conversación y sugirió:

– Me muero de hambre. ¿Comemos un sándwich cerca?

– Yo también tengo hambre – respondió Arlete.

– Estaba caminando sin rumbo – dijo Eugenio – . Apenas he llegado y no he tenido tiempo de ver a los pocos amigos que dejé aquí.

Alzira no dijo nada. Estaba muy emocionada. Sintió una "cosa" muy extraña. Su cara estaba caliente, su corazón parecía querer saltar de su boca y un escalofrío persistía recorriendo su estómago.

"¿Será todo esto amor?", se preguntó mientras caminaban hacia la cafetería.

Alzira miró al cielo y contempló las estrellas. Sintió una felicidad indescriptible.

Capítulo 16

Faltaban pocos días para que Valeria partiera hacia Italia. Los boletos de avión ya habían sido comprados. Ella ya había hecho sus maletas y se iba con su tío Adamo.

– Te voy a extrañar mucho – dijo Natalia, mientras abrazaba a su amiga.

– No sé por qué no vienes con nosotros.

– ¡¿Yo?! ¿Estás loca, Valeria? ¿Trabajé tan duro para entrar a la universidad y voy a dejarlo todo?

– No hay drama, Natalia. Puedes bloquear tu matrícula. Ven a estudiar en la misma escuela que yo. Si no te gusta vuelves y empiezas el curso de nuevo aquí. Perderás un año. ¿Qué es un año ante todo lo que tienes por qué vivir?

– Tú eres optimista. Y una loca. ¿Has olvidado que tenemos una vida sencilla? No puedo comprar entradas ni pagar este curso.

– Ya dije que esto no es un problema. Eres mi hermana del corazón – corrigió Valeria – . Mi padre declaró que con gusto te pagaría los pasajes y el curso. Pues entonces acostúmbrate.

– Tengo miedo de las cosas que vienen demasiado fácilmente.

– ¿Por qué?

– Mi padre siempre decía que todo lo que viene fácilmente se va fácil. Mira lo que le pasó: perdió todo lo que tenía.

– Tu padre perdió todo lo que tenía porque fue un irresponsable – respondió Adamo.

Los ojos de Natalia se abrieron como platos.

– Sí, pero…

– Pero – continuó Adamo – la vida responde primero a nuestras actitudes.

– Sí, yo entiendo. Mi padre fue castigado.

– No. La vida no es un castigo. La vida educa, eso es. Lo que vemos como negativo es simplemente un estímulo en la vida para que cambiemos para mejor. La vida siempre trabaja para lo mejor de nosotros.

Valeria intervino:

– Entonces ¿qué me dices?

– No sé.

– Esta es una propuesta irrefutable – dijo Adamo.

– Considera que tienes en tus manos un billete de lotería ganador.

– Es un cambio muy repentino – consideró Natalia.

– ¿Y eso? – respondió Valeria – . Recuerdo cuando tú y tu madre tuvieron que dejar esa mansión para vivir en una casa adosada de dos dormitorios. ¿Quieres un cambio más repentino que ese? Ambas lograron superar las adversidades y rápidamente se adaptaron a sus nuevas vidas.

– Esta vez sucede de otra manera y mucho mejor – reflexionó Adamo – . Vas a ir a un país maravilloso, conocerás gente interesante, otra cultura y otras costumbres. Estudiarás en una de las escuelas de arte más prestigiosas de Europa y estarás al lado de Valeria. Y, como beneficio adicional, podré verte más a menudo.

Natalia sintió que se abría el suelo. No sabía si seguir mirando a Adamo o apartar la mirada. Valeria se dio cuenta e intercedió:

– Tío, ¿puedes disculparnos un momento? Necesitas cambiarte de ropa.

– Está bien. Pero recuerda – dijo mirando fijamente a Natalia – que tu compañía me hará mucho bien – Adamo habló y se fue, cerrando la puerta suavemente.

Natalia no movió un músculo. Ella se quedó quieta en medio de la habitación como una estatua. Valeria hizo un elegante movimiento con la mano hacia arriba y hacia abajo, llamando la atención de su amiga:

– ¡Ey! ¿Sucedió algo?

Natalia volvió en sí y se sentó en la cama, angustiada.

– ¿Soy solo yo o tu tío está interesado en mí?

– ¿Interesado? – Preguntó Valeria con una sonrisa pícara –. Está súper interesado. Me di cuenta hace unos días. Siguió rodeándonos, pidiendo invitarte a tomar el té. ¡Creo que lo tienes enganchado!

– No lo creo – Natalia puso su mano en su pecho –. Estaba interesada en Adamo, pero comencé a alejar la idea de una relación seria.

– Bueno, ¿por qué?

– Adamo es veinte años mayor que yo, Valeria. Tiene edad suficiente para ser mi padre.

– ¡Qué comparación más tonta, Natalia! ¿Cuál es el problema con esta diferencia? No veo ninguna. Mi tío es guapo, soltero, inteligente y no aparenta su edad.

– Hay una gran diferencia, sí. Vivió en el extranjero muchos años, tiene experiencia...

– Experiencia suficiente para llegar a una conclusión que vale la pena abrirte mi corazón. Nunca antes supe que el tío Adamo estuviera interesado en otra mujer. Nunca nos presentó a una novia.

– ¿Y de inmediato se interesa por mí? ¿Una chica normal y corriente, sin grandes atractivos?

– Deja de menospreciarte. Necesitas valorar tus cualidades. No a todo el mundo le interesa únicamente la belleza física. Si la persona no tiene contenido, la relación no avanzará. La belleza algún día se irá, pero lo que somos y sentimos – Valeria se llevó la mano al pecho –, nadie podrá quitárnoslo.

– Confieso que estoy más tranquila. Adamo me conmueve mucho.

– Deja de tener miedo. Viajemos juntas, vivamos juntas. Somos prácticamente hermanas. Tu compañía me hará mucho bien.

– Voy a hablar con mamá.

– Así es. Reflexiona y...

Valeria dejó de hablar. Sintió un entumecimiento, una náusea incomparable. Se tapó la boca con la mano y corrió al baño. Natalia la siguió.

– ¿Qué pasó? – Preguntó ella, angustiada.

– No sé. Hace unos días que me siento mal. ¿Por qué nunca me dijiste nada?

Tonterías, Natalia. Debe ser la ansiedad del viaje. Será mejor que consultemos a un médico.

– No. Eso pasa.

Una de las criadas llamó a la puerta.

– Doña Valeria, su té. ¿Dónde puedo colocar la bandeja?

– Allí, en la cómoda – instruyó Valeria.

Se limpió la boca, tiró de la cadena y le puso un poco de agua a la garganta.

– ¿Te sientes mejor? – Preguntó Natalia.

– Sí.

Pero, al acercarse a la bandeja y oler el aroma de las galletas, Valeria volvió a sentirse mal y volvió corriendo al baño.

– No es normal – aseguró Natalia –. Algo que comiste atacó tu hígado. Nos guste o no, vamos al médico.

Valeria protestó, pero Natalia no se calmó hasta concertar una cita. Ella estuvo de acuerdo y al final de la tarde fueron al consultorio. El médico hizo las preguntas habituales y solicitó algunas pruebas. A pesar de esperar las pruebas, los síntomas eran claros. Valeria sintió náuseas a primera hora de la mañana, tenía los senos hinchados y su período se retrasó.

Natalia estaba segura del resultado, pero esperó a que el médico le dijera a Valeria, días después:

– Estás embarazada.

~ 0 ~

Esa misma tarde, Arlete llegó a casa del trabajo muy cansada. Había estado escribiendo informes todo el día y le dolían los dedos. Entró a la casa, dejó su bolso sobre la mesa auxiliar y se tumbó en el sofá.

Le siguió Alzira.

– Está cansada. ¿Qué fue?

– Nada. Una jornada laboral como cualquier otra.

– No te ves muy bien. ¿Te peleaste con Osvaldo?

– De ninguna manera. La relación va muy bien. Aunque estoy cansada – dijo Arlete sonriendo – tengo un anuncio que hacerte.

– ¿Qué es?

– Osvaldo quiere comprometerse – Alzira se tapó la boca con la mano.

– ¿En serio?

– Hum, hum. Quiere que nos comprometamos para Navidad.

– ¿De verdad?

– Y nos casaremos en dos años – Alzira corrió y se tiró a los brazos de Arlete.

– Dame un abrazo, hermanita mía. Qué feliz estoy por ti.

Arlete se levantó y se abrazaron emocionadas.

– Me voy a casar con el hombre que amo y seremos muy felices.

– Estoy segura de eso.

– ¿Y tú sales con Eugenio?

– Estamos yendo. Empezamos a salir. Voy a encontrarme con su madre la próxima semana. Hará un almuerzo para presentarme a la familia – dijo Alzira con aprensión.

– ¿Por qué te gusta esto?

– No somos ricos, recibimos una buena educación de nuestra madre, tenemos modales. Pero no tenemos dinero.

– Eugenio conoce tu condición y le gustas mucho así. Parece que a su familia no le importan las diferencias de clase social. Eres una excelente persona. ¿Quién no se enamoraría de ti? ¿Te amaría?

Alzira la abrazó con fuerza.

– Después de todo lo que hemos pasado, no puedo creer que el año esté yendo tan bien.

– ¡Para que veas! Empezamos el año muy bajas, desanimados y sin ánimo. Nuestro padre nos echó de casa y pensábamos que nuestra vida sería terrible. Al final todo mejoró.

Alzira asintió y oyeron la voz de Lourdes, procedente del pasillo:

– Todo ha mejorado y mejorará cada día que pase.

– Merecemos lo mejor.

Las dos se acercaron a Lourdes. Abrazaron a su tía y le depositaron un delicado beso en el rostro.

– No sabemos cómo agradecerte, tía Lourdes – dijo Alzira conmovida.

– Nunca olvidaré tu generosidad. Te queremos mucho.

Lourdes sonrió y sus ojos se llenaron de lágrimas. Amaba a sus sobrinas. Conocerlas había sido lo mejor que le había pasado en años.

– Papá fue muy duro con nosotras – dijo Alzira – . Tenía miedo de ti.

– ¿Por qué? – Preguntó Lourdes, curiosa.

– Porque tu nombre no se podía pronunciar en casa. Y papá te llamó de ramera cuando nos dejó aquí. Lo siento

– Puedes decirlo así, tía – dijo Arlete.

– No hace falta que te disculpes – respondió Lourdes.

– No quiero entrometerme, pero ¿por qué no le agradas a papá? – Preguntó Arlete, curiosa.

Lourdes les indicó que se sentaran. Las chicas asintieron y se acomodaron en el sofá. Lourdes permaneció sentada entre ellas.

– Son adultos y están experimentando el amor – Ellos asintieron y Lourdes continuó:

– Quizás entiendan lo que me pasó. Olair y yo venimos de una familia muy numerosa y muy pobre. Nosotros venimos de Jutaf, en Amazonas, y fuimos los únicos que tuvimos el coraje de bajar por el país hasta São Paulo. Algunos hermanos permanecieron allí, otros fueron a Goiás. Ya no tengo contacto con ninguno de ellos. Yo era la única hija entre nueve hermanos. Todos se casaron y continuaron viviendo sus vidas.

Arlete y Alzira asintieron y Lourdes continuó:

– Olair era mi protector. Éramos muy cercanos y muy amigos.

– Es difícil de creer – dijo Arlete – . Papá siempre fue grosero y estúpido.

– Creo que Olair se volvió así gracias a mí.

– ¿Cómo así? – Preguntó Alzira.

– Como dije, estábamos muy unidos. Olair conoció a Josefa, se enamoraron y decidieron casarse. Me fui a vivir con ellos.

– Nunca supimos de eso – intervino Arlete.

– Porque tu padre se avergüenza de mí. Empecé a salir con un joven también de familia humilde y teníamos planes de casarnos, nos comprometimos y él puso la fecha. Pero se enamoró de otra persona y rompió conmigo.

– ¡Qué triste! – Suspiró Alzira.

– Esa no fue razón para que tu padre estuviera tan enojado conmigo.

– No fue... – contó Lourdes – . Al mes de la ruptura, descubrí que estaba embarazada.

Las chicas tragaron saliva. Lourdes continuó:

– Olair no quedó satisfecho. Me llamó todo tipo de malos nombres. Josefa intentó defenderme, pero fue en vano. Mi hermano, sintiéndose traicionado en su honor, me echó de casa.

– ¿Y qué pasó después, tía? – Preguntó Alzira, casi llorando.

– Me fui a vivir a una pensión para embarazadas, allá en Santana. En el tercer mes de embarazo tuve una hemorragia severa y perdí al bebé. Entonces quise empezar mi vida de nuevo. Me hice amigo de Celia y Ariovaldo, quienes estaban recién casados y vivían en ese momento cerca de la pensión. Eran muy buenos amigos de una pareja que vivía aquí en Rudge Ramos y me recibieron. Conseguí un trabajo en un fabricante de automóviles y seguí con mi vida. De vez en cuando mantenía correspondencia con Zefa. Las cartas las enviaba a casa de Celia, y Zefa hacía lo mismo, escribiéndome y enviándome cartas. Así seguí su crecimiento, el pésimo comportamiento de Olair, que fue empeorando con los años, la enfermedad de Josefa... – Lourdes se levantó, caminó hacia el pasillo y abrió la puerta de una pequeña cómoda. De allí sacó una caja grande. Lo llevó al sofá y, cuando la abrió, había un montón de cartas amarillentas por el tiempo. Les mostró el paquete de cartas delicadamente envueltos en un lazo de raso y les mostró una foto.

Arlete reconoció la foto:

– Mamá tenía esta misma foto, pero la recortaron cuando yo tenía 10 años.

– Tomamos esta foto justo después que tus padres se casaran. En ese momento estábamos muy felices.

– Y entonces tía, ¿qué pasó? – Preguntó Alzira, ansiosa.

– Doña Carmiña y Orlando, el matrimonio que me acogió, fallecieron hace unos años y, como no tenían hijos, me dejaron esta casa en herencia, seguí trabajando y me jubilé por antigüedad el año pasado. La jubilación no se trata de esas cosas, pero alcanza para pagar las facturas y tener una vida modesta, sin lujos.

– ¿Has vuelto a saber de tu ex prometido? – Preguntó Arlete.

– No – respondió Lourdes, mirando a un punto indefinido de la habitación – . Y yo tampoco quería saber más. Si el bebé hubiera sobrevivido, tal vez lo hubiese buscado. Sin embargo, después de todo lo que me pasó, ¿por qué perseguir a alguien que no nos ama? Aprendí a valorarme y amarme.

– Tienes razón, tía. Debemos valorar a quienes nos aman. Por eso no queremos saber más de nuestro padre – dijo Arlete, secamente –. No lo voy a invitar a conocer a mi novio ni a mi boda. Voy a entrar sola a la iglesia.

– No es culpa de tu padre que sea así. Olair hizo lo mejor que pudo.

– Tía, la echó de la casa y no te dio cobijo ni siquiera protección. ¿Cómo puedes defenderlo? – Arlete se irritó.

– Porque conozco a tu padre desde que éramos niños.

– ¿Y? Eso no justifica su mala educación.

– Nuestros padres tampoco nos dieron amor y cariño. Tuvimos una vida muy dura y yo era un modelo de hermana perfecta. Cuando quedé embarazada, mi hermano se enojó porque había cedido ante un hombre que me intercambiaba como quien intercambia en un mercado. Olair se sintió enojado con mi novio, pero no me lo dijo. Si hubiera podido hacerlo mejor, seguramente habría tenido una actitud diferente.

– ¡No puedo aceptarlo! – Protestó Arlete, mientras Alzira se concentraba en las cartas escritas por su madre a su tía.

– No es cuestión de conformarte o no, querida – dijo Lourdes, con bondad en su voz –. Olair hizo lo mejor que pudo. Nadie puede dar lo que no tiene. Y es más, me perdoné a mí misma y perdoné a tu padre. El perdón trae liberación y podemos seguir adelante con la vida.

– He estado diciendo todos los días esa afirmación del perdón – asintió Alzira –, y me he sentido cada vez mejor.

– Perdonarnos a nosotros mismos y a los demás nos hace un enorme bien – explicó Lourdes –. Mira cuántas cosas buenas me han pasado a lo largo de los años: conseguí una casa y, ahora, me regalaron dos niñas. Las amo como a hijas.

Arlete y Alzira se emocionaron. Se les llenaron los ojos de lágrimas y ambas abrazaron a Lourdes. Permanecieron así, unidas y en silencio, durante mucho tiempo.,

Desde arriba, luces de colores se derramaban como copos de nieve sobre ellas y sobre la casa. Desde la Colonia donde se encontraba, Lola sonrió y se dijo:

– Las tres están en perfecta armonía. Es hora que nuestra pequeña Carolina regrese al mundo.

Capítulo 17

Valeria caminaba de un lado a otro de la habitación, angustiada.

– Terminó. Se acabó.

– No digas eso, amiga – protestó Natalia.

– ¿Cómo no? ¿Cómo estudiaré? ¿Qué voy a hacer con mi vida?

– Seguir adelante. Vas a tener un hijo. Esto no te impedirá estudiar y desarrollar tu carrera.

– Si no hubieras aceptado la propuesta del tío Adamo y no hubieras ido conmigo, te juro que habría desistido del viaje.

– ¡Nunca! Tú, el bebé y yo seremos muy felices en Italia. Ya sabes – Natalia estaba radiante – , mamá soñó contigo y conmigo, dijo que nos vio hace unos años. Juró que tu hijo solo le traería alegría.

Eso no me entusiasma.

– Pues debería hacerlo, Valeria.

– No lo entiendes – gritó Valeria – . ¡Ese niño es de Darío!

– ¿Y cuál es el problema?

– ¡Nunca podría imaginar quedar embarazada! Y encima de Darío.

– Sé que solo te acostaste con él – dijo Natalia.

– Pero tú mismo me dijiste que hacía tiempo que no pasaba nada entre ustedes dos.

– Y no pasaba. ¡Lo juro!

– Este niño no es fruto del espíritu santo – dijo Natalia, levantando las manos y los hombros al mismo tiempo.

– Yo fui débil. ¡Traté de controlarme, pero estaba débil!

– ¿Recuerdas cuando te acostaste con Darío?

– Fue el día del accidente – respondió Valeria, perpleja.

– Esa mañana quería hablar con Darío y terminar todo. Fui a despertarlo y no pude resistirme. Pero lo juro – estaba llorando – todo sucedió muy rápido.

– Lo suficientemente rápido como para quedar embarazada. ¡No puedo tener este niño!

– Calma.

– Si el embarazo no estuviera tan avanzado me lo quitaría.

Natalia la fulminó con la mirada.

– ¿Tienes alguna idea de lo que estás diciendo?

– Es la pura verdad. No me gustan los niños. No los aguanto. Estoy aterrorizada.

– Eso no es motivo para pensar en quitártelo. Espiritualmente, no te recomendaría que hicieras eso.

– ¿Y quiero saber si extirpar este feto es espiritualmente correcto o no? – gritó Valeria – . Sabes que siempre he odiado a los niños, Natalia.

– ¿Y eso? Cambiamos con el embarazo.

– ¿Cómo lo sabes? ¡Nunca estuviste embarazada!

– Adivinar.

– No seré una buena madre.

– No digas eso.

– Yo no quería este niño.

– Mejor no hables así. El feto se está desarrollando, pero el espíritu ya sufre – señaló el vientre de Valeria – . Todo lo que dices o sientes se le pasa al bebé.

– ¡Al diablo con lo que siento o pienso! Que se pudra ese niño. ¡Dios mío! ¡Un hijo de Darío! – Valeria no estaba contenta.

– Imagina la felicidad de su padre. Darío dejó una semilla, ¡un heredero!

– Simplemente no te golpeo ahora porque eres mi amiga. Sin embargo, esta es mi voluntad. ¡Deja de decir tonterías!

– Ya basta – dijo Natalia, con firmeza – . Valeria, sé sincera. Estás embarazada y darás a luz a un hermoso niño.

– Voy a ayudarte a criar a este bebé.

Valeria se arrojó en los brazos de su amiga.

– Estoy desesperada. Tengo miedo, mucho miedo.

– Calma.

Adamo llamó a la puerta y entró a la habitación. Valeria se alejó de Natalia y se recompuso. Se secó las lágrimas con el dorso de las manos.

– Hola tío.

– ¿Cómo estás?

– Yendo.

– Hablé con Américo.

– Hay uno más – dijo Valeria, alzando la voz – . Mi padre me desollará vivo cuando regrese de su viaje.

– No. Américo te ama mucho. Está molesto, sí. No es fácil para un padre ver a su hija embarazada sin siquiera poder exigirle que se case o que papá del bebé asuma ciertas responsabilidades. Después de todo, papá del niño murió.

– Traicioné la confianza de mi padre. Yo era su princesita.

– Y lo sigues siendo – dijo Adamo – . Nada cambia. Américo es un hombre con un corazón generoso. Obviamente está sorprendido, pero sabemos que todo pasa. Cuando tenga a este niño en sus brazos, se enamorará e incluso le agradecerá que le hayas dado un nieto.

– No lo sé, tío.

– Es verdad – intervino Natalia – . El señor Américo es un hombre bueno, él te dará todo el apoyo. Solo lo tienes a él.

– Es verdad.

– Él también tiene a mi madre Natalia – dijo Adamo, sonriendo.

– Quiero irme, pero tengo miedo.

– Pronto pasarán los meses y serás madre – añadió Natalia, feliz.

– Solo de pensar en tener un hijo se me pone la piel de gallina – dijo Valeria, pasando un brazo sobre el otro.

Adamo la miró seriamente.

– Si no estuvieras preparada, no estarías embarazada. Ha llegado el momento de afrontar tus miedos y aprender a ser madre.

Valeria sintió que el sudor le corría por la frente.

- ¿Por qué estás siendo tan duro conmigo?

– Porque te estás comportando como una persona imprudente.

– No tuve cuidado. No creo que sea justo tener que cargar con esta mancha por el resto de mi vida.

– ¿Cómo te atreves a hablar en ese tono? – Preguntó Adamo, consternado – . ¿Cómo puedes hablar así de un niño que podría darte tantas alegrías?

– Estoy confundida – dijo Valeria y se arrojó a los brazos de su tío – . Mi padre no regresa de este viaje de negocios y necesito abordarlo. No sé si debería irme.

- ¿Qué prefieres hacer?

– Quedarme. Tener a mi bebé aquí y luego irme a Europa.

– ¿Y con quién vas a dejar el niño? – Preguntó Natalia.

– Por favor ayúdame – rogó Valeria - Las lágrimas fluían sin cesar y Adamo le alisó el cabello.

– ¡Shtt! Mantén la calma. Natalia y yo cuidaremos de ti y de este bebé.

– No estás sola – añadió Natalia – . Siempre estaré a tu lado. Prometo ser su madrina.

– ¿Lo prometes? – Preguntó Valeria, con voz casi inaudible.

– Sí. Ayudémosla.

Adamo la soltó y sonrió:

– Tenemos que prepararnos. Nuestro avión despega pronto, de noche…

– Pospondremos la salida. Prefiero esperar a que mi padre regrese de Argentina – protestó Valeria.

– Nada de eso – respondió Adamo –. Tu padre nos encontrará en Italia la semana que viene. Tiene una reunión de negocios en Roma. Luego tomará un tren a Florencia.

Valeria se mordió los labios con aprensión. Sentía mucho miedo de dar a luz, tenía miedo de morir después de dar a luz, como sucedió con su madre.

- "Pero eso no es todo – pensó -. Este miedo parece antiguo. Convertirse en madre podría traer desgracias."

La mente de Valeria estaba muy lejos. De hecho, en lo más profundo de su alma, había un miedo que provenía del pasado. La experiencia de ser madre finalmente no fue exitosa.

Su vida y su espíritu rechazaron la idea de tener que volver a vivir experiencias desagradables ligadas a la maternidad.

– Puede que estés pasando por experiencias similares, pero el final puede ser diferente. Todo depende de ti – dijo una voz amiga, a su lado. Valeria no vio ni oyó; sin embargo, un espíritu iluminado y sonriente intentó darle energías de calma y equilibrio. Después de todo, ella llevaba otro espíritu en su vientre y sus emociones llegaban directamente al feto.

– Es una debilucha, eso es – ladró una voz muy fuerte, más tarde.

El chico habló y dio un paso adelante, se llevó un susto.

– ¡Ajá! – Rugió de dolor.

- Aléjate de ella – su espíritu se iluminó, su voz seria.

– No vale la pena – respondió Taviño, irritado.

– ¿Cómo no? Gracias a tu aporte, a tu influencia, Valeria quedó embarazada. Debo admitir que el camino no fue nada elegante, pero logramos nuestro objetivo.

– Esto me irrita profundamente. Debería ser papá del niño. Valeria y mío.

– Tonterías – dijo Eliel, el espíritu de luz – . Valeria quedaría embarazada de Darío de todos modos. Precipitaste el embarazo y la muerte de Darío.

- ¿Ahora soy responsable de su muerte?

– Eso no es lo que dije – dijo Eliel, con voz tranquila.

– Tú, desde la luz, no dices que todo pasa por libre albedrío?

– Sí. ¿Y de allí?

– Sabía que Darío moriría en ese accidente. Solo quería participar en el evento. Me alegré que se alejara de Valeria. Por otro lado estaba triste porque Darío era el único vínculo que me unía a ella, ahora sin él cerca no tengo forma de acercarme, pero encontraré la manera.

– No podrás hacerlo por ahora – dijo Eliel, pacientemente –. Valeria está embarazada y tiene protección extra. El espíritu que lleva en su vientre es mi amigo y no dejaré que nada ni nadie se interponga en el camino del embarazo.

– ¡Oh! Era justo lo que necesitaba – protestó Taviño –. Esperaré los meses restantes. Pronto me aferraré a alguien y haré que esa persona se interese por Valeria. Y la amaré de nuevo, ya lo verás.

– No lo harás.

– ¡¿Cómo?! Solo porque eres parte del ala iluminada del universo, ¿crees que puedes prohibirme?

– No solo prohibir sino amenazar. Valeria cambiará mucho después del embarazo y ya no tendrá afinidad energética contigo. Mejor trata de encontrar a alguien más que te satisfaga o si no...

- ¿Sino que?

– Bueno, vendrás con nosotros.

– ¿Para qué? – Murmuró Taviño – . ¿Para vivir en medio de campos de trigo? ¿Pasarás el día tocando el arpa y meditando? Estoy fuera.

– ¿Quién te dijo que lo nuestro es así? Te recibieron en un Puesto de Socorro y luego huiste. Llevas unos cuantos años vagando por aquí en el planeta.

– Ve televisión. Fue en una telenovela.

– Buen error – sonrió Eliel – . Nuestra ciudad está ocupada, muy ocupada. Trabajamos, estudiamos, tenemos muchas responsabilidades. El espíritu cuando sale de la Tierra tiene más actividades que cuando encarnó.

– No lo creo.

– Compruébalo tú mismo, Taviño. Ven y pasa un día conmigo. Si no te gusta te dejo libre para regresar al planeta. Sin embargo, debes saber que no podrás acercarte a Valeria.

Taviño sintió mariposas en el estómago.

– Ella es mía.

– Olvida esa posesión. Estás atrapado en la adolescencia. Sigues teniendo dieciocho años.

– Hice los cálculos. Si estuviera vivo, tendría veintitrés años.

– Con cabeza de chico imprudente. Muchos de tus amigos en el planeta ya se han casado, otros están estudiando y algunos de ellos morirán pronto. La vida cambia para todos.

– Y morí – dijo en tono abatido.

– Desencarné, morí, lo que sea. No cumplí diecinueve años, no tuve otras novias, no tuve la oportunidad de conocer otras personas, de estudiar, de ser alguien en la vida. No es justo.

– La naturaleza no hace nada malo – corrigió Eliel, amablemente – . Tu tiempo fue corto. Fuiste muy irresponsable en tu última encarnación. Podrías haber vivido muchos años, pero te lanzaste al juego y a la bebida. Falleciste muy temprano.

– Charla inútil. No recuerdo nada de eso. Mi nombre es Octavio Mendes Leyte Junior, alias Taviño. Tuve una infancia rica, pero nunca tuve el amor de mis padres. No tuve hermanos, crecí solo y, cuando cumplí catorce años, mi padre me regaló una moto. Luego me dejó tomar su auto para aprender. Mi padre nunca me puso límites. Si él fuera más enérgico conmigo, estaría vivo.

– Hum, no culpes a tu padre por tu muerte. Eras responsable de tu propio cuerpo.

Taviño, después de muchos años, sentía una profunda melancolía. Solo tengo la impresión que Valeria fue su más grande amor.

- No. Tu mismo dijiste que nunca tuviste amor

De tus padres. Cuando Valeria te brindaba un poco de cariño y atención, sentías verdadero cariño y la colmaste del amor reprimido que nunca habías sabido darle.

– ¿Por qué nunca recibí amor de mis padres?

– Aprende a valorarte y amarte incondicionalmente. Conscientemente o no, solo has cosechado a tus padres en esta encarnación. Siempre atraemos a padres perfectos para nosotros. Todo depende de nuestra vibración, del patrón de nuestros sentimientos y creencias a lo largo de muchas vidas.

Taviño pensó por un momento y una rápida imagen de su penúltima vida pasó por su mente. Se vio tirado en una acera, borracho y sin control sobre su cuerpo.

– Deja atrás el pasado y ven conmigo – invitó Eliel – . Como dije, donde vivimos no arrestamos a nadie. Todos son libres de quedarse o irse.

- No lo sé – Taviño vaciló.

– Vamos. Solo un día.

– Está bien. Yo voy, pero, ¿prometes que Darío no se acercará a ella?

– Darío está en la misma sala de emergencias que te recibió. El trauma del accidente fue muy fuerte. Seguirá hospitalizado durante varios meses. Ten por seguro que, en estos meses en los que Valeria dará a luz a este niño, ningún espíritu con influencias negativas se acercará a ella.

Taviño asintió y luego los dos espíritus desaparecieron de la habitación.

En ese momento, Valeria sintió una ligera brisa tocar su rostro. Ella sonrió y recogió su bolso. El miedo a quedar embarazada había disminuido, pero aun persistía una incómoda sensación de inseguridad. Se sacudió sus pensamientos con las manos y bajó las escaleras con Natalia y Adamo. El conductor los estaba esperando.

– ¿Dónde están la señorita Elenice y Milton? – Preguntó, mientras se acomodaba en el asiento trasero del Opala.

– Ya están en el aeropuerto – aseguró Natalia. La amiga subió al auto y Valeria le estrechó la mano.

– Todo estará bien, Valeria. Confianza.

Valeria asintió y el auto salió de la mansión Morumbi. Poco después estaban en Congonhas, listos para el viaje.

Minutos antes de abordar, alguien tocó el hombro de Valeria. Ella se giró y abrió mucho los ojos, asombrada.

– ¡¿Tomás?! – Preguntó sorprendida –. ¿Qué estás haciendo aquí?

– Vine a despedirme.

Valeria tragó. La presencia del joven la afectó mucho.

– ¿Dónde está Marion?

– Está filmando una película en Río de Janeiro. No sé cuándo nos veremos.

– En un rato estaré embarcando.

– Lo sé. Quiero que sepas cuánto me gustas - Valeria sintió que le temblaban las piernas.

- No está bien, Tomás. Te casarás con Marion.

- Si me dices que no me case, no lo haré.

- No digas eso.

- Te amo Valeria. Por favor dame una oportunidad.

Valeria se pasó la mano por el vientre y se acordó del bebé. No tenía las condiciones emocionales para iniciar un romance. Algo dentro de ella quería gritar que sí. Pero prevaleció la razón. Recordó al hijo que llevaba dentro y el temperamento posesivo de Marion.

- "Todo lo que necesitaba ahora era que esta loca me persiguiera", pensó.

Tomás quedó profundamente conmovido.

- Por ti haré cualquier cosa.

- ¿Por qué me cuentas esto ahora?

- Porque me di cuenta que eres a ti a quien amo.

- Marion está loca por ti.

- ¡Qué nada! – protestó Tomás, con un movimiento de la mano –. Marion está interesada en mí porque mi padre tiene contactos con productores de cine en el extranjero.

Valeria tuvo ganas de arrojarse a sus brazos y hacer girar a Tomás con su cuerpo entrelazado con el de él, como en las películas románticas americanas con final feliz.

Tomás continuó:

– Déjame ir contigo a Italia - Valeria sonrió.

– Eres especial, Tomás. Te juro que si fuera en otro momento aceptaría tu petición.

- Acéptalo, vamos.

- Sin embargo, esto ahora es inviable.

- ¿Por qué?

- Porque yo...

Adamo apareció y dijo pacientemente:

– Nuestro vuelo sale en breve.

– Estaré ahí, tío, un momento.

Adamo saludó al joven con un gesto y se alejó.

– ¿Qué estabas diciendo? – Preguntó Tomás.

– Nada. Necesito irme.

Valeria inclinó la cabeza y besó a Tomás en la mejilla, cerca de los labio. Sintió un escalofrío de placer y se sonrojó. Luego se giró y aceleró sus pasos hacia su tío y Natalia. Tomás sacudió la cabeza hacia un lado y se alejó, en voz baja y triste. Muy triste.

La despedida fue emotiva. Valeria estaba sensible por el embarazo y lloraba mucho. Una hora más tarde, el avión despegó. Elenice y Milton acompañaron a los tres y luego corrieron al piso superior donde pudieron ver despegar los aviones.

– ¡Que Dios proteja a nuestra niña! – dijo Milton.

– Él la protegerá, sí – respondió Elenice conmovida –. Natalia estará muy feliz. Tendrá una gran carrera y se casará con el hombre que realmente ama.

Milton rodeó la cintura de su esposa con el brazo. Sonrieron felices.

Capítulo 18

Gisele estaba radiante y feliz. Había llegado el día en que finalmente se libraría del desastre de Olair.

– Tardó un poco, pero llegó. Hoy me deshago de este estúpido cerdo.

Llevaba su mejor conjunto, un mono dorado de poliéster, con un enorme pantalón acampanado y zapatos de plataforma que la hacían muy alta. Gisele se maquilló. Se delineó los ojos con lápiz negro y usó lápiz labial rojo. Se roció una cantidad excesiva de perfume barato en el cuerpo. Miró su reflejo en el espejo del baño.

– ¡Así se hace, niña!

Se lanzó un beso y se fue sonriendo. Fue al bar de Rodinei. Cuando la vio, sonrió y se alejó de los clientes. Le indicó que rodeara el mostrador y se dirigiera al fondo de la barra.

– ¿Y qué? – Preguntó ansioso –. ¿Y hoy vamos a echar al viejo de la casa?

Gisele sonrió e hizo un puchero:

– Sí. Hoy esa casa será nuestra. Todita ¡guau!

– Lo siento por Olair.

- El idiota confió ciegamente en mí.

Me regaló la casa con un beso.

– Un tonto. Merece ser condenado – Gisele abrió la camisa de Rodinei y enredó su dedo en el pelo de su pecho – . Y nos vamos a amar para siempre, ¿no?

– Claro que si cariño. Si no fuera por ti, no tendría esa casa.

Gisele miró su reloj.

– Es la hora. El idiota ya debe haber cerrado la sastrería y está de camino a casa. ¿Aparecerás en media hora?

- Hum, hum - dijo afirmativamente –. Voy a cerrar el bar temprano y correré allí.

– Entonces vale. ¿Ves lo hermosa que me veo? – hizo un puchero, mientras giraba su cuerpo.

– Te pasaste un poco con el perfume.

– Luego me lo quitas, en la ducha – dijo insinuantemente.

Rodinei la besó prolongadamente en los labios.

– Ahora vete. Haz todo como lo planeamos.

– Está bien.

Gisele volvió a besarlo en los labios y se fue. Llegó a casa en unos minutos. Entró, encendió la luz y corrió al dormitorio. Miró a la vuelta de la esquina y sonrió.

– Olair todavía tiene que agradecerme. Empaqué sus maletas.

No saldrá de casa solo con la ropa que lleva puesta.

Luego se acostó en la cama, estiró el brazo hasta la mesita de noche y encendió la radio. Se puso a tararear una canción muy popular en la época, en la voz de Barros de Alencar:

Sé que un hombre no debería llorar

Para que una mujer lo abandone

Ya no me interesa tu amor

Porque todas mis lágrimas, un nuevo amor se ha secado

Olair entró en la habitación y preguntó, con una extraña sonrisa cubriendo su rostro.

– Es hermoso verte cantar así, querida.

– ¿Te gustó? – Preguntó Gisele al mismo tiempo que apagaba la radio.

– Me gustó. Y ardo en las ganas de tenerte.

Olair habló, se quitó la ropa rápidamente y se arrojó sobre Gisele en ropa interior y calcetines. Giró su cuerpo y se levantó de la cama. Saltó y Olair cayó sobre el colchón.

– ¡Traviesa! ¿Quieres jugar con papá?

– No.

Gisele cambió de tono. Empezó a hablar rápidamente. Estaba cansado de fingir. Y más cansado aun de dormir con ese cerdo.

– ¿Que pasó?

– Nada, vístete y prepárate para salir.

Olair no entendió. Se sentó en la cama y se pasó la mano por la cara.

– No recuerdo haber planeado un viaje. ¿A dónde vamos?

– Mejor cambia la pregunta. ¿Hacia dónde vas? – Preguntó, poniendo énfasis en el tú.

- No entiendo.

– Mira hacia la esquina de la habitación – señaló Gisele.

– ¿Hiciste las maletas? Viajemos y ¿ya está? Y aquí estoy pensando en nuestro viaje a Bariloche. Eres más rápida que yo. ¡Maldición!

– No, Olair. Deja de ser idiota, hombre. ¿No ves que son tus maletas? Quiero que salgas de esta casa inmediatamente.

– ¿Qué quieres decir con salir de casa?

– ¿Además de ser estúpido y sordo? – Gisele estaba irritada –. La fiesta terminó. El matrimonio falso también. No te quiero más.

– ¿Así de simple? – Olair estaba tratando de ordenar sus pensamientos. Fue difícil ordenarlos. Era demasiada información para procesarla en tan poco tiempo.

– Quiero que salgas de mi casa.

– Nuestra casa. De hecho, mi casa. Yo fui quien la compró. Tú eres quien debería irse. Gisele se rio.

– ¡¿Yo salir?! No. Quien se irá eres tú. Ahora.

Olair estaba irritado por la insistencia de la mujer. La cara comenzó a ponerse roja por el odio.

– La casa está a nombre de Rodinei, idiota. Lo hago así – chasqueó los dedos – y me entrega la casa. Por supuesto, después que me separe de ti, es normal.

Habló, saltó sobre la cama y saltó con sus manos sobre el cuello de Gisele. Sus ojos se abrieron como platos. Sintió la furia del hombre. Intentó defenderse, arañando la espalda de Olair, mientras rogaba mentalmente que llegara Rodinei. Éste apareció acompañado de dos hombres, muy fuertes y con caras aterradoras. Ordenado:

– Basta, ustedes dos.

Olair permaneció pegado al cuello de Gisele. Rodinei asintió y los dos brutos se acercaron y lo arrancaron. Tiraron al hombre sobre la cama.

Olair gruñó y miró a Rodinei.

– No sé quién te hizo venir aquí, pero fue por Dios. Si no vinieras, te juro que mataría a esta perra.

– No será necesario – dijo Rodinei, su voz tranquila, pero fría como el hielo.

– Ahora, por favor, Rodinei, saca esta vulgar de mi casa. De mi casa – enfatizó.

– Ya se va – respondió Rodinei –. Primero, necesito que tomes tus maletas y te vayas.

– ¿Qué? – Olair no entendió.

– Toma tus maletas y vete, Olair. Tienes un minuto para salir de esta casa antes que mis hombres se ocupen de tu vida.

– Es Gisele quien debe irse – dijo Olair – . Esta casa es mía.

La rubia intervino, nerviosa:

– Estúpido. ¿Creías en Rodinei? ¿Crees que era tu amigo y te hizo un favor? ¿De verdad crees que te va a devolver tu casa? ¡Despierta hombre! Fuiste engañado.

– Engañado – corrigió Rodinei – Engañado, efectivamente. Olair miró de Rodinei a Gisele y luego a Rodinei. El disco había desaparecido.

- Usaste mi buena fe para tomar mi casa.

- Sí.

- ¿Quieres quedarte con la casa por la que tanto sacrifiqué? ¿Pagarla antes de tiempo en el banco?

- Exactamente.

– Iré a la Justicia. Esta casa es mía.

– Es inútil, Olair. Fuiste muy estúpido. Hiciste que tu esposa firmara el contrato de compraventa.

– Era un contrato de cajón. Puedo deshacerme de él en cualquier momento.

– Negativo, amigo.

– ¡No me llames amigo! – gritó Olair. Rodinei sonrió y continuó:

– Fui a la notaría y firmé la escritura a mi nombre. Esta es mi casa y nadie la ocupa. Ahora puedo pensar en casarme y tener un hogar, formar una familia. Esta casa no es una mansión, pero está ordenada y es de buen tamaño. Después de una buena renovación, será un pendiente – dijo, mientras se llevaba el pulgar y el índice a la oreja.

– Eso no puede ser cierto.

– Claro que sí, idiota – gritó Giselle –. Rodinei hizo paja de ti. Ahora toma tus maletas y vete. Saldrás de aquí como lo hiciste con tus hijas.

Olair sintió que se le subía la sangre. Tenía los ojos inyectados en sangre de furia. Nunca se había sentido tan enojado en su vida, ni siquiera cuando golpeaba a Josefa o les daba con el cinturón a las niñas. Incluso sintió una pizca de placer. Un placer sádico. Quería matar a la pareja criminal. Pero esos brutos eran tipos muy grandes e, inevitablemente, él se llevaría la peor parte.

Olair pensó y pensó. Parecía estar perdido. Mil escenas pasaron por su mente confusa y llena de odio. Se levantó e iba a decir algo, pero no tuvo tiempo. Sintió una punzada aguda y se llevó las manos al pecho.

– Me las pagas... – tartamudeó. Y cayó duramente al suelo. Olair sufrió un infarto masivo.

Murió instantáneamente.

Gisele miró el cuerpo y lo tocó con la punta del pie.

– ¿Está muerto?

– Eso parece – dijo Rodinei.

Se agachó y colocó dos dedos en el cuello de Olair.

- El viejo no pudo soportar semejante emoción.

- ¿Qué tengo que hacer?

Llama a la policía ahora mismo. Tu marido estaba muy feliz. Quería amarte, se excedió en sus juegos sexuales y tuvo un ataque. Sucede todos los días. Cosa normal.

– Tengo miedo de la policía.

– Estás casada; es decir, estuviste casada con el difunto.

- Olair está herido.

– Tiene la espalda rayada.

– Una razón más para creer que Olair murió mientras lo estaban haciendo – dijo Rodinei.

Gisele estuvo de acuerdo. Fue al pasillo y cogió el teléfono. Llamó a la policía.

Luego de firmar los papeles y enviar el cuerpo de Olair al Instituto Médico Legal, Gisele corrió a la casa de Celia y Ariovaldo para informarles de su muerte. Pidió, fingiendo melancolía, que llamara y se lo dijera a sus hijas. Celia y Ariovaldo recibieron la noticia con cierta tristeza.

No eran amigos de Olair, pero sentían compasión por él. Sabían que había puesto su pie firme y estaba completamente sumergido en el mar de las ilusiones del mundo.

Después que ella se fue, Celia cerró la puerta y sintió un escalofrío recorrer su cuerpo.

– ¿Qué pasa, amor mío? – Preguntó Ariovaldo, preocupado.

– Vaya, algo malo se le ha pegado a Gisele. No pude identificarlo.

– Debe ser por la muerte de Olair. Debe estar perturbada.

– ¿Perturbada? ¿Gisela? Ni lo pienses. No sentí ni una gota de tristeza por parte de ella. No se siente triste por la muerte de Olair.

– ¿Lo crees?

– Puedes apostar. Sin embargo, aquí no nos corresponde juzgar a los demás. Sentémonos en el sofá y oremos por el espíritu de Olair. Siento que no se encuentra bien – concluyó Celia.

Gisele cerró el portón de la casa de Celia y se rio.

— El pedido salió mejor de lo esperado. Tenía miedo que Olair viniera a por mí, me acosara e hiciera de mi vida un infierno. Pero el idiota tenía el corazón débil y – pluff –, se murió. Pobrecito. Necesito prepararme para el velorio y parecer una viuda triste para esas chicas, impasables. Haré cualquier cosa por el hombre que amo y por la casa que heredamos – dijo entre dientes.

Gisele dobló la esquina y no notó una figura ennegrecida prácticamente pegada a ella. Olair se había desencarnado y su periespíritu se había desprendido inmediatamente del cuerpo físico. Su espíritu, lleno de rencor y de odio, permanecería detrás de Gisele durante mucho tiempo.

— Pobrecita – dijo, en tono enojado y sombrío.

— Prepárate porque, a partir de hoy, transformaré tu vida en un mar de infelicidad. ¡Puedes apostar!

~ 0 ~

Eugenio convenció a Alzira para alquilar una pequeña habitación cerca de casa, en una transitada avenida, para montar su establecimiento comercial, fabricando y sirviendo dulces y tartas saladas.

— Siento mariposas en el estómago solo de pensar en tener mi propio negocio – dijo, emocionada. Eres competente, sabes lo que estás haciendo.

— No entiendo la administración.

— Apréndelo. Ve a tomar cursos al respecto. Tu tía Lourdes te ayudará mucho y estoy seguro que la tienda será un éxito – dijo Eugenio sonriendo, mientras la abrazaba por detrás y felizmente elegía el nombre del negocio.

~ 0 ~

Marion notó el interés de Tomás por Valeria. Estaba furiosa.

— ¿Ahora que el papá de Tomás me va a conseguir una entrevista con productores americanos? No puedo perder este hombre ahora. ¡Ahora no! – Gritó con fuerza, mientras formulaba una manera de reconquistarlo y tenerlo por el tiempo que quisiera.

Tan pronto como Valeria se fue a Italia, Marion corrió a contarle a Tomás sobre el embarazo de su amiga.

– Valeria está embarazada de Darío. Siempre supe que ella lo amaba – dijo, en un tono lleno de fingimiento.

Tomás escuchaba todo en silencio y, cuando estaba a punto de pensar en estar solo y repensar su vida afectiva, Marion llegó con una sorpresa que lo haría perder el rumbo: estaba embarazada y debían casarse, inmediatamente. I

A finales de ese año, Valeria dio a luz a un hermoso niño, llamado Federico. Dos años después, Arlete y Osvaldo se casaron y, en el verano de 1980, nació su hija, Olivia.

El tiempo pasó y la vida, tejiendo inteligentemente la red de sus coincidencias, hizo que, muchos años después, Olivia y Federico se encontraran. O mejor aun, se reencontraran.

Parte II

El Rechazo entre padres e hijos

Capítulo 19

Alzira terminó de firmar unos cheques y se los entregó a Lourdes.

– Ahí tienes, tía. Estos son los últimos cheques por la compra del punto en el centro comercial. Otra tienda ¡Mira los lirios! – Exclamó con placer.

– Me quedo preocupada. ¿No crees que estás yendo demasiado lejos? – Preguntó Lourdes, angustiada.

– Sé que estás nerviosa por los errores que cometimos al principio; pero aprendimos de la manera más difícil.

– Después de los cursos que hicimos en el SEBRAE nos convertimos en las empresarias exitosos. Fracasamos principalmente en dos cuestiones fundamentales: la planificación y estructuración previa y la gestión del negocio. Son aspectos a los que no podemos dejar de prestar mucha atención. Todos los esfuerzos que hicimos para aprender, y fueron muchos, han apoyado la viabilidad de nuestro negocio hasta la fecha.

– ¿Y por qué el miedo? – Preguntó Alzira sonriendo.

– Tienes razón. Nunca pensé que tuviéramos más de una tienda. Me conformé con tener la tienda en São Bernardo do Campo.

– Esta nueva tienda en el centro comercial nos traerá más prosperidad. Continuaremos por un camino ascendente de progreso.

– Tienes razón – asintió Lourdes –. Me jubilé y nunca pensé que tendría una vida tan ocupada, es bueno sentirse útil y hacer lo que te gusta, aunque seas mayor.

Alzira se levantó de la silla y abrazó a su tía.

– ¡Imagínate, vieja! Te ves muy bien para alguien de más de sesenta años. Todavía tienes la oportunidad de encontrar pareja.

– ¿Yo? Eso no es para mí. Soy muy independiente.

– Dejaste de jugar a las cartas y vas a cenar con baile los viernes. Hay un puñado de hombres a tus pies.

– Tengo mucho trabajo.

– Trabajo, lo sé... Veo como algunos clientes vienen a nuestro establecimiento solo para verte.

Lourdes se sonrojó.

– No digas tonterías.

– Es cierto, tía. El señor José del negocio, por ejemplo. No deja de enviarte notas.

– No quiero saber de José, de Manuel, de nadie. El asunto emocional está cerrado en mi corazón.

– ¿Solo porque tuviste un desamor hace años? ¿Crees que es justo cerrar el corazón y no estar con nadie?

Lourdes se estremeció y extrañó a su novio.

– ¡Dios mío! Han pasado más de cuarenta años y no puedo olvidarlo.

– ¿Por qué no vas tras él? Al menos para saber si todavía está vivo.

– Ni siquiera pienso en eso – objetó Lourdes –. Él es quien debe buscarme. Si no me ha buscado, ¿por qué debería estar aquí? Hoy me arrojan a los brazos de la otra persona por la que me cambiaron.

Alzira volvió a abrazar a su tía. Entendió por qué Lourdes actuó de esa manera. Un poco tomada por una sensación de amplitud de conciencia, dijo amablemente:

– Sabes tía, cuando una relación romántica termina, es común que nos sintamos deprimidos, sintiéndonos desanimados. Nos sentimos tentados a buscar a alguien, más aun cuando no eras tú quien quería romper. Quedarnos abandonados por otro, sentirnos abandonados, que nos dejen aquí puede causarnos un gran daño – Alzira señaló su pecho –; sin embargo, esto se puede superar con el tiempo. El problema ocurre cuando te sientes rechazado e incapaz de buscar una nueva relación y, ante dicho rechazo, surge el miedo a quedarte solo por el resto de tu vida.

– En cierto modo, eso es lo que me pasó a mí – dijo Lourdes, entre lágrimas.

Alzira meneó la cabeza de arriba abajo y continuó:

– El rechazo está directa y profundamente relacionado con la baja autoestima.

– No es fácil superar el abandono.

– Porque te sientes totalmente insegura, te sientes rechazada y este sentimiento afectó mucho la forma en que elegiste relacionarte todos estos años. Intentaste distanciarte de los hombres, colocando una valla alrededor de tu corazón, como si esa valla imaginaria fuera capaz de hacerte dejar de sentir.

Lourdes quedó profundamente conmovida. Una lágrima se le escapó por el rabillo del ojo.

– Las personas pueden afrontar mejor el rechazo cuando tienen mucha confianza – dijo, tratando de sentirse fuerte.

Alzira asintió y continuó:

– Cuando se sienten muy seguros y cuentan con varios pilares de apoyo, como una buena estructura familiar, un trabajo agradable y, sobre todo, confianza en sí mismos. Tienes todos estos pilares y, por cierto, están muy bien estructurados.

– Lo sé pero...

– Tía, esto lo aprendí con los años. Cuanto menor sea la autoestima y mayor la inseguridad, más difícil será afrontar el sentimiento de rechazo. Y esto puede repetirse durante toda la vida.

- Ya pasé la edad de tener relaciones.

– ¿Dijiste que hay un límite de edad para tener una relación?

– Adquirí muchos hábitos. Ya no tengo el sueño del amor. En el fondo me gustaría encontrar pareja, alguien con quien hablar, salir... pero casarme no está en mi cabeza. Tengo mi casa, mi dinero y soy dueña de mi trabajo y de mi nariz. ¿Me casaré? ¿Tener problemas? ¿Para qué?

Alzira se rio. Lourdes continuó:

– La sociedad tampoco acepta que una mujer de mi edad pueda amar. Puede que mi cuerpo haya envejecido, pero mi alma aun es joven.

– No podemos llamar a la sociedad, tía. Sé lo que es recibir los dedos acusadores de la gente. ¿Recuerdas cuando regresé de mi viaje de luna de miel? El mundo esperaba que estuviera embarazada.

– ¡Sí, lo recuerdo! – Eugenio y yo elegimos no tener hijos y somos crucificados por mucha gente, es como si al elegir no ser madre estuviera cometiendo un gran pecado.

– Solo porque naciste mujer no significa que estés obligada a tener hijos.

– Gracias a Dios me entiendes. Incluso consideré la posibilidad de tener un hijo. Sin embargo, después que Olivia nació y empezó a venir a mi casa, ya no sentí la necesidad.

– Eres más madre de Olivia que Arlete.

– No hice nada malo. Es pura afinidad. Arlete no entiende a la hija y viceversa. Han vivido en este conflicto desde siempre. Arlete quiere todo a su manera y Olivia es dura, como su madre. Intento, a mi manera, que Olivia acepte a su madre más naturalmente.

– ¿Por qué están tan asustadas entre ellas?

– Todo se explica entendiendo que nacemos y morimos muchas veces, tía. La reencarnación explica perfectamente el caso de mi hermana y mi sobrina. Sé que hay un sentimiento de amor que uno tiene por el otro, pero, por otro lado, percibo cierto distanciamiento entre las dos, un fuerte sentimiento de rechazo.

– Arlete nunca rechazó a su propia hija – protestó Lourdes.

– Olivia siempre ha rechazado a su madre, desde que abrió los ojos. ¿Recuerdas cómo lloraba cada vez que Arlete la sostenía en sus brazos?

– Eso es muy cierto – asintió Lourdes –. Olivia solo podía dormir en los brazos de Osvaldo, en los míos o en los tuyos. Y nunca noté ningún comportamiento por parte de Arlete que pudiera hacer que su hija rechazara a su madre.

– Hago todo lo que puedo para asegurarme que ambas se lleven bien. Creo que esta extrañeza proviene de vidas pasadas.

– Pensando así, es natural que este sentimiento de animosidad entre ellas sea algo relacionado con el pasado.

La conversación tomó esa dirección y pronto fue interrumpida por un golpe en la puerta de la sala. Los ojos de Alzira y Lourdes se abrieron cuando vieron entrar a Olivia, nerviosa, llorando. La niña corrió hacia Alzira y la abrazó.

- Tía, ya no quiero volver a mi casa. Nunca más.

– ¿Por qué?

– Mi madre... ¡Ya no soporto a mi madre! – Exclamó, entre sollozos.

– ¿Qué pasó? – Preguntó Lourdes – . ¿Volviste a pelear con ella?

Olivia hizo sí, mientras sollozaba y seguía apoyando la cabeza en el hombro de su tía.

– Discutimos. Quiere que tome un curso de informática. Contó que cuando era joven tomó un curso de mecanografía y gracias a él consiguió un trabajo. No necesito y no quiero trabajar todavía.

Lourdes intervino amablemente:

– ¿No te prometió tu padre que el próximo semestre te irías de intercambio a Inglaterra?

– Bueno, tía. Después que mi madre se metió conmigo con ese concurso, mi padre también está intentando persuadirme para que no vaya a Inglaterra. Dijo que el inglés se puede aprender en la esquina de tu casa.

– ¡Caramba! – dijo Alzira, mientras acariciaba su sedoso cabello –. Me alegro que no necesites trabajar todavía – enfatizó la última palabra –; sin embargo, tu madre se preocupa por tu futuro y bienestar.

– Ella quiere que haga lo que ella quiera. Estoy cansada de ser un juguete en sus manos.

– No exageres – aconsejó Lourdes –. Arlete realmente se preocupa por ti. Quiere que desarrolles tus habilidades.

– ¿Haciendo informática? - Las dos no respondieron.

– Quiero hacer un intercambio y luego un curso de teatro en Inglaterra. ¡Quiero ser una actriz! - La chica habló y volvió a llorar en brazos de Alzira. Mientras Olivia rompía a llorar, Alzira miró a Lourdes y ambas negaron con la cabeza. La historia era siempre la misma y parecía que nunca terminaría...

Desde que empezó a balbucear sus primeras palabras, Olivia tuvo la misma idea: cuando fuera adulta, sería actriz. Al padre le pareció genial la idea y se jactó de ello. Arlete no se conformó con los deseos de su hija.

– Mi hija no nació para el escenario. Olivia será una joven correcta.

– ¿Qué es eso? – preguntó Osvaldo – . Estamos casi en el siglo XXI y hablas como si viviéramos hace doscientos años.

– Tú le haces todos los caprichos a esta chica – Arlete apretó los dientes.

– Lo hago y lo haré siempre que pueda, siempre y cuando los caprichos la hagan feliz.

Para empeorar las cosas, Olivia nació con un estrabismo convergente leve, una de las formas más comunes de estrabismo. Su ojo izquierdo estaba ligeramente desviado hacia adentro, como si el ojo desviado estuviera mirando su propia nariz. En resumen, Olivia tenía un ojo entrecerrado.

A medida que la visión se desarrolla completamente alrededor de los siete u ocho años, el diagnóstico temprano ayuda enormemente para obtener un resultado altamente satisfactorio, consiguiendo prácticamente la curación. Osvaldo pronto intentó consultar un médico especialista en estrabismo, un oftalmólogo especializado. Olivia llevaba un parche en el ojo y, a los quince años, todavía llevaba gafas. Su estrabismo había mejorado mucho, aunque todavía presentaba una ligera desviación del ojo.

La visión no se había visto comprometida, pero sí la apariencia. La niña sufría chistes malos en el colegio. Bizca, ojo torcido y otros apodos desafortunados fueron comunes en su infancia y adolescencia. Olivia estaba segura que algún día sería "normal" como sus otras amigas.

Con el tiempo, quiso ser una de las paquitas de Xuxa. Nadie pudo disuadirla de la idea. Cuando se enteró que las asistentes de escena habían alcanzado la mayoría de edad y que un nuevo grupo de chicas de quince años reemplazaría a las anteriores, Olivia acosó a la familia. Hizo que su padre la llevara a Río de Janeiro para participar en la audición. Había cientos de candidatas al puesto.

Arlete había cambiado las fechas de inscripción y, cuando Olivia llegó a la ciudad, las inscripciones se habían cerrado.

– Lo hiciste a propósito – le gritó a su madre, al llegar a casa.

– No le hables así a tu madre – pidió Osvaldo –.

- Ella cambió las fechas.

- Se confundió.

– ¡Mentira! Mamá hizo esto porque no le agrado.

– Imagínate, Olivia. Arlete te ama más que a nada en esta vida. Eres nuestra princesita.

– Soy su princesita. No le gusto – repitió.

– Estoy seguro que tu madre hizo esto por ti.

– Ella no quiere que sea una estrella, papi. Quiere que haga informática, que estudie contabilidad. Dijo que una carrera sólida es aquella que pone dinero sobre la mesa.

– Ella está en lo correcto.

– El papá de Netiño, que estudia conmigo en la escuela, se quedó sin trabajo. Es licenciado en ciencias contables. Fue despedido por reducción de gastos. ¿Cuál es el punto de tener una carrera sólida? Por cierto, papá, ¿qué es una carrera sólida?

Osvaldo no supo qué responder. La hija tenía razón.

Siempre fue de la opinión que una persona debería hacerlo que te gusta, lo que le daba placer. Desde pequeño le apasionó estudiar y comprender las leyes. Se graduó de abogado, aprobó el examen de abogacía y el de funcionario judicial. Unos años más tarde, tras noches y noches de mal sueño, estudiando libros de texto y devorando libros de derecho, logró aprobar un concurso para

Abogado Laboral. Osvaldo amaba lo que hacía y ganaba bien. Se sintió realizado.

Si la hija quería saber sobre el escenario y ser el centro de atención, ¿por qué no dejarla seguir el deseo de su corazón?

Acarició el largo cabello castaño de Olivia.

Abrió una sonrisa.

– Puedes ser lo que quieras.

– Siempre lo supe. Sin embargo, mamá dice que como todavía soy un poco bizca y uso anteojos, nunca seré actriz. Dice por qué dice que las actrices famosas no usan gafas. Ahora puedo usar lentes de contacto, ¿no?

– Puedes. Claro que puedes.

– Hay actrices que son un poco bizcas. Tienen éxito. El estrabismo puede ser encantador, ¿estás de acuerdo?

– Lo creo.

– Papá, déjame hacer un intercambio y conocer Inglaterra.

– ¿Por qué? ¿Quieres separarte de mí? – Preguntó Osvaldo sonriendo.

– De ninguna manera. Después que mamá me hizo esta mala pasada...

Osvaldo la interrumpió:

– Mira el tono. Tu madre no perdió el tiempo - Olivia asintió:

– Bueno, después que mamá accidentalmente – enfatizó – cambió las fechas de inscripción para la audición en Xuxa Park, yo bien podría hacer un ánodo de intercambio. Luego, si me gusta, puedo repensar mi futuro profesional.

– Aquí tenemos prohibiciones y maldiciones. ¿Por qué hacerlo afuera?

– ¡Da más prestigio, papá! – Exclamó Olivia en broma.

Osvaldo se rio y la besó en la mejilla.

- Vamos a pensarlo.

- ¿Prométeme algo, papá?

- ¿Qué pasa, querida?

- ¿Qué vas a tratar de convencer a mamá para que me vaya de intercambio por un año?

- Mira lo que quieras.

– Es todo lo que más deseo.

– Está bien. Juntos convenceremos a tu madre.

Al llegar de Río, después de haber asimilado mejor el sentimiento sintiéndose derrotada y no haber llegado a tiempo para apuntarse a la prueba de paquitas, Olivia impuso a su madre su deseo de realizar el intercambio.

Demasiado joven para salir de casa, fue la seca respuesta.

– ¿Y si hiciera un curso de teatro?

– ¡No lo pienses! – objetó Arlete –. ¿Artista de la familia? Nunca. Mil veces nunca.

– Me hiciste perder la prueba de paquitas. ¿Ahora me vas a prohibir hacer un intercambio o un curso de teatro?

- Lo haré.

– ¿Qué es esta vida? ¿Cómo puedes ser tan mala?

- Estoy haciendo esto por tu bien.

- ¿Por mi bien? – Olivia se quedó atónita, abrió mucho los ojos y dijo –. ¡Siempre encuentras la manera de meterte conmigo!

Arlete odiaba que Olivia usara esa palabra. Levantó la mano y se acercó a su rostro. La niña la retó:

– Te quejabas que tu padre te pegaba, pero te mueres por ponerme una mano encima. ¿Qué fue? ¿Tú también quieres aprovechar y salir de casa? Arlete recobró el sentido y recordó a Olair y las palizas.

Inmediatamente bajó la mano.

– ¡Me sacas de quicio! – Gritó.

– Solo quiero lo mejor para mí. Quiero ver el mundo, ir de intercambio, ser actriz.

– Vas a estudiar informática – repitió Arlete –. Mecanografié y conseguí un trabajo gracias a eso. Por supuesto, después que su padre aprobara el examen de Fiscal del Estado, que pude dejar mi trabajo en la empresa de autos y dedicarme a la casa y a ustedes.

– Solo te dedicaste a la casa. Nunca me dejaste hacer nada de lo que quería.

– ¿Cómo no? Te llevé corriendo de oficina en oficina para que tu estrabismo pudiera curarse. Hice todo lo que pude para asegurarme que no tuvieras problemas de visión.

– Me arreglaste el ojo, pero no me deja hacer nada que me guste.

– Hija, esto de la actriz no me huele bien. Tienes talento para las artes, pero también tienes un buen sentido de organización. Eres un adolescente y estás llena de sueños. Pronto esto pasará y encontrarás una profesión y...

– ¿Por qué no? ¿Y qué es más? Ser actriz es una profesión como cualquier otra.

– ¡No lo es!

– ¿No entiendes que yo no soy tú? ¿No entiendes que nuestros gustos no coinciden? – Protestó Olivia.

– ¡No más lloriqueos! – gritó Arlete –. Soy tu madre y me debes respeto. Ve a estudiar informática.

- ¡No lo haré!

- Por lo que no realizarás ningún curso ni intercambio. Al menos el intercambio...

No, Olivia. ¿Por qué gastar una fortuna para aprender inglés en el extranjero? Hay una escuela de idiomas a la vuelta de la casa.

Olivia estaba furiosa:

– ¡No es la misma cosa! Y aun hay más: quiero conocer otras personas, otras culturas. Ya no soporto estar atrapada en São Bernardo.

– Me encanta vivir aquí. ¿Ahora puedes quejarte de la ciudad donde naciste?

– ¡Lo distorsionas todo! – Respondió Olivia con tristeza–. No es que no me guste aquí, pero hay un mundo ahí fuera por explorar. Quiero ver el mundo, mamá.

– Conoce mejor el mundo con un curso de informática. Vi un artículo en *Fantástico* que decía que la informática dominará el mundo en unos años. ¿Ves cómo creo que es lo mejor?

– No necesito que pienses por mí. ¡Tengo cerebro! - Arlete estaba perdiendo la paciencia.

– ¡Basta! Y sin televisión durante una semana.

– No voy a ser castigada.

Arlete se acercó a ella y la fulminó con la mirada.

– No me desafíes, niña. Soy tu madre.

Olivia tragó en seco. Se dio media vuelta y salió corriendo. Cerró con fuerza la puerta de la casa. Cruzó la calle y minutos después llegó a su destino. Necesitaba hablar con su tía.

– Solo me entiende tía Alzira – se dijo mientras daba vuelta al jardín y entraba en casa de su tía.

Arlete se llevó las manos a la cara.

– No sé qué más hacer, Osvaldo.

Abrazó a su esposa por detrás. Le susurró al oído.

- Déjala hacer el intercambio. Olivia es muy joven. Tiene quince años. Está en la escuela secundaria. Es buena alumna.

- ¿Sola en el mundo?¿Y para qué criamos a nuestra hija? ¡Al mundo, ahora! Estoy insegura, cariño.

- ¿Qué pasa con el curso de teatro? A ella le gusta.

- Tengo miedo.

- ¿De qué?

Esa sinvergüenza de Gisele era modelo y actriz - Osvaldo se rio a carcajadas.

- ¿Gisela?

– Ese fue el comentario que hicieron en el barrio.

– Tonterías. Gisele nunca fue actriz ni modelo. Fue pura invención.

– No lo sé, Osvaldo.

– Ella es joven y tiene sueños. Si su alma está inclinada para el teatro será una gran actriz. De lo contrario, conocerá a otras personas, de otras culturas, y tal vez se interese por otra profesión. Podría expresarse artísticamente de otra manera. Todo es posible.

– Tengo miedo que Olivia se pierda en la vida.

– Nuestra hija tiene nuestra sangre. Ella nunca daría un paso más grande que su pierna. ¡Nació para soñar, así como yo nací para las leyes y tú naciste para mí!

Arlete sonrió y lo besó en los labios.

– ¡Te conozco desde hace casi veinte años y sigue siendo galante!

- Eres el amor de mi vida.

– Y tú el eres mío – respondió ella, con bondad en su voz.

- No tienes que imponerle reglas demasiado rígidas a nuestra hija solo porque tú y Alzira sufrieron a manos de tu padre.

- Es difícil.

- ¿Por qué razón?

- No quiero que nuestra hija sufra.

No podemos evitar que esto suceda, mi amor. Olivia está creciendo, pronto se convertirá en mujer y tendrá que enfrentarse al mundo. Sufrirá decepciones en el amor, le hará aprende a oír el "no", tendrá que vivir con bromas sobre su leve estrabismo y tendrá que arreglárselas. Siempre fuimos cómplices y decidimos criar a nuestra hija para el mundo, no para nosotros mismos. Tú y yo la amamos mucho y queremos ser amigos de ella. Cada discusión que tienes con ella la aleja más de nosotros.

- Tienes razón. Llamaré a Alzira.

– ¿Para qué?

– Porque Olivia siempre va a casa de su tía cuando se pelea conmigo.

Capítulo 20

Federico se tumbó felizmente en la cama. Estaba radiante y feliz por el viaje a Inglaterra.

– Extraño Europa – se dijo, mientras se levantaba. Se puso las pantuflas y caminó hacia el baño. Abrió la ducha y se dio una larga ducha.

Después de vestirse y perfumarse, bajó al café. Encontró a Américo sentado a la mesa, desayunando y leyendo el periódico.

Federico rodeó la mesa y se inclinó.

– Buenos días, abuelo – saludó, después de besarlo en la frente.

Américo bajó el periódico y sonrió.

- Buenos días.

- ¿Qué tal las noticias?

- La económía parece haber vuelto a la normalidad.

- Sí, abuelo. El Plan Real parece estar funcionando. Debería. Incluyó contribuciones de varios economistas, recibidos por el ministro de Hacienda, Fernando Henrique Cardoso. ¿Sabes que fue por el plan que decidí estudiar economía?

- Y te harás cargo de mis empresas.

– No sé. Quizás quiera tener las mías propias.

– Eres mi heredero, quiero que administres las mías, lo siento, nuestras empresas.

– Hiciste tu parte. Creaste y dirigiste empresas.

Son tuyas.

– Pero algún día serán tuyas también. ¿A quién le dejaré mis bienes?

– A tu hija.

– A Valeria no le gusta ocuparse de mis asuntos. Tu madre siempre fue buena decorando – refunfuñó –. Se convirtió en una profesional altamente reconocida en el mercado. Tienes cariño por los supermercados. Es natural gestionar empresas.

Federico sonrió ampliamente. Se sentía muy bien al lado del abuelo. Él respondió sinceramente:

- Puedes contar conmigo, abuelo. Seré tu brazo derecho.

– Y el brazo izquierdo también – dijo Américo riendo.

– Cuando te retires... - Américo lo interrumpió dulcemente.

– De ninguna manera. Me jubilaré cuando muera. Trabajaré hasta mi último aliento. Si dejo de trabajar, me muero.

– Mejor disfruta de la vida. Has hecho mucho. Creaste este imperio. Podrías dejar un poco de lado los negocios y centrarte más en tu vida emocional.

- ¡¿Yo?! – Preguntó Américo sorprendido.

- ¡Claro!

- Ya pasé la edad de salir con alguien.

- Puedes engañar a mi madre y a mis tíos, pero no puedes engañarme a mí.

– No sé de qué estás hablando – ocultó Américo.

– Te vi el otro día pasando la mano por una foto vieja, muy antigua. Y, por curiosa que sea, después que te acostaste fui a mirar esa foto. No era mi abuela Amelia la que estaba en el retrato.

Américo se movió en su silla. Su respiración estaba alterada por ahora. Se aclaró la garganta y cambió completamente de tema.

– ¿Cómo has pasado la noche?

Federico sacudió la cabeza y sonrió. Conocía bien a su abuelo y sabía cuándo Américo no quería seguir con un tema que le causaba malestar. Tomó un sorbo de café con leche y, mientras untaba queso sobre una tostada, respondió:

- Bien. Dormí bien.

– ¿Sin pesadillas?

– No tuve nada esta noche. Ayer fui con la tía Natalia al Centro Espírita.

- ¿Cómo va su tratamiento espiritual?

– Terminó ayer.

– ¡Gracias a Dios! – dijo Américo levantando las manos. Federico continuó:

– Los médiums me dijeron que estoy prácticamente libre de obsesiones. Y, obviamente, el resultado positivo del tratamiento a largo plazo depende únicamente de mí.

– No entiendo mucho del tema, pero tu tío Adamo me dijo que era un espíritu el que te estorbaba. Así que el éxito del tratamiento no depende solo de ti.

– Tengo que cambiar mi forma de ser – dijo el muchacho, mientras tomaba sorbos de su taza de café con leche – . De hecho, he hablado mucho con el tío Adamo y sé que hay algo en mi comportamiento que obstaculiza este espíritu.

– ¿Por qué te atormentó? Eres un chico tan dulce, tan bueno.

– Los espíritus se acercan a nosotros por afinidad de pensamientos, abuelo. Si estoy bien, atraigo buenos espíritus a mi alrededor. Si no me siento bien conmigo mismo, termino atrayendo espíritus perdidos o enemigos del pasado.

– ¿Qué hacer? – Preguntó Américo, seriamente –. Parece que no tienes forma de mejorar.

— ¡Absolutamente! – dijo Federico, mientras movía la cabeza de un lado a otro en forma negativa –. La lección para deshacernos de la obsesión y cuidar mejor nuestra mente – señaló a su cabeza – es cultivar buenos pensamientos.

— ¿Ves lo inteligente que eres? Eres mi orgullo - Federico se rio.

— Eres mi abuelo y eres sospechoso para hablar.

— De alguna forma. Eres un chico dulce, gentil, inteligente y muy guapo. Por cierto, saliste a mí.

— Miro las fotos antiguas y realmente me parezco a ti cuando eras joven.

— También hay un poquito de tu abuela. Tienes los ojos de Amelia.

— Ojalá tuviera algún parecido con mi madre – Federico habló y se entristeció.

— No te pongas triste. Eres inteligente como Valeria.

— Inteligente, lo sé... – Federico se aclaró la garganta – . A ella no le gusto.

Américo colocó el periódico en la mesa auxiliar. Comprendido el sentimiento del nieto. Federico sintió un gran rechazo por parte de su madre. No entendía si su sentimiento se debía a que era hijo de Darío, o a que tuvo que cambiar el rumbo de su vida al descubrir que estaba embarazada.

Antes de responder, Américo se mordió el labio y cerró los ojos. Rápidamente regresó a un pasado no tan lejano...

~ 0 ~

El embarazo de su hija lo había tomado por sorpresa. Y, al descubrir que Darío era papá del niño, Américo se sintió completamente impotente. Quería que el muchacho se hiciera cargo de su hijo y se casara con Valeria. Américo fue un hombre criado en otros tiempos. Él mismo había dejado embarazada a Amelia y tuvo que asfixiar su amor por otra mujer para comprometerse en matrimonio, a pesar que no amaba a su esposa.

- "En mi época nos casamos por obligación", dijo en pensamiento.

- Sé lo que pasa por tu cabeza – dijo Adamo.

- No sabes.

- Claro que sé. A ti te pasó lo mismo.

- ¿A mí? – Preguntó Américo.

- Sí – respondió Adamo –. Dejaste embarazada a Amelia cuando estabas enamorado de otra persona.

– Fue un desliz. Estábamos en una fiesta, bebimos demasiado. Nos invadió la emoción del momento.

– E hiciste lo que hiciste.

– Perdí mi amor, pero gané otro – refunfuñó Américo –. Valeria y todo lo que tengo. Lo crie solo.

- Deberías estar orgulloso de tu logro.

- Al contrario. Hoy me siento un fracaso.

- ¿Todo porque tu hija quedó embarazada antes de casarse?

- ¡Pues claro!

- Ahora, Américo, te diste cuenta que todo lo que idealizabas para tu hija no se corresponde con la realidad. ¿No es eso?

– Soñé con otra vida para mi hija. Ahora está embarazada y ni siquiera puedo exigir que el papá se haga cargo de la chica y se case con ella.

– Realmente no puede hacer eso. Lamentablemente, Darío murió en ese accidente. Valeria será madre soltera, como tú fuiste padre soltero.

– Ser padre soltero es una cosa. Ser madre soltera... bueno, la sociedad es implacable y hace comentarios sarcásticos a espaldas de la gente.

– ¿Y qué le debemos a la sociedad? – Preguntó Adamo.

– Los tiempos son diferentes y no importa lo que piense la gente, sino lo que tú puedas hacer por tu hija. Apoyarla en este momento es lo mejor.

– Sé de eso. Nunca dejaría de apoyar a mi hija. Nunca la dejaría en la calle por este embarazo.

– No entiendo tu preocupación.

– Rompí mi compromiso y me casé con Amelia. No esperaba que muriera después de dar a luz. Es diferente.

– La forma en que sucedió es diferente, pero el resultado es el mismo para ambos. Después de la experiencia que has vivido todos estos años, lo mejor es aceptar el embarazo de tu hija y ayudarla en todo lo posible.

- Creo que a Valeria le vendría mejor no ir a Italia.

– Bueno, creo que lo mejor es dejarla ir.

– Soy su padre. No puedo permitir que mi hija se vaya a un país desconocido sin mi presencia para ayudarla. Sabes muy bien que no puedo dejar el negocio.

– Entiendo. Natalia y yo estaremos al lado de tu hija. La llenaremos de mimos y cuidados. Este niño nacerá en un ambiente lleno de amor, cariño y comprensión. Posteriormente, Valeria podrá retomar su curso de decoración y graduarse. Ya verás, todo saldrá bien, hermano.

Américo quería creer en esta historia con un probable final feliz. Sin embargo, la historia tomó otro rumbo, pues, durante el embarazo, Valeria entró en crisis depresivas y se golpeó la propia barriga. Milagrosamente no perdió al niño.

Cuando nació Federico, ella no quería tenerlo en sus brazos. Luego, cuando llegó el momento de amamantar al bebé, estaba tan sorprendida que su leche se no salía como si se hubiera congelado y ella preferiría sentir el dolor horrible que intentar amamantar a su hijo.

Pasaron los años y su distanciamiento con su hijo se hizo evidente. Valeria terminó el curso de corazón a corazón, regresó a Brasil y Américo le cedió el estudio como le había prometido. Se asoció con Natalia y, con el tiempo, el establecimiento se convirtió en un estudio de arquitectura muy conocido y respetado en la ciudad.

Valeria se sintió realizada como profesional, pero fracasada como madre, reconoció que mirar a su hijo significaba tener que recordar su fracaso por el resto de su vida. Aquella mañana en la que durmió con Darío en Guarujá se repitió en su mente día tras día, intentó analizarla, pero la escena se repetía.

Pensó, pensó y decidió: lo mejor era alejarse de su hijo. Y así lo hizo. Valeria evitó quedarse en casa. Se sumergió en el trabajo y asumió un proyecto tras otro. Ni siquiera dejó de divertirse. Tenía miedo de involucrarse con otro hombre y quedar embarazada.

Está bien que Valeria se hubiera sentido atraída por Tomás años atrás. Después del nacimiento de Federico, ella intentó establecer contacto con el muchacho. Descubrió que Tomás se había casado con Marion y, según las revistas de celebridades, eran muy felices.

Perdí mi oportunidad de ser feliz, se decía una y otra vez.

Decidida a no involucrarse con nadie más y evitar el contacto con su hijo, Valeria viajaba constantemente fuera del país, alegando que los viajes, las ferias internacionales y los contactos con proveedores extranjeros eran importantes para mantenerse al día y ser cada vez más capaz en la profesión. Federico creció rodeado del amor de Natalia, Adamo y su abuelo. Apenas se casaron, Natalia descubrió que no podía tener hijos, tampoco tenía deseos de adoptar un niño y cuidaba de su sobrino como si fuera su hijo.

El niño a veces la llamaba mamá. Natalia sintió un escalofrío de emoción y luego cambió de actitud.

– Soy tu tía. Valeria es tu madre – decía siempre, incluso en contra de su voluntad. Natalia no quería que Federico se alejara por completo de su madre. Sin embargo, eso es lo que pasó. Él y Valeria apenas se hablaban.

Federico nació bueno; sin embargo, cuando sintió el rechazo de su madre, quedó obsesionado por el espíritu de Taviño.

Al no poder acercarse a Valeria, Taviño comenzó a vagar por el mundo y a alimentarse de la energía de personas que sentían un alto grado de rechazo, pues él se sentía profundamente rechazado, creyendo que Valeria lo había dejado por Darío.

Tras el nacimiento de su hijo, Valeria cambió de actitud y, en consecuencia, el tenor de sus pensamientos. Taviño ya no pudo acercarse a ella, pero descubrió en Federico una nueva fuente de energía para mantenerse en el mundo terrenal. Cuando el chico tenía resentimientos por sentimientos de rechazo, Taviño se acercaba y le agotaba las energías.

¡Cuántas veces Natalia tuvo que llevar a su sobrino al consultorio del médico, creyendo que la debilidad y el malestar del niño eran producto de alguna enfermedad! Adamo le advirtió que el problema de Federico era espiritual. Llevaron al niño regularmente al Centro Espírita y Federico mejoró; sin embargo, cuando el sentimiento de rechazo aumentó por alguna razón, Taviño "se pegó" al chico.

Hasta el día en que Federico se sometió a un complejo tratamiento de desobsesión y se rompieron los vínculos energéticos entre él y Taviño.

– Él va a tener otro resentimiento y yo voy a volver – gritó Taviño, durante la sesión de desobsesión.

Eliel, espíritu amigo y protector de la familia, meneó la cabeza hacia los lados:

– No lo harás. Federico está cambiando el tenor de sus pensamientos. Se está convirtiendo en un chico más equilibrado emocionalmente y aprenderá a lidiar con el sentimiento de rechazo para no salir lastimado más y, en consecuencia, no dejar espacio para que te acerques a él nuevamente.

– Un día cambiará, bajará el su nivel y... - Eliel lo interrumpió:

– Aquí en esta familia ya no tienes más tiempo. Terminó - Los ojos de Taviño estaban inyectados en sangre de furia.

– No quiero morir. Quiero quedarme aquí.

– Falleciste hace más de veinte años. ¿Por qué insistes en quedarte y no aceptar los objetivos de la vida? ¿Por qué no te gusta Darío?

– ¡Era un debilucho! Murió y naturalmente aceptó su nueva condición.

– Y vive muy bien. Darío aprendió a ser menos asertivo, aprendió a equilibrar sus emociones. Trabaja en un Puesto de Socorro cercano al planeta, especializado en acoger a jóvenes que mueren en accidentes de coche y moto.

– Es un tonto. Ya no quería saber nada de Valeria. Ni quiso conocer a su hijo.

- Porque se suponía que no debía saberlo, bueno.

- Tengo miedo de irme. ¿Ir a dónde?

- Hay innumerables lugares para vivir.

- ¿Puedo escoger? – Preguntó Taviño, curioso.

- No. Los lugares en el mundo astral no se eligen por voluntad, como ocurre en la Tierra, sino por afinidad energética. El contenido de tu aura determinará los lugares a los que puedes ir.

– Estoy cansado – se sinceraba Taviño –. Sigo obsesionado con Valeria.

– Estás conectado a este sentimiento debido al pasado. Ya has tenido una relación afectiva con Valeria, así como con Darío y Federico. Por el momento, lo que importa para tu crecimiento espiritual es intentar vivir en armonía con Federico.

- ¿Es cierto que puedo reencarnar? ¿Regresar al planeta?

- Sí. Todos nacemos y morimos muchas veces.

- Quisiera volver. Me gusta aquí.

- Entonces ven conmigo. Te voy a llevar a un lugar muy interesante, lleno de jóvenes como tú. Y hay otras bellezas que te pueden interesar. ¿Qué dices?

Taviño sonrió ampliamente.

- Hum, entonces ¿puedo conocer a una chica y salir con ella?

– Sí, puedes.

– ¡Acepto!

Eliel sonrió satisfecho y, esa misma noche, Taviño lo siguió hasta un Puesto de Socorro cercano a la órbita terrestre.

Después de esa noche, Federico mejoró mucho y, lejos de la influencia de Taviño, empezó a querer deshacerse de ese sentimiento que tanto lo deprimía y, en consecuencia, lo empujaba al contacto con ánimos menos equilibrados.

Animado por Eliel, Federico decidió estudiar en Inglaterra.

Se iría en dos semanas.

~ 0 ~

Américo recordó todos esos años en un abrir y cerrar de ojos. Federico lo llamó realidad.

– Vamos, ¿no me estás escuchando?

– ¿Qué dijiste? – Preguntó Américo regresando al presente.

– Que no le agrado a mi madre.

– Tonterías. Tu madre te ama.

Federico dejó la taza sobre el platillo y se rio.

– ¡Esa es buena! ¿Mi mamá me ama? ¿De verdad crees eso?

– ¡Claro! Puede que no sea como la mayoría de las madres, pero en el fondo Valeria te quiere mucho.

– Es difícil sentirse rechazado por tu propia madre.

Américo tuvo ganas de decir que su nieto, en cierto sentido, tenía razón. Miró a Federico con sentimiento de compasión. Si notó la indiferencia de su hija, ¿qué podemos decir de los sentimientos de Federico hacia su madre? Él no supo qué decir y sintió un gran alivio cuando vio a Natalia entrar a la despensa.

– ¡Buenos días a todos!

Américo se levantó y la saludó. Entonces, Natalia rodeó la mesa y besó a Federico.

- ¿Cómo estás, tía? ¿Dormiste bien?

- Sí. Tuve una noche de sueño agradable. ¿Sin malos sueños?

- No. Ni vi salir al tío Adamo.

- Tenía algunos asuntos que atender y se fue temprano.– dijo Américo.

– Adamo fue al Consulado a hacer el trámite. Estudiar en el extranjero es genial, pero debemos tener paciencia y tiempo para lidiar con la burocracia.

– Le dije al tío que yo me encargaría de todo – dijo Federico.

– Hiciste lo más importante: estudiaste inglés, obtuviste tu certificado y pasaste la entrevista. Conseguiste una plaza en la universidad. La burocracia, en este caso, depende de nosotros.

– Confieso sentirme bastante aliviado.

– Estaba hablando con un amigo y descubrí que no es así, cualquiera que pueda aprobar el examen de competencia – añadió Américo.

– Necesita mucha fluidez en el idioma, abuelo - Américo sintió un orgullo incomparable.

– ¡Mi nieto va a estudiar en la Facultad de Economía de la Universidad de Cambridge, en Inglaterra!

– Federico es un chico muy diligente. Estoy segura que te graduarás con honores – dijo Natalia, mientras se servía un trozo de tarta.

– Ninguna universidad del mundo supera a los más de ochenta premios Nobel vinculados a Cambridge. ¿No es para matar a un abuelo orgulloso? – Preguntó Américo, feliz y sonriente –. Por allí pasaron como estudiantes o profesores iconos de la ciencia, como Isaac Newton, Charles Darwin y Stephen Hawking.

– Es verdad – respondió Natalia.

– ¿Cómo fue el proceso de admisión? – Américo estaba sinceramente interesado.

– Ya sabes, abuelo, los estudiantes que desean ingresar a la universidad para obtener un título inicial envían su expediente, llamado solicitud, a una universidad individual de su elección. En general, la mayoría de las universidades admiten estudiantes interesados en estudiar cualquier materia que ofrezca la universidad. Las entrevistas presenciales son similares a un examen oral y abordan preguntas específicas sobre el programa de materias cursadas por el candidato en los dos últimos años de secundaria.

– Interesante – Américo pasó sus dedos por su bien recortada perilla blanca.

– Este chico va muy lejos – dijo Natalia.

– Y seguro que lo haré – respondió Federico, con un ligero grado de entusiasmo.

Natalia notó el rostro luminoso de su sobrino. Dejó su taza sobre el platillo y miró a Américo. Levantó los hombros y sonrió.

- "Necesito hablar con Valeria - dijo pensativo -. Mi sobrino no puede irse así, sin hablar con su madre."

Capítulo 21

Valeria respondió a las frases de forma lacónica y fría, sin quitar la vista de la modelo.

- Entiendo.

- Él no puede abordar así – dijo Natalia.

- ¿Así cómo?

- Triste.

- ¿Quién te dijo que está triste?

- Siento esto.

Vivirá en Inglaterra. Pagaremos sus estudios. De hecho, Federico tiene una gran oportunidad de crecimiento entre manos y estoy segura que le encantará la experiencia de vivir solo.

– Estoy de acuerdo. Tú y yo vivimos en el extranjero y sabemos lo tremendamente bien que nos ha hecho la vida en Italia. Pero siento que Federico sigue triste.

– ¿Qué tengo que ver yo con esto, Natalia? Si Federico es un chico triste, ¿qué puedo hacer? Ya estaba dispuesto a pagar la terapia. Él se niega.

– El problema de tu hijo no es la terapia, sino la falta de amor.

Valeria suspiró y siguió mirando el dibujo.

– ¿Otra vez esta historia sobre el desamor? ¿Me vas a decir por enésima vez que Federico creció así por mi culpa?

– ¿Y no fue así? – Preguntó Natalia, cambiada –. Nunca te gustó tu hijo.

– No es cuestión de si me gusta o no, eres muy dramática – dijo Valeria.

Terminó de retocar el modelo.

– Listo. Al cliente le encantará. Si tengo éxito con este proyecto de decoración, seremos ricas.

– Ya lo somos – respondió Natalia, rápidamente –. ¿De qué sirve tanto dinero si te sientes tan triste?

– No me siento triste.

– Claro, se me olvidó el detalle: estás triste.

Valeria estaba exasperada.

– ¿Te tomaste el día para molestarme? ¿Qué fue? ¿Peleaste con Adamo?

– No, no peleé con mi marido. Está todo muy bien. No me gusta tener que mirar a mi sobrino y ver sus ojos tristes.

- No lo mires.

– ¿Cómo puedes ser tan fría, Valeria?

– No soy fría. Federico es prácticamente un hombre. Pronto cumplirá veinte años. Descubrirá un país fantástico, otra cultura, conocerá gente interesante, se graduará, encontrará una buena esposa y será feliz.

- ¿Por qué le rechazas tanto?

- Hablas como si mi hijo me repugnara.

¿Y no lo sientes?

– No es eso. Te lo he dicho un millón de veces. Mirar a Federico me recuerda esa mañana, hace años. Estaba débil y me acosté con Darío. Nunca me perdonaré por este momento de debilidad. Nunca.

– ¿No crees que es hora de dejar el pasado atrás? ¿Y por qué te acostaste con Darío? Sucedió y qué pasó...

Valeria la interrumpió:

– Lo que se ha hecho no se puede cambiar. No tengo el poder de volver al pasado y cambiar el curso de la historia.

Adamo entró a la habitación en ese momento. Acababa de escuchar la respuesta de Valeria e intervino:

– No puedes cambiar, pero sí transformarte. La vida te regaló un hijo hermoso, sano, amoroso y lleno de virtudes. Federico es un chico dulce, inteligente y siente mucho tu rechazo.

Cuando Adamo habló, Valeria escuchó. Sabía que su tío era un hombre justo e impersonal. Adamo ayudaba a las personas sin involucrarse emocionalmente en sus problemas. Una lágrima rodó por su rostro.

– Y más fuerte que yo, tío. No puedo tratarlo de otra manera. Cada vez que veo a mi hijo yo... yo... veo a Darío. Y ahora que ha crecido y es un hombre, este es el rostro de su padre. Es mucho para mí.

– Federico no tiene la culpa de nada. No importa que haya sido resultado de un error. Importa que hayas tenido un hijo encantador. La vida te dio la oportunidad de criar un hijo.

– Muchas soñamos con este regalo – añadió Natalia.

– Dices eso porque no puedes tener hijos. No quiero ser grosera o estúpida contigo – Valeria se emocionó y abrazó a su amiga – . Sé cuánto amas a Federico. Yo amo a mi hijo, pero no puedo tener una mejor relación con él. No soy una madre perfecta. Paciencia.

– Al menos podrías hacerte amigo de él. A estas alturas del campeonato, Federico lo único que necesita es gente que le dé cariño, atención, apoyo...

– Si no pude superar este rechazo, no será ahora, después de casi veinte años, que lo haré.

Natalia amaba a Valeria. Tenía a su amiga como una verdadera hermana. Sabía que ambas habían sido hermanas en una vida pasada, y entre sus espíritus existía un fuerte vínculo de comprensión y, sobre todo, de cariño. También sabía que la relación de Valeria y Federico era una cadena de desacuerdos creados a lo largo de muchas vidas que necesitaban ser desatados en esta vida.

Federico había hecho sufrir mucho a Valeria en vidas pasadas. Los siglos; sin embargo, pudieron aliviar este sufrimiento y él aprendió a amarla y respetarla, no sintiendo ira hacia su madre, sino una profunda tristeza, pues su espíritu ya había desenredado los nudos de las desavenencias.

Valeria pudo haber tenido otro tipo de comportamiento ¿no? Sin los reveses en las relaciones emocionales. Si hubiera tenido un hombre a su lado, tal vez criar a su hijo sería diferente, Natalia captó este pensamiento y dijo a quemarropa:

– Si te hubieras casado, tu relación con Federico sería completamente diferente.

– No es verdad.

– No me engañas, amiga. Sé lo mal que te sentiste cuando te enteraste de la boda de Tomás y Marion.

– Ese matrimonio fue un hecho consumado. Estaba embarazada. ¿Crees que Tomás aceptaría casarse conmigo en ese estado?

– Tomás se casaría contigo embarazada o de cualquier otra forma. Tenía razón cuando aceptó casarse con Marion. Ella estaba embarazada. Si quisieras, podrías haberlo buscado después de unos años.

– ¿Para qué? ¿Que él se separe de Marion y que ella convierta mi vida en un infierno? – Preguntó Valeria, atónita –. No lo podría soportar mucho, pero no soporto a una mujer celosa y vengativa. Marion es una espina clavada en mi costado.

– Tomás se separó de ella hace algún tiempo.

– ¿Y eso? ¿No sigues la vida de la "gran estrella" en revistas y programas de televisión? A Marion le encanta aparecer en programas de televisión sensacionalistas para pisotear a alguien y, de esta forma, conseguir un poco de revuelo. Hoy en día, es más conocida por ser dueña de un puesto que por su lento talento. O decir – corrigió Valeria – ella nunca tuvo talento. Siempre fue un buen consejo, eso es seguro. Aprovechó su sensacional cuerpo y lo utilizó para construir una carrera. Sin embargo, el tiempo pasa y el cuerpo no permanece joven para siempre.

– Marion tiene más de cuarenta años y va a posar para una revista de desnudos masculinos. Su cuerpo todavía puebla la mente de muchos hombres – dijo Valeria.

– Puede que incluso tenga éxito en este momento, pero todo es temporal. Pronto llegará la mediana edad y el cuerpo, naturalmente, ya no será el mismo que cuando era joven. Marion no está lista para envejecer.

– Ya sea que esté lista o no, lo que importa es que el camino para que retomes la historia con Tomás, está abierto.

– Ya ni siquiera se acuerda de mí, Natalia. No nos hemos visto en veinte años.

Natalia sonrió.

– ¿No te acuerdas? Vamos a ver.

Ella habló y salió de la habitación. Luego reapareció con un hermoso y sofisticado ramo de rosas rojas.

- ¡Qué hermosas flores! – Exclamó Valeria. Son para ti.

- ¿Para mí? ¿Cómo así?

- Lee la tarjeta ahora.

Valeria sonrió y dio un paso adelante. Ella cogió el ramo en sus manos y aspiró el delicado aroma de las flores. Luego tomó la tarjeta y la leyó. Ella se sonrojó.

- ¡Las envió Tomás!

- ¿No dije que todavía te recuerda?

- Pero, ¿por qué me envía flores ahora? – Preguntó con curiosidad.

Natalia se encogió de hombros.

– Si yo fuera tú, lo llamaría. Tomás es un exitoso hombre de negocios. Logró desvincular su imagen de la de su padre rico. Hizo su propia fortuna y ganó mayor simpatía cuando se separó de Marion.

– Se separó de Marion hace más de un año. ¿Por qué solo ahora envió las flores?

– Entonces estás bien informada sobre él, ¿eh? – Empujó a Natalia. Valeria hizo un gesto con la mano.

- Siempre hay una pequeña nota aquí y allá en los periódicos.

- Llámalo.

- ¿En serio?

- Claro. Llama agradeciéndole el ramo de rosas. ¿Quizás no vayan a cenar y puedan ponerse al día con esos veinte años?

– No puedes calmarte – protestó Valeria – . Quieres verme con alguien.

– Obvio. Tu hijo ha crecido y pronto tendrá su propia familia. ¿Vas a estar sola por el resto de tu vida?

– No es eso...

– Siéntate aquí a mi lado – invitó Adamo.

Hizo una señal y Valeria lo siguió. Se sentaron en un sofá y Adamo, con firmeza, le dijo a su sobrina:

– Escucha con atención: todos sentimos rechazo, en un grado u otro.

– No lo siento – dijo Valeria.

– Puedes negarlo, pero has sentido rechazo, sí. Reaccionaste con ira porque no tenías madre. Creciste con miedo de tener un hijo porque temías morir como Amelia, justo después de dar a luz.

Valeria no dijo nada. Se mordió el labio inferior y miró al suelo. Adamo continuó:

– El rechazo, en cierto modo, nos hace negar nuestros deseos. Y, si no se resuelve, trae terribles consecuencias para nuestro progreso espiritual. Creaste el tipo de mujer dura e independiente que no necesita nada ni a nadie. Forzaste un barniz que no es tuyo. Al final no fue auténtico.

– ¡No soy falsa!

– No es eso lo que estoy diciendo – continuó Adamo –. Dejaste de ser tú misma, de ser la alegre y coqueta Valeria, por miedo a atraer relaciones que se parezcan a las que viviste junto a Taviño y Darío. Esto pasó cuando eras muy joven, hace muchos años. La experiencia de vida la transformó en otra mujer. Puedes superar este miedo y buscar tu felicidad.

– No puedo – Valeria quedó atónita por la conversación.

– Me han lastimado mucho en la vida.

– Comprender el rechazo nos hace más fuertes y nos ayuda a no dejar que ese sentimiento nos duela tanto. Transferiste toda tu represión a Federico. No es culpa suya que haya sido creado en un momento de debilidad.

– Lo sé, pero es difícil, tío.

– No lo es. Nada es difícil ni imposible. Comprender y dominar el rechazo nos quita el miedo a las cosas, a la vida, a las situaciones y, al darnos cuenta que no puede destruirnos, nos sentimos fuertes para comprenderlo y afrontarlo mejor.

– El mundo es malo.– Es una creencia que vamos adquiriendo a lo largo de las encarnaciones para no realizar cambios significativos en nuestro crecimiento espiritual. Y es cómodo quedarse quieto en una situación y no afrontarla. Es fácil sentirse víctima del mundo. Pero todo es solo una ilusión.

– Nunca he tenido la suerte de tener relaciones románticas.

– ¿Y preferiste cerrar tu corazón porque no soportas escuchar un "no" o incluso porque no quieres que te engañen más?

– Tengo miedo...

Valeria quedó profundamente conmovida y emocionada por la conversación. Adamo sonrió y continuó.

– En primer lugar, necesitas cambiar la forma en que te ves a ti misma. Necesitas prestar más atención, observar tus necesidades e intentar satisfacerlas. Después de eso, podrás evaluar mejor las actitudes que tienes hacia tu hijo.

- Creo que es demasiado tarde para eso. Federico ya es un hombre hecho.

- Tienes toda la vida por delante – dijo Adamo, de manera emocionada –. Olvidemos el pasado y centrémonos en el hoy, en lo que se puede cambiar ahora.

– Voy a intentarlo.

Adamo habló y miró a su esposa. Natalia asintió y se levantó. Caminó hacia su mesa. Abrió el cajón y sacó una pequeña caja. Volvió a sentarse en el sofá y se lo entregó a Valeria.

– ¿Qué es eso?

– Ábrelo.

Valeria la abrió y había una cadena de oro. El colgante era un ideograma japonés: el kanji.

– ¡Pero que delicada y hermosa!

– Adamo y yo te lo compramos cuando visitamos Tokio.

– El ideograma significa amor – respondió el tío. Adamo continuó:

– Quiero que uses esta cadena y, cuando el sentimiento de rechazo te parezca fuerte, simplemente mantén presionado el ideograma con la punta del pulgar y el índice y dite a ti mismo: "No me voy a dejar sufrir."

Valeria los abrazó.

– No tengo palabras para agradecerles tan amable gesto.

– No nos agradezcas. Aprovecha y siente el amor por ti misma, reprimido durante tanto tiempo – concluyó Adamo.

Natalia se levantó y con delicadeza colocó el pequeño collar dorado alrededor del cuello de su amiga.

– Te dejaré reflexionar un poco sobre lo que hablamos – dijo Adamo y besó su rostro. Natalia hizo el mismo gesto y, antes de salir y cerrar la puerta, dijo sonriendo:

– Por favor, no olvides llamar a Tomás.

Valeria asintió y sostuvo el colgante por un largo rato. Se sentía amada por el universo y estaba segura que de ahora en adelante su vida sería muy diferente.

Capítulo 22

Arlete llamó a casa de su hermana y la respuesta automática la tranquilizó:

– No te preocupes, ella está conmigo y con Lourdes. Pronto llegará Eugenio y cenaremos. Luego llevaremos a Olivia a casa.

– Eso es demasiado, Alzira. No puedo permitir que Olivia corra a tu casa cada vez que discutimos.

– Eres muy dura - Arlete olfateó:

- ¿Yo, mandona? ¿Estás defendiendo a tu sobrina?

- Has estado burlándote de la niña desde que nació. No es verdad.

- Es sí. Puede que ni siquiera te des cuenta, pero pones muy pesado el pie en el de Olivia.

– Es un hueso duro de roer.

– ¿Y tú no eras así cuando eras joven? ¿Recuerdas cómo te enfrentabas a papá?

Arlete se rio al otro lado de la línea.

– Tienes razón. A veces me sorprendo pensando en nuestra adolescencia y en cómo enfrentábamos a nuestro padre. Nos daba unas buenas bofetadas y ni siquiera nos importaba.

– No quieres hacerle a tu hija lo mismo que nos hizo nuestro padre a nosotras.

– No me compares con esa crápula. Le di unas palmaditas a mi hija, pero nunca le pegué.

- Tienes que dejar de decidir el futuro de Olivia.

– Solo tiene quince años. Quería ser Paquita. ¿Puede?

– Accidentalmente – subrayó – se perdió la fecha de la audición - Arlete se sonrojó.

– Lo hice por su bien.

- No estás en poder de tu hija para decidir en ese momento. Si Olivia estuviera mezclada con más gente, si estuviera con un novio problemático, yo misma lo haría.

Les daría todo el apoyo del mundo para intervenir y tomar alguna acción. Resulta que tu hija es tan dulce, tan buena. Nunca dio trabajo en la escuela y nunca se involucró con un chico.

– Es verdad. En este momento no tengo nada de qué quejarme de nuestra hija. Osvaldo y yo estamos orgullosos de la educación que le brindamos.

– Si quiere ser artista, que así sea. Todavía fluirá mucha agua. Olivia es joven y sus deseos cambian con el tiempo.
Déjala soñar.

- Tengo miedo, Alzira. ¿Miedo, de qué?

- Que se convierta en otra Gisele.

¿Qué tiene que ver Gisele con Olivia? – Preguntó la hermana, atónita.

– Gisele se llamó a sí misma artista. Dijo que era actriz y modelo - Alzira se rio por teléfono.

– Gisele inventó esto. Ella no era actriz ni modelo ni aquí ni en China.

– ¿En serio?

- Claro. Pregúntale a Osvaldo. Él se encargó del proceso que la desalojó de la casa. En el proceso, además de los documentos, se debe incluir su ocupación.

– Cambiando de tema – A Arlete no le gustaba recordar a su padre ni a Gisele –, ¿qué dices que Olivia haga un intercambio?

- Maravilloso pueblo.

– ¿Está segura?

– Por supuesto, Arlete. Este viaje transformará positivamente la vida de Olivia. Y, es más, cuando vuelva, seguro que su relación mejorará.

- A ella no le gusto.

– Tonterías. Tu hija te ama.

– A ella le gusta su padre. Es todo así – Arlete juntó los pulgares dejando el tono pegado al cuello – con Osvaldo.

– Él no la molesta. Osvaldo habla con Olivia, escucha lo que ella siente y es más un amigo que un padre. Deberías ser menos madre y más amiga de tu hija.

– Seré más suave con ella, créeme.

– Estoy feliz, hermana mía – dijo Alzira y escuchó la voz de Eugenio – . Mi marido acaba de llegar.

- Manda un beso a Eugenio. Te extraño

- Le diré. Ahora necesito colgar y servir el almuerzo. En cuanto terminemos, Eugenio se llevará a tu pequeña a casa.

– De acuerdo -Arlete colgó el teléfono y sintió una ligera sensación de bienestar.

- Alzira tiene razón. Necesito ser más amiga de mi hija.

Ella habló y se levantó, atravesó el pasillo y chocó contra el aparador lleno de marcos de cuadros. Uno de ellos cayó y se estrelló contra el suelo. Arlete se agachó para recoger los trozos de vidrio esparcidos.

– Debería haber movido este aparador hace mucho tiempo – dijo en voz alta, mientras recogía los pedazos con sus manos.

Luego, recogió el marco de fotos que había perdido. Era una foto en la que ella y Alzira estaban agachadas y abrazadas, aun pequeñas. Detrás de ellos están Olair y Josefa.

Ella sonrió cuando vio la foto.

— Mamá, te extraño mucho. Espero que estés bien.

Luego fijó sus ojos en Olair. Suspiró y se encogió de hombros. Recordaba claramente el día en que murió su padre y, tras el shock de la noticia, Celia le había leído un extracto de la novela *Entre el amor y la guerra*, refiriéndose al destino de su padre:

"Las leyes inmutables de la justicia divina dan a cada uno según sus obras. Y el tiempo, amiga constante, se encarga de restablecer la verdad en la intimidad del ser."

Repitió la frase y concluyó:

— Espero que estés bien papá — dijo Arlete y sintió un escalofrío recorrer su espalda.

Después de todo, ¿qué habría pasado con Olair y Gisele?

~ 0 ~

Volvamos al punto donde Olair desencarnó. El hombre no murió de corazón, sino de odio, de puro odio.

Tan pronto como desencarnó, el espíritu de Olair se liberó del cuerpo físico. Miró su cuerpo inerte en el suelo y su periespíritu. Vio el desdén de Gisele y Rodinei. El odio volvió y Olair sintió una punzada en el pecho. Después, persiguió a Gisele.

Después que él gritó y ella no escuchó, Olair se perturbó, intentó abofetearla, pero su mano pasó por el rostro de Gisele como humo. Olair miró su mano y momentáneamente se olvidó de su traidor amante, regresando a la habitación donde murió.

— ¿Qué pasó? — Se preguntó mientras palpaba su propio cuerpo periespiritual.

Un espíritu atormentado, lleno de larvas astrales alrededor del cuerpo, se acercó a él. Olair dio un paso atrás, sintiendo un gran sentimiento de disgusto. El olor que emanaba el espíritu debido a estas larvas pegadas al cuerpo no era nada agradable. Le recordó el olor del contenedor de un camión de basura.

- ¿Qué quieres de mí? – Preguntó Olair con los ojos muy abiertos.

- No te haré daño – dijo el espíritu.

- ¿Quién eres tú?

- Hago parte de un grupo de vampiros astrales que succiona la poca energía vital que aun queda en tu cuerpo de carne.

Olair miró al suelo y se vio a sí mismo.

– ¿Cómo volví a la habitación? Estaba en la calle y...

El espíritu soltó una risa siniestra.

– Cuando morimos, podremos caminar en este mundo de otra manera, a otro ritmo. Quiero alimentarme de eso – el espíritu señaló el cordón plateado que aun tenía la periespíritu de Olair unido al cuerpo físico.

Apareció una luz muy fuerte y un espíritu de luz apareció frente a los dos. El espíritu gusano saltó hacia atrás mientras Olair permaneció estático, con los ojos desorbitados.

Su voz era firme y hostil:

– No comerás nada por ahora. Si lo haces, Olair sentirá mucho dolor.

– ¿Y eso? – Respondió el espíritu brutalizado –. El dolor no durará mucho. Necesito alimentarme.

– No estará aquí. Si quieres, ve a un cementerio. Hay muchos recién desencarnados en este mismo momento.

– Lo sé, pero para entrar al cementerio necesito autorización. Por eso recojo un muerto aquí y otro allá.

– Puedes irte – la voz era potente.

El espíritu ennegrecido se encogió de hombros, pronunció algunos insultos y se fue. Olair se acercó y preguntó:

- ¿Quién eres?

- Soy Lola, la amiga de Josefa.

- No conozco a ninguna Lola.

- No me recuerdas. Esta vez no reencarné contigo.

La expresión de Olair era de completa ignorancia.

– No tenemos mucho tiempo para hablar. Vine porque Josefa me lo pidió.

– ¿Josefa? ¿Te pidió venir aquí?

- Aunque todavía está internada, me pidió que te ayudara con el proceso de desencarnación.

– Yo no entiendo nada - Lola sonrió y lo miró fijamente:

– Moriste.

– Sí, pero te estoy hablando a ti. No estoy entendiendo.

– El cuerpo de carne murió. Tu espíritu continúa vivo. Así de simple. La muerte del cuerpo no es el fin de la vida. La vida nunca termina es eterna.

– Si morí, ¿qué hago ahora?

– Puedes seguirme e iremos a un Puesto de Socorro. Serás atendido por médicos dedicados y competentes. Luego hablaremos de la Colonia en la que puedes vivir según tu vibración energética.

– No puedo irme. Tengo que ajustar cuentas con Gisele y Rodinei. Me engañaron y no voy a dejar que se lleven bien.

– Eso es parte del pasado. Moriste y cada uno cosecha lo que siembra. Más adelante, tras aclarar comentarios, entenderás por qué Rodinei y Gisele tuvieron esta actitud hacia ti.

- Nunca les hice daño.

- En esta vida, quizás. ¿Y en otra?

- ¿Qué otra vida?

- Nacemos y morimos muchas veces – dijo Lola, de manera didáctica –. Has vivido antes con Gisele y Rodinei. Tenían otra vida, otro cuerpo, en otra época, pero las creencias y actitudes no han cambiado.

– No recuerdo haber vivido antes.

– Lo recordarás pronto. En tu última vida, engañaste a un par de campesinos. Les quitaste sus tierras y, en consecuencia, el sustento de su familia. Lo hiciste por avaricia, y Rodinei y Gisele, después de fallecer, no supieron perdonarte.

Algo dentro de Olair decía que eso era cierto, pero apartó la idea con las manos y levantó la voz:

– ¿Van a vivir así, llevándose bien?

– La probabilidad que sean infelices es muy alta. Dejemos ambos en manos de Dios. Sigamos nuestro camino.

– No lo haré. No puedes obligarme a irme. Quiero que paguen por la estafa. No me calmaré hasta vengarme.

– No lo pienses, Olair. La venganza es un sentimiento que corroe el espíritu, así como el óxido corroe el hierro. No vale la pena.

– Hablas así porque no se dejó engañar.

– Ya no puedo quedarme aquí.

– Entonces puedes irte, yo me quedaré hasta arreglar cuentas con estos sinvergüenzas.

[255]

Lola se encogió de hombros y suspiró:

– ¡Qué pena! Espero verte pronto.

Ella habló y desapareció en el aire. Pronto la luz se apagó y Olair se encontró solo en la habitación, al lado de su cuerpo. El espíritu lleno de larvas reapareció y, en un instante, avanzó sobre el cordón plateado y lo rompió violentamente, sorbiendo de manera bestial el poco líquido vital que allí yacía, como un buitre sobre carroña. El periespíritu de Olair sintió un dolor agudo y se desmayó.

Capítulo 23

Después de cenar, Olivia accedió a regresar a casa. En el camino, entabló conversación con Eugenio.

– Pero tío, mi madre es muy controladora.

Eugenio escuchó la conversación y no dijo nada, solo hizo movimientos con la cabeza, arriba y abajo. En un momento le preguntó a su sobrina:

- ¿Por qué existe este sentimiento de rechazo hacia tu madre?

- No entendí.

- Siento que sientes un fuerte rechazo hacia Arlete.

- Bueno, tío, imagínate – Olivia intentó ocultarlo.

- No me gusta interferir en los asuntos de nadie; sin embargo, siempre has tenido un comportamiento hostil hacia tu madre.

– ¿Estás defendiendo a mi madre? – Preguntó, aturdida.

– No estoy defendiendo a nadie, pero estoy fuera de tu relación. Cualquiera que esté ajeno al conflicto puede ver la situación con total imparcialidad. Tu tuviste dificultades para nacer. Arlete pasó horas en un parto difícil que casi le cuesta la vida.

- Nunca lo supe.

– Ahora lo sabes.

– ¿Y esto qué tiene que ver con nuestra relación? Yo amo a mi madre.

– Sé que la amas, pero hay ciertos componentes en tu comportamiento que te mantienen alejada de ella.

– ¡Y también podría! Mamá siempre me poda. No me deja hacer nada de lo que quiero.

– No estoy hablando de eso. Arlete tiene este comportamiento porque quiere protegerte, es el comportamiento de una madre sobreprotectora.

– No me siento así.

Eugenio movió la cabeza hacia un lado.

– Siéntelo, sí. Estoy seguro que esta animosidad entre ustedes proviene de otras vidas.

– Tonterías. No creo en eso.

– ¿No crees o tienes miedo de ver la verdad?

Olivia se movió en el asiento del coche. Fingió ajustarse el cinturón de seguridad y volvió la cara hacia la ventanilla del coche. Sus tías Lourdes y Alzira estudiaron y creían en la continuidad de la vida después de la muerte.

Olivia estaba en su adolescencia y en la etapa en la que solo creía en lo que se le mostraba. Había crecido escuchando conversaciones y, hablando de "pruebas", tenía fresco en la memoria un día en que visitó a Celia y Ariovaldo. La pareja recibió a Arlete y Osvaldo con sumo cariño y se mostraron, como de costumbre, muy amables con Olivia.

Por cierto, poco más. Resulta que, en un momento, Celia llamó a Olivia para que la ayudara en la cocina y le comentó:

- ¿Aun tienes ese sueño?

– ¿Cuál?

– El sueño en el que te ves en un hospital y temes volver a nuestro mundo.

Celia se refería al sueño que Olivia tenía desde los trece años y que aun era recurrente. La escena se repitió, como al principio de esta historia. Sin embargo, hubo una parte que siempre marcó especialmente a Olivia:

– ¿Me vas a decir que mi madre también estará?

– Es necesario reconciliarse, de nada sirve el perdón aquí en el mundo astral, si no ocurre lo mismo en la siguiente etapa de la reencarnación, con el velo del olvido sobre los recuerdos pasados. Pasará por algunas experiencias para que su espíritu pueda superar este rechazo.

La joven bajó la cabeza. Sabía que superar el rechazo sería dar un paso importante en su viaje evolutivo. Sentía que necesitaba enfrentar situaciones que le hicieran enfrentar a este monstruo que tanto te había lastimado en algunas vidas. Ella respiró hondo y miró fijamente a Lola:

– Estoy lista. Sé que soy fuerte y tengo amigos aquí en el astral que me inspirarán muchos pensamientos. Venceré.

Ella siempre se despertaba después de este tramo. Celia se volvió hacia ella y le preguntó:

– ¿Será mejor ahora?

Olivia se estremeció y preguntó, sudando:

– ¿Como sabes eso? Nunca le conté a nadie sobre este sueño, ni siquiera a mi tía Alzira.

Celia sonrió y no dijo nada. A partir de ese día, Olivia comenzó a leer libros espíritas y a interesarse por el tema.

Olivia movió la cabeza hacia un lado y le dijo a Eugenio.

– Mentí, tío. Creo que la vida continúa después de la muerte.

– Si crees, podrás abrir tu mente y tu corazón para comprender mejor la difícil relación que tienes con Arlete. ¿Qué te cuesta cambiar tu forma de ser?

– ¡¿Yo?! ¡Ella es la que tiene que cambiar!

– Si cambias positivamente tu forma de ser, te garantizo que las personas que te rodean también cambiarán. Tu madre es una de esas personas. ¿Por qué no lo intentas?

– No lo sé – Olivia se sintió insegura.

– ¿Qué tienes que perder? Si llegas a comprenderte mejor a ti misma, comprenderás mejor la actitud de tu madre. Arlete y tu tía Alzira tuvieron una vida difícil y tienen una visión de la vida muy diferente a la tuya. Mientras tú piensas en hacer teatro o irte a Inglaterra, tu madre, cuando tenía tu edad, se ocupaba de la enfermedad de tu abuela Josefa y convivía con un padre brutal y estúpido.

Antes que ella siquiera se riera para responder, Eugenio agregó:

– Sé que cada uno tiene la vida que se merece. También sé que no hay víctimas en el mundo. Tu madre y tu tía se aprovecharon de los padres que tuvieron mientras crecían. Lo único que puedo decir es que no cuesta nada abrir el corazón y escuchar a tu madre con otros ojos y oídos. Eres joven, inteligente y sabes lo que quieres. Tienes una madre y un padre que te quieren mucho y siempre quieren lo mejor para ti.

Olivia asintió, conmovida.

– Tienes razón, tío. Necesita ser menos gruñón. Me encantó hablar contigo, ¡como siempre!

Estacionó en la acera y la abrazó.

– Haz todo lo que puedas para llevarte bien en la vida, querida. Date la oportunidad de mejorar tu relación con tu madre. Arlete es una buena persona. Si no fuera así, sería el primero en invitarte a vivir conmigo y con tu tía Alzira. Pero tienes padres maravillosos. Habla con ellos, cuéntales tu deseo de ir a Inglaterra sin imponer tus deseos de manera altiva. Ve con eso. Si todo va bien, te prometo que te regalaré los boletos de ida y vuelta.

Olivia se regocijó de alegría.

– ¿Hablas en serio, tío?

– ¡Claro!

Ella lo abrazó y lo besó en la cara varias veces.

– Te quiero a ti y a mi tía Alzira. ¡Los quiero mucho!

– Te amamos también. Ahora entra y muéstrales lo buena hija que eres.

Se despidieron. Eugenio arrancó y se fue. Olivia respiró hondo y sonrió. Entró a la casa y encontró a Osvaldo y Arlete en la cocina conversando, respiró hondo y caminó por el pasillo.

- "Fingiré que todo está bien. Necesito hacerme amiga de mi madre, entenderla mejor para ganar el viaje a Inglaterra", pensó.

Olivia entró a la cocina. Besó a su padre en la mejilla y se acercó a su madre. Arlete la miró fijamente:

– ¡No hay forma! ¿Por qué perturbaste la vida de tu tía? ¿Valió la pena quedarse en casa? ¿No podemos resolver nuestros problemas dentro de estas cuatro paredes? – Señaló a los lados.

Osvaldo se levantó de su silla y se disponía a posicionarse entre ambas. Sabía que su hija iba a devolver el golpe con dureza. Para su sorpresa, Olivia sonrió y meneó la cabeza de arriba a abajo. Abrazó a Arlete con mucho cariño.

– Tienes toda la razón, mamá. A partir de hoy ya no molestaré a tía Alzira ni a la tía Lourdes con mis lloriqueos. Como dice el viejo refrán, la ropa sucia se lava en casa. Voy a cambiar mi forma de ser y no pelearemos más.

Olivia habló, besó a Arlete en la mejilla y caminó hacia el fregadero.

Miró hacia un lado y vio la cacerola humeante sobre la estufa.

– ¡Mmm! Hiciste sopa de harina de maíz con repollo picado. ¡Cómo me gusta! Lástima que acabo de cenar. ¿Me guardarás un poco para comer mañana? - Arlete no supo qué responder. Osvaldo puso sus manos en sus caderas.

– ¿Bebiste o fumaste algo extraño?

– No, papá. Sabes muy bien que no me gustan las bebidas ni el cigarrillo. Y que pasé recuerdos ahora estás al lado de mis tías y mi tío Eugenio. Estoy feliz, eso es todo.

Se dio vuelta y abrazó a Osvaldo. Lo besó en la mejilla y dijo:

– Voy a subir, a darme una ducha y, cuando baje, quiero un vaso de leche con azúcar quemada, como me hacías cuando era pequeña, ¿recuerdas mamá?

– Ya lo recuerdo – Arlete era monosilábica.

La chica giró sobre sus talones y salió de la cocina. Subió las escaleras hasta la habitación. Arlete estaba realmente sorprendida. No sabía qué decir. Osvaldo se picó y dijo con la boca abierta:

– ¡Esa no es nuestra hija! ¡Olivia fue secuestrada por extraterrestres!

Ambos se rieron.

– Eso sí. Pusieron algo de sentido en su cabeza. Olivia siempre regresa sana y salva de la casa de mi hermana. Quizás hayas oído algunas cosas buenas sobre Alzira.

– No lo sé – Osvaldo se acarició la barbilla –. Olivia mostró otro comportamiento. Ya estaba preparado para la pelea entre ambas y; sin embargo, el ambiente era de armonía y paz.

– Nos trata así porque quiere ir a Inglaterra.

– ¿Eso es todo, querido? ¿No has notado una luz diferente en los ojos de nuestra pequeña?

– También.

– ¿Hace cuánto que Olivia no te daba un abrazo y un beso así de cariñoso?

Arlete se llevó la mano a la cara.

– Admito que me tomó por sorpresa.

- Olivia está creciendo y cambiando.

- Tengo miedo que se pierda en el mundo.

- Miedo infundado. Olivia tiene juicio. Siento que el intercambio le hará mucho bien.

- Estaremos solos.

- Alzira te invitó a trabajar en innumerables ocasiones.

- Quizás ahora acepte la invitación.

- Confiemos porque la vida siempre hace lo mejor por nosotros.

Osvaldo habló y abrazó a su esposa. Arlete sintió un nudo en la garganta. Abrazó fuerte a su marido.

– No me dejes, cariño – las palabras salieron de su boca, automáticamente.

– Te amo – respondió –. Prometo que te seré fiel hasta la muerte.

– ¿Hasta la muerte?

– Sí. ¡Después de la muerte, cada uno sigue su propio camino! - Arlete le dio una palmada en el hombro a su marido.

– ¡Gracioso! ¿Eso significa que estaremos casados...?

– Como dice el refrán: hasta que la muerte nos separe.

Ella se rio y volvió a abrazar a Osvaldo. Sintió un gran amor por su marido y su hija. No entendía por qué Olivia la había rechazado tanto desde pequeña. Pero ahora parecía que todo cambiaría para mejor. Arlete tenía todas las razones del mundo para creer eso.

Esa noche, después de beber un vaso de leche tibia con azúcar, Olivia se durmió y pronto abandonó su cuerpo. Abrió los ojos y sonrió cuando vio a Lola al lado de la cama.

- ¡Cuánto tiempo! - Olivia corrió y abrazó al espíritu amigo. Lola le devolvió el abrazo.
– Ha pasado mucho tiempo. Estoy muy contenta con tu cambio.
– Mis tíos me ayudaron. Hoy tuve una conversación con el tío Eugenio que cambió mucho mi forma de ver la relación que tengo con mi madre.
– Tu espíritu deseaba reencarnarse como hija de Arlete.
Olivia asintió y tuvo un destello de recuerdos del pasado. Sus padres habían muerto en un accidente y fue criada por su tía. De allí su afinidad con Alzira.
Las escenas llegaron rápidamente. En una nueva escena, ahora Olivia era una chica hermosa y extrovertida. Pero descubrió que su madre había quedado embarazada de otro hombre antes de casarse y, peor aun, que no había muerto en el accidente.
Arlete había regresado después de muchos años y fue rechazada por su hija. Olivia no quería tener nada que ver con ella, pero Alzira intentó llegar a un acuerdo y asegurarse que todos vivieran bien y en armonía. Olivia no lo aceptó y se mudó a otra ciudad. Arlete fue tras su hija y Olivia decidió abandonar el país.
Se mudó a Venecia, Italia. Conoció a un hermoso hombre del que se enamoró perdidamente. Su nombre era Federico...
Lola se tocó la frente y los recuerdos se detuvieron. Olivia abrió y cerró los ojos varias veces.
- ¿Qué pasó? Se siente como si hubiera entrado en trance.
– Tuviste acceso a escenas de tu última vida en la Tierra.
– Ahora sé por qué siento tanta repulsión por mi madre. Ella quería mi dinero. Intentó quitarnos la casa donde vivíamos la tía Alzira y yo.
– Arlete había sufrido mucho. El vapor en el que viajaba con su marido se hundió y ella casi se ahoga. Arlete fue rescatada, pero perdió la memoria. Vagó de aquí para allá hasta recuperar la memoria. Insegura y de mediana edad, quería a toda costa que tú

la apoyaras. Intentó falsificar documentos y sacarte de la casa donde habías vivido.

Arlete estaba desesperada. Tenía miedo de morir en la calle, como una pobre, como le había sucedido en otra vida.

– Entiendo mucho, pero antes de tocarme la frente vi a un joven apuesto. Sentí un calor recorrer mi cuerpo y abrí los ojos.

– En el momento adecuado recordarás a este chico con más detalle. Pronto se volverán a encontrar.

Olivia sintió mariposas en el estómago. No sabía por qué sentía amor y al mismo tiempo miedo de él. Lola pasó el brazo alrededor de su cuello.

– No te preocupes, cariño. Lo importante ahora es que te vas a Inglaterra y comienza una nueva etapa en tu viaje.

– No veo la hora de volver a Inglaterra. ¡La extraño mucho!

– Necesitas descansar. A partir de ahora necesitarás estar en equilibrio y en paz contigo misma. No olvides que siempre estaré a tu lado.

– Pero, ¿cómo lo recordaré? Sé que me despertaré y olvidaré toda nuestra conversación.

– Tu espíritu me llamará. Mantén la calma.

Lola besó su mejilla y Olivia le devolvió el beso. Volvió a la cama y su doble; es decir, la parte del periespíritu que era más tosca y más cercana al cuerpo, quedó a unos metros por encima de su cuerpo. La niña cerró los ojos y volvió a quedarse dormida.

Capítulo 24

Aun retrocediendo algunos años en la historia, Olair se despertó y se dio cuenta que ya no estaba en la habitación. Parecía estar en otro ambiente, más pesado, más siniestro y oscuro, muy oscuro.

Abrió los ojos y recordó parcialmente la conversación con Lola.

– Debo haber estado soñando – se dijo a sí mismo.

Luego se levantó y empezó a tantear.

Escuchó una voz en la oscuridad total:

- Entonces, amigo, ¿te gusta tu nuevo hogar?

– ¿Nueva casa? ¿Dónde estoy?

– En el infierno, dirían los católicos – se rio el otro. Olair no pudo ver nada. Sintió frío y sed.

- Quiero beber algo. ¿Dónde está el agua?

- No tengo idea – respondió la voz en la oscuridad.

- Me encantaría salir de aquí.

- No es muy complicado.

– Si hubiera luz, tal vez podría encontrar el camino y seguir adelante.

– Te daré un consejo. ¿Hay alguien por quien te sientes enojado, muy enojado?

– Claro – respondió Olair, pensando en Gisele.

– Bueno, piensa en esa persona. Disfruta la oscuridad, el entorno y colócalo mentalmente frente a ti ahora.

- ¿Para qué?

– Haz eso y no me preguntes. ¡Obedece! – La voz era firme.

Olair asintió. No tuvo que cerrar los ojos. La oscuridad era absoluta. Pensó en Gisele con tanta fuerza y tanta rabia, que; inmediatamente se encontró a su lado. El cambio de un lugar completamente oscuro a donde estaba ella, con algo de luz, cegó a Olair por un momento. Abrió y cerró los ojos muchas veces, hasta que su visión se acostumbró a su entorno.

Gisele se estaba preparando cuando Olair apareció a su lado. Se puso lápiz labial en los labios, se roció un perfume muy dulce y muy fuerte en el cuello y las muñecas. Miró la imagen reflejada en el espejo y le lanzó un beso.

– ¡Te ves hermosa, niña! Salió del baño y caminó hacia el dormitorio. Rodinei estaba acostado en la cama. Al principio, había pensado en utilizar a Gisele para conseguir la casa y estafar a Olair. Entonces se desharía de ella. No tenía ninguna intención de casarse o formar una familia. Sin embargo, con la muerte de Olair, empezó a tener sentimientos reales por la falsa rubia.

Se tumbó en la cama y sonrió:

– Ven, mi princesa. Es hora de acostarse.

– ¿Dormir? – Ella hizo un puchero – . Pensé que íbamos a salir.

– Si quieres, bien, sabes que siempre estoy lista.

- Ocurre que trabajé mucho en el bar hoy. Había muchos clientes.

– Claro. Aprendí a hacer buñuelos de bacalao. No soy muy buena cocinando, pero sé hacer estas empanadillas desde pequeña. Aprendí allí en Aquidauana, con una amiga portuguesa de mi madre.

– Llega más cerca.

Gisele se acurrucó junto al cuerpo de Rodinei.

– ¿Por qué tanto lápiz labial?

– Para marcar el cuerpo de mi hombre - Ella habló y se rio. Luego empezó a besar varias partes del cuerpo de Rodinei.

Olair lo miró todo y se sintió increíblemente enojado.

– ¿Cómo pueden amarse? ¡Acabo de morir!

Media hora después, estaban cansados y con mucho sueño.

Gisele sintió sed.

- ¿Otra agua, mi amor?

– Un poco.

– Iré a la cocina y vuelvo en un momento.

Se levantó de la cama, se puso las chanclas y se dirigió a la cocina, completamente desnuda. Gisele podía ser una mujer venal, pero tenía un cuerpo espectacular. Olair la acompañó.

– ¿Por qué me hiciste esto, Gisele? Yo te amo.

Ella ni siquiera notó su presencia. Tomó un vaso, abrió el refrigerador y sacó una jarra de agua, llenó el vaso, lo bebió y lo volvió a llenar. Olair continuó entre el enfado y el rechazo:

– ¿Por qué me cambiaste por Rodinei? ¿Por qué me dieron este golpe?

Gisele se acordó de él y dijo en voz alta, mientras metía el frasco en el frigorífico:

– Olair murió hace un año y parece que murió hace siglos. No lo extraño. Nada.

Olair se tocó la oreja.

– ¿Te escuché bien? ¿Dijiste que morí hace un año? Pero ayer morí...

Gisele continuó hablando en voz alta:

– Ese escándalo murió tarde. Confió en mí y se fue por un tubo. Confié en Rodinei y lo hice bien. Nos vamos a casar y cada vez le voy a ayudar más en el bar. Vamos a tener una familia, algo que nunca hubiera soñado con ese cerdo sucio.

Ella dijo e hizo una mueca. Olair sintió que toda su ira regresaba con venganza. Sintió un odio abrumador y soltó un grito tan estridente que el cristal de una de las puertas del armario se partió. Gisele gritó y corrió hacia la habitación.

- ¿Qué pasó? – Preguntó Rodinei.

- El vidrio del lavavajillas se rompió.

- ¿Y?

- No lo sé, Rodinei. Sentí un escalofrío en mi columna.

Él se rio.

– ¿De verdad crees lo que te dijo el cliente el otro día? ¿Que el espíritu de Olair debe estar vagando por el mundo, como un alma en pena?

Gisele tembló de miedo.

– Yo lo creo. Nunca fui religiosa, nunca asistí a la iglesia ni al culto. Pero tengo miedo del alma en pena.

– Olair dejó esto para mejor. El idiota debe estar al lado de su mujer, de la mano, sentado sobre una nube blanca.

– No lo sé, Rodinei, hace un año que murió y tuve algunas pesadillas. En ellas, Olair siempre me gritaba y trataba de asfixiarme.

– Quedaste impresionada con la forma en que el viejo venció a las betas. Cayó muerto frente a nosotros.

– Debe ser eso.

– Será mejor que lo olvides. El hombre murió y la casa es nuestra. Nos vamos a casar y tendremos una hermosa familia. Quiero un montón de niños.

Gisele se rio a carcajadas.

– No tanto, Rodi. No tanto.

Olair quedó atónito. No podía creer que esas dos personas comunes y corrientes pudieran llevarse bien: le habían hecho daño.

Un espíritu se le acercó. Olair se sobresaltó.

- ¿Cómo entraste? – Preguntó asustado.

– Igual que tú, bueno.

– ¿Conoces a estos dos?

El espíritu abrió una sonrisa. Sus dientes estaban amarillos y oscurecidos por la nicotina.

– No me gusta Rodinei. La cabra plaga me quitó la vida. Permítame presentarme. Mi nombre es Evanildo - Extendió su mano y Olair hizo lo mismo.

– Mucho gusto. Soy Olair.

Evanildo era bajo, pero robusto. Los ojos eran naturalmente rojos. Daban miedo, vestía ropa de cargador y llevaba al hombro un pescadero de pura acción.

– Yo iba al *catimbó*.

Olair miró inquisitivamente y Evanildo explicó:

– El *catimbó* es un culto regional del Nordeste, en el que hay manifestaciones de espíritus que vivieron principalmente en esa región de Brasil y son llamados maestros catimbozeros.

– Entiendo.

El chico continuó:

– Yo era un buen hombre. Cultivaba hierbas y cuidaba de la población. Conocí a Rodinei cuando se llevó a su novia, enfermo.

Mi grupo la curó y nos enamoramos. Rodinei se sintió traicionado y vino a descubrirlo. Intenté calmarlo, pero me mató. Al día siguiente mató a María das Dores. Luego huyó a São Paulo.

– ¿Dónde está María das Dores?

Los ojos de Evanildo brillaron de emoción.

- Ella está bien. Aceptó la muerte y vive en Jurema.

- ¿Dónde queda ese lugar? Nunca lo oí.

Evanildo se rio.

– Al parecer no entiendes nada del mundo espiritual - Olair sacudió la cabeza hacia un lado, negativamente.

- ¿Fue católico, por lo menos?

– Tuve una educación católica, pero nunca asistí a nada.

– Pero ayuda a entender. El universo espiritual de los *catimbó* sigue el mismo patrón que el catolicismo, cuyas creencias en el cielo, el infierno y el purgatorio están bastante extendidas entre los catimbozeros.

– Oh, entiendo...

– La diferencia es que para nosotros también existe Jurema, donde viven los maestros de Jurema y sus subordinados. Jurema está formada por un conjunto de pueblos, ciudades y estados, con una organización jerárquica rígida, que involucra a todas las entidades catimbozeras, cien jefes de Jurema y encantada, bajo el mando de uno o incluso tres maestros.

– ¿Y por qué no te vas a vivir allí, junto a tu amada María das Dores? – Preguntó Olair, curioso.

– Porque después de morir no pude detener mi ira. Das Dores ya ha intentado convencerme para que cambie de opinión, pero el enfado es demasiado grande.

– Pero si fueras un buen hombre, ¿por qué diablos te involucrarías en la venganza?

– ¿Y mira quién habla? ¿No estás aquí por la misma razón?

Olair se sobresaltó.

– ¿Cómo sabes eso? - Evanildo se rio.

– Por el color de tu aura. También puedo entender los pensamientos de otras personas. Siento que quieres vengarte de ella – Señaló a Gisele.

– Eras un hombre religioso. Yo no lo era. Por eso no entiendo tu deseo de buscar venganza.

– Por pura voluntad. Después que Rodinei derrame una lágrima de arrepentimiento, me calmaré. En cuanto a ti...

Evanildo se detuvo y asintió, esperando una declaración de Olair.

– Ella y Rodinei se metieron conmigo. Me quitaron mi casa y mi vida. No puedo permitir que estén juntos y felices. Tienen que pagar por lo que me hicieron.

– Estoy de acuerdo.

– ¿Qué podemos hacer? Ya me arrojé encima de ella, pero ella no sintió nada. Es como si no pudiera alcanzarlos.

– Tenemos más fuerza que ellos. Yo te mostraré.

Evanildo cogió a la pescadera y la levantó con el brazo. Profirió algunas palabras extrañas al conocimiento de Olair.

El ambiente se estaba llenando de parásitos astrales. Estos "pequeños animales" procedentes de los pantanos del Umbral empezaron a pegarse a los cuerpos de Rodinei. Inmediatamente sintió una picazón. Gisele preguntó:

– ¿Te sientes bien?

– No lo sé – respondió Rodinei –. De repente, comencé a sentir picazón, una picazón en todo el cuerpo, como si me estuvieran mordiendo.

Gisele miró fijamente.

- No hay nada en ti.

– Pero me pica.

– Espera, traeré algo de alcohol de la cocina - Se levantó y fue a buscar la botella. Olair miró fijamente a Evanildo de manera sorprendida:

– ¿Cómo tienes tanta fuerza?

– Tú también puedes tenerla. Puedo enseñarte algunos trucos astrales. Luego acabamos con la vida de estos dos. ¿Qué dices?

Olair extendió su mano y asintió:

– ¡De acuerdo!

Capítulo 25

Aquella tarde, después de reflexionar sobre la conversación con su tío, Valeria pensó en la relación que había tenido con su hijo desde su nacimiento. De hecho, hubo una dosis de repugnancia natural debido al hecho que Federico era hijo de Darío. Solo de pensar en su antiguo novio, Valeria sintió un remordimiento incomparable.

– Si no me hubiera acostado con Darío esa mañana...¡Oh Dios mío! ¿Cómo pude ser tan débil, tan venal?

Este sentimiento de amargura la acompañó durante casi veinte años. Junto a este sentimiento, también estaba el sentimiento que Federico la había lastimado mucho emocionalmente.

– No hay razón para eso – intentó justificarse –. Federico nunca me hizo daño, siempre fue un buen hijo.

Valeria no tenía una idea clara, pero su espíritu había sufrido mucho a manos de Federico en otras vidas. Había una posesión, un dominio que él había ejercido sobre ella desde tiempos inmemoriales. A partir de la Edad Media, sus espíritus, por a través de sucesivas encarnaciones, sufrieron importantes transformaciones. Si antes ambos eran amantes insaciables y destruían todo y a todos con su pasión enfermiza, luego pasaron por un período en el que Federico ejerció una influencia muy fuerte sobre los deseos y anhelos de Valeria.

La vida, siempre misericordiosa, les hizo a ambos experimentar situaciones de posesión y desapego hasta llegar a la encarnación actual. Federico había aprendido a dejarse llevar.

Valeria había desarrollado un sentimiento natural de rechazo, resultado del miedo a ser esclavizada o dominada por él nuevamente.

Su relación sufrió cambios más significativos cuando Olivia comenzó a renacer cerca de él. Y, con Olivia a su lado, Federico empezó a sentir el amor verdadero, ese amor puro, incondicional, sin posesión ni necesidad de esclavizar al objeto de su afecto.

Federico finalmente aprendió que reencarnamos para cambiar nuestra personalidad y no para perfeccionar nuestra esencia, que ya es perfecta. Él y Valeria descubrieron que la personalidad no es más que la ropa del alma.

Ante esta situación, Valeria todavía sentía ese rechazo natural hacia Federico. Ella había aceptado recibirlo como hijo para despertar en ella los sentimientos de amor que solo la maternidad es capaz de proporcionar.

– Yo amo mi hijo. ¿Por qué no puedo acercarme a él? ¿Por qué?

La pregunta resonó por la habitación y Valeria sintió una lágrima caliente correr por el rabillo del ojo. A partir de ese momento empezó a suavizar las creencias más arraigadas de otras existencias.

Se sonó la nariz con un pañuelo. Se levantó y fue al baño. Se lavó la cara y miró su reflejo en el espejo. Parecía cansada.

– De hecho, estoy empezando a envejecer – dijo en voz alta.

Ella dio una pequeña sonrisa, salió del baño y vio el ramo de rosas. Ella se acercó a él, tomó la tarjeta rosa y marcó el número. Una voz de hombre respondió:

- Aló…

- Por favor… me gustaría hablar con Tomás.

- Soy yo.

- Hola Tomás – saludó cordialmente –. Soy yo, Valeria.

Al otro lado de la línea, temblaba y se revolvía en su silla.

– ¡Llamaste! – Exclamó alegremente.

– Sí. No pude resistirme al hermoso ramo de rosas rojas. Son lindas. Gracias.

– No hay de qué. Me alegra mucho que me hayas llamado.

– He estado muy ocupada. Tengo mucho trabajo, muchos proyectos en marcha...

Tomás la interrumpió con amabilidad en su voz:

– ¿Hay tiempo en tu agenda para cenar juntos? - Valeria tragó en seco. Ella fue tomada por sorpresa.

- Cla... ¡claro! ¿Cuándo?

- ¿Podría ser esta noche?

- ¿Hoy? – Preguntó, con una voz que mostraba asombro.

- Sí, hoy. Tengo la noche libre. ¿Y tú? - Valeria fingió consultar su diario y respondió:

– Yo también estoy libre ¿Podemos concertar una cita en algún lugar?

- Te recogeré en tu oficina.

- ¡No! Necesito arreglarme. No me veo bien.

- Siempre fuiste hermosa.

- Si me vieras ahora mismo, estoy seguro que cambiarías de opinión.

Tomás se rio.

– ¡Ustedes las mujeres! Está bien. Te recogeré en casa a las ocho y media.

– De acuerdo.

Colgaron el teléfono. Tomás sintió un suave calor tocar su pecho. Valeria tembló de emoción. Hacía años que no tenía una cita romántica. Se sintió insegura.

– Después de veinte años...

Ella habló e instintivamente sus dedos tocaron el colgante en su cuello. Valeria cerró los ojos y sonrió:

– Soy feliz y no me dejaré sufrir.

Se levantó y arregló su mesa. Tomó un jarrón y lo llenó de agua. Colocó las rosas en el jarrón y lo colocó sobre su mesa. Cogió su bolso y se fue a casa.

Al llegar a la mansión Morumbi, estacionó su auto en el garaje y una de las criadas fue a recibirla.

– Tu hijo se fue y te dejó esta carta - Valeria miró el sobre.

– ¿Dónde está Federico?

– Se fue a Londres esta noche - Valeria salió del auto y cerró la puerta de golpe. Tomó el sobre de la mano de la criada y se dirigió a la sala como un torbellino. Encontró a Américo fumando su pipa, vistiendo una bonita bata y leyendo un libro. Se bajó las gafas con los dedos y sonrió:

– Buenas noches hija.

Ella ni siquiera respondió y añadió otra pregunta:

– ¿Qué es eso que Federico viaja sin despedirse de mí?

– ¿Qué me perdería? ¿Por qué tendría que despedirse de ti?

– Porque ahora soy su madre - Américo giró la cabeza hacia un lado.

– Tienes el título de madre, eso es todo. Nunca llamaste a tu hijo. ¿Qué te pasó? ¿Te arrepentiste?

– No, es que... – Valeria no sabía qué decir.

– Federico se fue muy triste.

Su corazón se hundió.

- Pensé que se iría pasado mañana.

- Anticipó el vuelo.

- ¿Podrías al menos avisarme...

- Valeria, ¿estás consumiendo drogas?

Se detuvo frente a su padre, atónita.

– ¡Qué pregunta más estúpida! Nunca he consumido drogas.

– Así que deja de comportarte como una mujer alienígena, despistada de las cosas.

– No entiendo, papá.

– Nunca llamaste a preguntar por tu hijo. ¿Por qué te molesta ahora que se haya ido a Inglaterra?

Antes que pudiera replicar, Américo se señaló las manos:

– Federico te dejó una carta. Por cierto, ese es el sobre que tienes en tus manos.

Valeria miró el sobre y lo abrió. Se sentó al lado de su padre. Sacó el papel y leyó:

- "Madre,

Ni siquiera sé si puedo llamarte así... en cualquier caso, es solo una formalidad para tu amor. Crecí lejos de tu presencia, lejos de tu amabilidad. Logré sobrevivir y ahora soy un hombre adulto.

No te culpo por la forma en que me trataste todos estos años. Cada uno da solo lo que tiene. No puedo exigirte lo que no tienes que darme. Espero que cuando volvamos de Inglaterra dentro de unos años al menos podamos hacernos amigos.

No sé si superaré el rechazo que me impusiste todos estos años, pero te prometo que no dejaré que me deseches, nunca más. Después de todo, tengo mi autoestima y aprendí de la tía Natalia: no me dejaré sufrir. Nunca más.

Besos y hasta luego, Federico."

Valeria terminó de leer y no pudo contener la emoción. Se acercó a su padre y lo abrazó fuertemente.

– Papá, nunca fui una buena madre. Siento que perdí a mi hijo para siempre. Me odia.

– ¡Shtt! – Dijo Américo – Federico no te odia. Habló mucho con Natalia y Adamo antes de escribirte.

– Antes de venir aquí, pensé en la relación con mi hijo. Sé que parte de la distancia entre nosotros se debió a que no podía perdonarme por quedar embarazada de Darío.

– Sucedió y ya está. ¿No sería más fácil pasar página y seguir adelante? Si Federico fuera un chico problemático, agresivo, un mal hijo, incluso estaría de acuerdo con tu postura. Sin embargo, este chico nunca te dio un gramo de trabajo. Siempre fue cariñoso y sociable.

– Yo sé, yo sé.

– Hija – la voz de Américo se había vuelto seria –, es hora de dejar de lado esas creencias que traes de otras vidas.

– No sé cómo empezar...

– La sabiduría necesaria para soltarlos proviene del alma, a través de la acumulación de experiencias.

– Yo amo mi hijo. Simplemente no sé cómo darte mi amor. De hecho, después de todos estos años, con lo que acabo de leer, siento que perdí a Federico para siempre.

– Esto está siendo dramático. Federico expresó sus sentimientos a través de una carta, ya que no había forma de hablar contigo cara a cara. Importa lo que sientes. Si realmente quieres a tu hijo llegará el momento en el que sabrás transmitirle ese sentimiento.

– Iré a visitarlo.

– No hagas eso por ahora. Deja que Federico viva solo esta nueva etapa de la vida. Estoy seguro que esta estancia en Inglaterra le hará mucho bien.

– ¿Y qué hago ahora?

– Vibra el amor por tu hijo para que no le pase nada malo. Piensa en Federico con amor. El resto, la vida se encarga de hacerlo.

- Eres un gran amigo, papá. Yo te amo mucho.

- Yo también te amo.

- Bueno, necesito levantarme y prepararme.

- ¿No quieres cenar conmigo?

No esta noche. Tengo una cita.

El rostro de Américo se contrajo en una expresión divertida.

- ¿Te escuché bien? ¿Una cita?

– Eso mismo.

– Me alegra que salgas y te diviertas. Solo se respira trabajo - Valeria se levantó y besó a su padre en la frente.

– Déjame prepararme. ¡Siempre tenemos que dar una buena impresión en el primer encuentro!

Ella sonrió y subió a su habitación. Caminó hacia el armario y eligió un hermoso vestido verde botella. Recogió sus complementos: collar, pendientes, pulseras, bolso y zapatos, y corrió al baño. Se dio una reconfortante ducha y se vistió. Se extendió un delicado perfume por el cuerpo, se echó hacia atrás el cabello rojizo y le gustó la imagen que vio en el espejo.

Tomás fue puntual y la recogió a la hora acordada.

- ¡Estás linda!

– Gracias.

– Parece que estuve aquí ayer, visitándote después de ese accidente.

– Ayer fue hace veinte años, Tomás.

– Lo sé. Perdí dos décadas de mi vida - Arrancó y aceleró.

– No digas eso, pensé que había desperdiciado años de mi vida y, si no fuera por todas estas experiencias que pasamos tú y yo, tal vez no estaríamos aquí juntos.

– ¿De veras o crees?

– Sí. Mi tío Adamo siempre me dice que la alegría de la vida se reduce al contentamiento del alma al hacer lo que quiere, sin la interferencia de la mente.

– ¿Tu tío es filósofo? – Preguntó riendo.

– No. Mi tío Adamo es una de las personas más increíbles que he conocido en toda mi vida. Él y Natalia, que es su esposa y mi mejor amiga, junto con mi padre, son mis cimientos en esta vida.

– ¿Y tu hijo no está incluido en la cuenta? - Valeria se sonrojó. Su mente estaba acostumbrada a bloquear a su hijo. Se mordió el labio y dijo:

– Perdón por ser franca, pero mi relación con Federico, mi hijo, nunca fue la mejor.

– Aprecio tu sinceridad. Es similar a la relación que tengo con mi hija Alice.

– ¿Tú y Marion solo tuvieron esta hija?

– Doy gracias a Dios por tener una sola hija. Si fuera por Marion, nunca tendríamos hijos. Ella siempre decía que el embarazo destruye el cuerpo.

– ¿Por qué entonces siguió adelante con el embarazo?

– Para hacer la fiesta del nacimiento – se señaló a sí mismo.

– Marion quedó embarazada para obligarme a casarme con ella.

– Hoy en día el embarazo no garantiza el matrimonio.

– Soy un hombre de principios y hasta anticuado. Pensé que era justo casarme con ella y formar una familia, intentar crear un hogar para nuestra hija. Lamentablemente, las cosas no son como imaginábamos. Alice creció sintiéndose como un patito feo.

– He visto fotos de tu hija en revistas. Alice es una chica bonita.

– Vive insegura. Odia que la comparen con la grande estrella Marion Krystal.

– Lo siento mucho.

– No necesitas sentir nada. Intenté ser un buen padre, pero mi hija siempre quiso superar a su madre en todo. ¿Es como si ambas vivieran en eterna competencia?

- Como para mí – se encogió de hombros -, yo era débil y debería haber seguido el deseo de mi corazón.

– Marion es posesiva. ¿Te dejaría libre sin meterme en problemas?

Tomás se rio.

– He estado fuera del juego durante mucho tiempo. Allané el camino para que Marion llegara al mercado cinematográfico estadounidense. Después de establecerse como una gran estrella, me dejó atrás. Ahora ha empezado a salir con un productor de cine ruso lleno de dinero. La convertirá en una gran estrella en Europa. Marion incluso piensa en volver a cambiar su nombre.

– No se le puede hacer nada – dijo Valeria –. Siempre lo mismo. Siempre ha tenido una enorme vanidad.

– Pero el tiempo pasa y llega la edad. No sé cómo aguantará Marion la vejez.

Llegaron al restaurante. Era una dirección de moda y estaba llena de coches y gente en la entrada. Tomás se detuvo, salió y le entregó la llave al valet. Volteando desde la parte delantera del vehículo y le abrió la puerta a Valeria.

– Muchas gracias. Eres un caballero.

– Como te dije, tengo principios. Puedes llamarme anticuado, pero sigo abro la puerta del coche, mando flores... pequeños gestos de cariño que una mujer merece recibir cada día.

Valeria se sonrojó y asintió. No dijo nada. Entraron al restaurante y el maitrê, al reconocer a Tomás, sonrió ampliamente.

– ¡Señor Tomás! Es un gran placer verlo de nuevo. Voy a llevarlo a su mesa - Tomás retiró la silla y Valeria se sentó. Luego se dio la vuelta y se sentó en la silla al frente. La mesa estaba puesta con sumo gusto y había un candelabro con una vela encendida, creando un ambiente romántico en el ambiente. Tomás pidió un vino tinto y continuaron la conversación.

– Sabes, Valeria, tengo cuarenta y cinco años. Construí lo mío. Tengo una buena vida. Estoy legalmente divorciado. Soy un hombre libre.

– ¿Y tu hija?

– Alice está a punto de cumplir veinte años y, sintiéndose asfixiada por el éxito de su madre, decidió mudarse a Australia, muy lejos. Mi familia tiene propiedades allí y Alice está bien asentada. Se matriculó en un curso de gestión hotelera en Sídney. Está saliendo con el heredero de un famoso grupo hotelero.

- Realmente eres libre.

- ¿Y qué hay de ti?

- ¡¿Yo?! ¿Qué quieres saber?

- Todo – respondió Tomás, con una hermosa sonrisa en los labios –. Cuéntame de tu vida, de tus proyectos, de tus sueños.

Valeria notó la belleza madura de Tomás. Todavía era guapo. Su cabello se estaba volviendo gris, estilo menta. Su tez blanquecina le daba un aire viril y un encanto arrollador, sus dientes blancos y perfectamente alineados aparecían cuando sonreía. Ella estaba encantada. Hicieron el pedido y, cuando llegaron los platos, Valeria siguió hablando de su vida. Ella le habló del embarazo, habló sobre sus problemas de relación con su hijo y cómo actualmente estaba tratando de ser una mejor persona, en el sentido de comprenderse mejor a sí misma y amar a su hijo a su manera.

La conversación transcurrió agradablemente y, en el café, Tomás puso suavemente su mano sobre la de ella. Valeria se sonrojó y él adelantó la cara.

¿Quieres ser mi novia?

– ¿Así, de repente?

– ¿Y cuánto tiempo debería tomar? Ya no somos aquellos jóvenes que éramos hace veinte años. Hemos pasado por algunas transformaciones importantes en nuestras vidas y, si nos gustamos, ¿por qué no intentarlo? Fue por eso que di el primer paso y te envié ese ramo de rosas. Hice lo que te dijo tu tío Adamo. Me detuve y reflexioné sobre mi vida, analizando lo que quería y lo que ya no quería. Estoy seguro que quiero tener una relación contigo – la voz de Tomás era firme.

- Me encantaría, pero tengo miedo.

– Miedo, ¿de qué? ¿De que no funcione?

– Sí – dijo Valeria, temerosa –. Nunca me llevé bien en el terreno emocional.

– ¿Y eso? Lo intentamos, estoy segura que, si de mí depende, te sentirás la mujer más feliz del mundo.

Sintió que el calor invadía su cuerpo. Se abanicó la cara y sorbió el resto de su vino.

– Mira así...

Tomás no la dejó terminar de hablar. Sacó las manos de Valeria hacia adelante y sus rostros quedaron muy cerca. El beso fue inevitable. Los corazones de ambos se aceleraron.

– Empezamos bien – dijo, notando que todo su cuerpo temblaba.

- Vamos a salir de aquí. Te llevaré conmigo.

– ¿A tu casa?

– No. Después de la separación me fui a vivir a un piso, aquí mismo en Jardins. ¿Quién sabe, no tendremos el nuestra propia casa? ¡Al menos no gastaré dinero contratando a un arquitecto!

Ambos se rieron. Tomás pidió la cuenta, pagó y se fueron. Al entregar el auto al valet en el lobby del departamento, Tomás pasó su brazo por la cintura de Valeria y le susurró al oído:

– Tengamos una hermosa noche de amor. Lo prometo.

Capítulo 26

Habían pasado casi dos años desde que Federico llegó a Inglaterra. Había comenzado sus estudios en la universidad y se dedicó diligentemente a sus estudios. Su vida se limitó a estudiar y estudiar. De vez en cuando les escribía a Natalia y Adamo. También, escribió cartas a Américo y envió saludos a Valeria a través de sus tíos y su abuelo. Había disfrutado de unas vacaciones regionales para hacer turismo en Londres.

Era un chico guapo, pero muy tímido, bastante reservado. Aun así, conoció y se hizo amigo de dos chicos adorables: Edward y Justin. Federico tuvo algunas dificultades para hacerse amigo de chicas y sus amigos ingleses decidieron invitarlo a viajar durante las vacaciones. El viaje de ochenta kilómetros hasta la capital duró una hora y media.

Federico aceptó gustoso. No hizo nada más que estudiar. Cuando llegó a Londres quedó encantado. Los chicos lo llevaron a varios atractivos turísticos de la ciudad, entre ellos el Palacio de Buckingham, el Big Ben, el Museo Británico, la Catedral de San Pablo y la famosa tienda Harrods. Veían obras musicales en teatros situados en el bullicioso Piccadilly Circus, frecuentaban pubs, esos bares típicamente ingleses.

El sábado temprano, Federico se despertó de buen humor y sus amigos lo invitaron a dar un paseo por Hyde Park, uno de los parques más grandes de Londres, y luego pasearían por la moderna feria de antigüedades de Portobello Road. Era final del invierno y el Sol ayudó a aliviar el frío, haciendo agradable el paseo.

A Federico le encantaban las antigüedades y quedó con sus amigos para reunirse a la hora del almuerzo. Ya habían elegido un restaurante de moda más al sur, en Notting Hill.

Le compró a su abuelo una pluma estilográfica. Luego compró porcelana inglesa para su tía. Un viejo encendedor para su tío y un joyero para su madre. Federico pensó en todos los miembros de su familia. Sonrió al recordar a Valeria. Con el paso del tiempo, el sentimiento de rechazo disminuyó y empezó a comprender las diferencias con su madre. Se estaba haciendo hombre, y la distancia estaba siendo una gran amiga para reflexionar con total imparcialidad sobre la relación con su madre.

Federico se enteró, a través de cartas intercambiadas con su tía, que Valeria estaba saliendo con Tomás, un viejo amor del pasado. El joven sonrió felizmente.

Mamá nunca tuvo una relación seria con nadie.

Ahora ha llegado el momento que ella sea feliz. También espero encontrar a alguien y ayudar, reflexionó.

El niño pensó y chocó con el codo de una chica. Llevaba un paquete que se cayó. Se tapó la boca con la mano y, nerviosa, habló en portugués:

– ¡Dios mío!

Abrió el paquete y gimió:

– Se hizo añicos el jarrón que le compré a tía Alzira. ¿Y ahora?

Federico se agachó y ayudó a la niña a recoger los pedazos.

– Perdóname. Mil veces lo siento.

– Me alegro que hables portugués. Es más fácil entender mi enfado – dijo Olivia con la voz elevada.

– No fue mi intención. Estaba pensando en la vida y me distraje.

– No importa.

– Por supuesto que sí. Debes haber comprado esto para alguien especial.

- Era un jarrón de murano para mi tía.

– Busquemos otro.

– No tengo dinero para comprar otro. Gasté un puñado de libras en este – señaló desolada los fragmentos.

– Busquemos un jarrón similar. Esta feria es grande y tiene muchas cosas.

Olivia sintió cierta repulsión cuando sus manos se tocaron. El chico le parecía agradable, pero algo dentro de ella naturalmente lo repelía. La joven arrojó los pedazos a un bote de basura y caminó por la feria acelerando el paso. Federico la siguió poco después. Siguió a Olivia y, cuando ella se detuvo frente a un puesto de piezas de murano, cuando llegó el momento de elegir y abrir su bolso para pagar, vio que no había dinero. El vendedor respondió en inglés:

– Aunque quisiera el jarrón, simplemente se lo vendí a un precio más alto a este tipo – señaló a Federico.

Olivia abrió y cerró los ojos.

– ¿Qué pasa contigo? ¿Vas a perseguirme y atormentarme?

Federico agradeció al vendedor en inglés y caminó junto a Olivia.

- Tómalo.

- ¿Qué es?

- El jarrón de tu tía.

- No quiero, gracias.

- Me sentiré mejor si aceptas el regalo. Yo tuve la culpa de derribar al otro.

– No, gracias.

Olivia hablaba nerviosamente y, cuando estaba en este estado alterado, su mirada se dirigía ligeramente hacia adentro. Federico se dio cuenta y sonrió:

- ¿Y siempre estás así de nerviosa?

- ¿Nerviosa? Tengo mi forma de ser.

- Estoy aquí en paz, amigo. ¿Puede ser?

- Está bien. Mi nombre es Olivia.

- Soy Federico.

Él extendió su mano y ella no la estrechó.

– ¿Hasta cuándo más vas a estar nerviosa conmigo?

– Ya pasó.

Olivia sentía que conocía a Federico de alguna parte. Ella había simpatizado con él, pero algo en lo más profundo de su subconsciente rechazaba el contacto con el chico, era como si estuviera asumiendo algún riesgo. No podía entender este sentimiento.

– Almorzaré con dos amigos de la universidad. Puedo cancelar la reunión y tú puedes almorzar conmigo. ¿Qué opinas?

– Necesito irme pronto. En un mes volveré a Brasil.

– ¿Por qué?

– Porque mi intercambio dura un año. El mes que viene será un año. Necesito volver a São Paulo y terminar la secundaria.

- ¿Cuántos años tiene?

– Tengo diecisiete años. ¿Y tú?

- Tengo veintiún años. También vivo en São Paulo.

- ¿Estás aquí por trabajo?

- No. Estudio Economía en la Universidad de Cambridge.

Me quedan algunos años más, claro.

¿Planeas ir a Brasil de vacaciones?

– No era mi intención, pero ahora que te conocí, ¿quién sabe?

– Eres descarado, ¿no? – Refunfuñó Olivia –. ¡No sabes si estoy saliendo con alguien!

– Por supuesto que no tiene citas. Si estuvieran saliendo ni siquiera me hablarías.

- Tienes razón. No tengo novio.

– ¿No has conocido a nadie en Londres?

– Lo hice, pero a los chicos de mi edad solo les importa la fiesta.

– Entonces ya estoy adelante porque soy mayor, soy sabio, de buena familia...

Olivia se rio.

– Tienes sentido del humor. Me pareces tímido, pero tiene una forma de hablar cariñosa.

– Soy educado, no muerdo y vivimos en la misma ciudad.

– ¿Quién sabe, algún día nos encontraremos allí? Cuando termines tu carrera, tendré veinte años.

– ¿Me esperarás?

– ¿Para qué?

Federico era tímido por naturaleza, pero cuando vio a Olivia se sintió intrépido, audaz. Ni parecía ser él mismo. Había una natural facilidad en su discurso, como si la conociera desde hacía mucho tiempo. Su empatía por ella fue instantánea. Por ello, fue categórico en su respuesta:

- Esperar a que seas mi novia.

– Eres muy descarado, muchacho.

– Y eres encantadora cuando te enojas. Tu mirada se desvía hacia un lado.

Olivia se cubrió la cara con las manos, avergonzada.

– Perdón. Cuando estoy nervioso me pongo bizca. Ya me operaron, pero todavía quedaba un residuo.

Federico tomó su mano y la dejó suavemente.

– No tienes por qué avergonzarte. Dije que eres encantadora. Me gustaste.

– Solo dices eso para hacerme sentir bien. No necesito tu compasión.

– No dije eso porque lo siento por ti. Nunca sería poco elegante hasta ese punto.

Ella sonrió torpemente. Se dio cuenta que el chico era sincero. Caminaron por la feria y llegaron al lugar de encuentro con sus amigos. Federico les presentó a Olivia y les dijo que almorzaría con ella. Se reuniría con amigos en el hotel más tarde.

Los dos se despidieron de los chicos y se dirigieron a la estación. Tomaron el metro y se bajaron en Piccadilly Circus. Federico la llevó a un bonito restaurante.

La conversación fluyó agradablemente y Olivia todavía sentía aquel malestar en el pecho.

Es tan guapo, tan amigable y educado… Sería un enamorado maravilloso. ¿Qué me hace sentir esta opresión en el pecho? - Se preguntó, pensando.

Federico estaba encantado. Pensó que Olivia era una joya rara, una joya. Era joven, pero hablaba bien, era elocuente y estaba al día de la actualidad. Cuando se sentía molesta, parecía un poco bizca, y Federico encontraba en este defecto, digamos, un encanto añadido al conjunto.

Al final de la tarde se suponía que se encontrarían el otro fin de semana. Cuando se despidieron, sus labios casi se tocaron y Federico sintió una emoción nueva y diferente, que le quitaría el sueño y la concentración en los estudios durante toda la semana siguiente.

Olivia sintió un escalofrío de placer. Le agradaba el chico, pero la incomodidad todavía la inquietaba.

– Pasará pronto – se dijo, mientras caminaba hacia la pensión donde se hospedaba.

Federico llegó a Cambridge y le escribió una extensa carta a Natalia. En las líneas, escribió con pasión. Le dijo que había conocido a una joven encantadora y, por extraño que fuera, estaba enamorado. Había sido algo así como amor a primera vista. En las últimas líneas destacó que continuaría estudiando y le pediría a la chica que fuera a casa de su tía y su abuelo. Quería que su familia conociera a Olivia sin importar nada.

El chico selló la carta con la lengua y estaba sonriendo. Sus amigos bromearon con él, diciendo que se había transformado en otra persona. Antes reservado y tímido, ahora era más hablador, más dueño de sí mismo.

Federico contaba las horas hasta que llegara el próximo fin de semana. Acordaron encontrarse en un café cerca de Trafalgar Square.

Olivia les escribió a su tía y a su padre. Aunque estaba un paso más cerca de entenderse mejor con su madre, le resultó un poco difícil escribirle directamente a Arlete.

Estaba feliz, había cumplido su sueño de estudiar en Inglaterra y se dio cuenta que, aunque amaba las artes, se sentía inclinada por los negocios. Había trabajado a tiempo parcial en unos grandes almacenes y se dio cuenta que quería estudiar administración de empresas. El teatro era cosa del pasado. Ahora estaba madura y lista para una nueva vida.

También había comentado el encuentro con Federico, pero sin mucho entusiasmo. Aunque sintió mariposas en el estómago cuando sus labios casi se encontraron, había ese malestar que no la dejaba en paz. Quizás los comentarios sobre Federico fueran más un hecho en la carta que una nota apasionada.

Pasó la semana y Federico viajó a Londres, pasaron el día juntos y se divirtieron mucho. Afuera del Museo de Cera, Federico fue directo:

– ¿Por qué te siento tan distante?

– Soy demasiado joven para tener un enamorado y… - la interrumpió con amabilidad en su voz:

– No te pedí que fueras mi novia. Estoy diciendo que te siento distante. Si quiero tomar tu mano, me repeles. ¿Por qué?

- No lo sé, Federico. Tengo miedo.

– ¿Miedo de mí?

– Eso creo, no lo sé. Y algo que me molesta – apuntó –. Te juro que simpatizo contigo, pero siento algo raro, raro, como si fueras a hacerme algo malo.

– No lo puedo creer, he sido tan respetuoso, tan caballero.

– Lo sé – Olivia se sonrojó –. Confieso que eres un chico muy simpático. Me gusta tu compañía, pero hay algo extraño en ella. No puedo explicar.

– Quizás voy a la olla con demasiada sed. Te vas la semana que viene y no es justo que te vayas y me esperes tres años, aunque pueda visitarte en mis vacaciones.

– No es eso. Te juro que no lo es.

Federico abandonó el protocolo y le dio un beso cinematográfico. Olivia se dejó involucrar y, en ese momento, no sintió repulsión, ni miedo, nada. Al contrario. Sintió que su pecho crecía y se calentaba. Le temblaban las piernas y tuvo que apoyar su cuerpo contra la pared detrás de ella. Estaba extasiada.

- ¡Guau!

– ¿Te gustó?

– ¿Me gustó? ¡Me encantó!

Él la abrazó con ternura.

– Estoy enamorado de ti, Olivia.

– ¿No crees que es todo demasiado rápido, Federico? Apenas nos conocemos. Vuelvo a Brasil y quién sabe cuándo nos volveremos a ver.

– Haré todo lo posible por verte. Créelo.

– No quiero perturbar tus estudios. Estudias en una universidad de renombre, no puedes perder el foco.

– No voy a desconcentrarme, todo lo contrario. Saber que te tengo a mi lado, incluso lejos, dándome fuerzas, escribiéndome, atendiendo mis llamadas... Vaya, Olivia, voy a estudiar con más ganas.

– ¿En serio?

– Claro. Mira, te prometo que hablaré con tu papá. A fin de año me voy de vacaciones a Brasil y anunciamos que somos novios.

– Me voy la semana que viene. Será mejor que intercambiemos direcciones y nos comuniquemos por carta, como buenos amigos.

– No son buenos amigos, quiero ser tu novio. Nunca me he sentido así – se señaló el pecho –, por ninguna chica.

– Yo tampoco, aunque no he conocido a muchos chicos.

– Sé mi novia, ¿quieres?

– Solo si me compras un anillo de promesa - Federico se regocijó de felicidad.

– ¡Lo compro! ¡Lo compro! - Olivia se rio.

- Está bien. Mi vuelo sale el sábado por la tarde.

– Volveré el viernes. Podemos cenar y... – Nada de eso. Tienes clase y te vas a estudiar. El sábado por la tarde tomas un tren y te encuentras conmigo en el aeropuerto.

Federico rodeó la cintura de Olivia con sus brazos y dieron vueltas por la acera. La besó varias veces en la cara y en los labios.

– ¡Te amo!

Se despidieron y Federico regresó a Cambridge en un estado de total alegría. Se sentía el hombre más feliz del mundo.

Olivia regresó a la pensión y, aunque no quisiera, era imposible no sonreír. Encontró una amiga española que compartía su habitación.

– Hola Mercedes, estoy muy feliz. Estoy saliendo con un chico brasileño que estudia en la Universidad de Cambridge. Debe ser de buena familia y...

Olivia dejó de hablar. Mercedes tenía lágrimas en los ojos.

– ¿Qué pasó? ¿Conoces a Federico?

La niña no respondió y bajó la cabeza con tristeza.

– No es eso.

– ¿Entonces qué es?¡Celebremos! Me voy la semana que viene y me llevo nuestra amistad, un inglés fluido y un novio. ¡Mira todas las cosas buenas!

Mercedes resopló y uno de los profesores se acercó a Olivia.

– Cariño, recibimos una llamada de Brasil. Tu padre está enfermo y tu familia te pide que regreses inmediatamente a casa.

Olivia se tapó la boca con la mano.

– ¡¿Mi padre?! ¿Qué le sucedió?

Mercedes intervino, tratando de usar sus palabras con cautela.

– Tu padre sufrió un infarto y fue hospitalizado. Tu tía llamó y te pidió que regresaras lo antes posible.

– La llamaré ahora. Necesito saber qué pasó realmente.

– No sirve de nada. Tu tía y tu madre están en el hospital. Dijeron que tu tío Eugenio ya habló con el colegio responsable del intercambio y ya cambiaron el boleto para mañana.

El profesor maestra no dijo nada. Abrazó a Olivia y lloró.

Alzira había llamado una hora antes para informar que Osvaldo había sufrido un infarto masivo. Estaban esperando que Olivia llegara al funeral, pero pidieron no decirle la verdad.

Olivia partió en el vuelo del día siguiente, teniendo solo tiempo para firmar los papeles del colegio de inglés y pasar por la agencia que Eugenio le había recomendado para recoger su boleto de regreso. Aunque en el colegio no le dijeron nada, Olivia sintió que a su padre le había pasado algo muy grave.

La joven se fue y ni siquiera tuvo tiempo de avisar a Federico. Lo peor es que el sábado siguiente el chico se fue al aeropuerto con un joyero en el bolsillo de la chaqueta. Pasaron las horas y Olivia nunca apareció.

Al salir del aeropuerto de Heathrow, se encontró con otro compañero de estudios de Olivia. La niña china tenía enormes dificultades para expresarse en inglés y lo cómico que Federico entendió fue:

– Olivia viaja a Brasil el lunes.

- "¡Se fue sin hablarme! Ella no quería ser mi novia. Prefirió irse y rechazarme" - se dijo pensativo, mientras una lágrima rodaba por su rostro.

Federico sintió un dolor incomparable, mucho peor que el sentimiento de rechazo que impregnaba la relación con su madre. Se sentía como el peor de los hombres. Olivia lo había dejado en ridículo y ni siquiera le había dicho adiós. Fue el final.

El niño tomó un taxi y deambuló por la orilla del río Támesis. Sacó la caja de terciopelo del bolsillo de su abrigo y meneó la cabeza.

– ¿Por qué me hiciste esto, Olivia? ¿Por qué? Yo nunca volveré a amar. Nunca más. El amor solo duele y destruye. A Olivia no le agradaba, al igual que a mi mamá, tampoco no le agrado. Nací para vivir solo. Ese es mi destino. Quedarme solo.

El chico estaba inconsolable. En un ataque de ira, Arrojó la caja al río. Se secó las lágrimas con el dorso de las manos y regresó a Cambridge sintiéndose como el hombre más triste sobre la faz de la Tierra.

Parte III
La Conquista de la Felicidad

Capítulo 21

Arlete sonrió satisfecha. Los ingresos de la cafetería se habían duplicado desde que él se hizo cargo del negocio de su hermana y su tía.

– Soy buena en esto – dijo con orgullo.

– Tan buena que estoy pensando en pasarte todo el negocio a ti – dijo Alzira.

– ¡No! – Protestó –. De ninguna manera. Fuiste tú quien dio origen al emprendimiento. Comenzaste con un pequeño salón en São Bernardo y hoy cuentas con una red de franquicias.

– Resulta que ahora quiero dedicarme a escribir recetarios. Es un viejo sueño, ¿sabes?

Arlete suspiró.

– Tienes razón. Desde que eras joven quisiste escribir un libro de cocina. La invitación del editor me resultó útil.

– No tendré tiempo para administrar las tiendas. La tía Lourdes será mi asistente. Hay recetas que solo su mente ha conservado. Hay muchas cosas que olvidé.

Arlete se rio.

– La tía Lourdes tiene una memoria envidiable. Llegará a los ochenta años más lúcida que nosotras dos juntas.

– Es verdad. ¡Pero estoy tan feliz por ti! – Alzira se emocionó.

– ¿Por qué?

– Bueno, Arlete. Dejaste de trabajar para cuidar de tu casa, de tu marido y de tu hija. Pasaron los años, te convertiste en viuda de Osvaldo y Olivia se va a formar como administradora de empresas. Salió de una profunda depresión y hoy se convirtió en empresaria.

Arlete sonrió a medias.

– ¿Qué puedo hacer? Cuando murió Osvaldo sentí que el suelo desaparecía. Después de veinte años de relación, perdí a mi pareja. Entré en una gran tristeza. Quería morir con él.

– ¿Y dejar a Olivia sin su padre y su madre?

– Saqué la fuerza, no sé de dónde. Pensé en mi vida y en mi hija. Obviamente el conocimiento espiritual me ayudó mucho a superar todo este dolor. Confieso que pienso en Osvaldo todos los días. El anhelo es inmenso, no tienes idea.

– Imagínate – dijo Alzira – . A Eugenio lo quiero por encima de todo, pero si la vida quiere que él vaya primero, también me doy cuenta que extrañaré mucho su compañía; sin embargo, al tener la creencia que la vida es eterna y que esta vida es solo un paso con un tiempo determinado, mi corazón se siente menos pesado.

– Eso es lo que siento hoy: con el corazón apesadumbrado, al menos. El otro día soñé con Osvaldo. Estaba de buen humor y estaba trabajando, dando la bienvenida a las víctimas de accidentes que habían perdido recientemente su cuerpo.

- También soñé con él una vez.

– ¿En serio? ¿Qué soñaste? – Arlete tenía mucha curiosidad.

– Parece que fue ese viejo sueño, que había tenido durante años. ¿Recuerdas cuando soñé con cierto Malaquías?

- Lo recuerdo. Esta pesadilla ha poblado tu mente durante muchos años.

- Después de un tiempo soñé con esa amiga – Alzira se quedó pensativa por un momento: se llamaba Lola.

Fue ella quien aclaró una serie de hechos relacionados con mi vida pasada. Malaquías había sido su novio – señaló a Arlete – y luego conociste a Osvaldo y te enamoraste perdidamente de él.

Arlete asintió y Alzira continuó:

– Osvaldo era terrateniente y ustedes tenían una hija. Algún tiempo después ambos decidieron emprender un viaje y el barco se hundió. Tú y Osvaldo murieron y yo me hice cargo de la niña. No hace falta decir que la niña era Olivia. Al cabo de unos años reapareciste, inconsciente y ganándote dinero de tu hija. Tu demencia la asustó y se escapó.

– Recuerdo vagamente cuando me contaste ese sueño.

– Aparece Malaquías, tu antiguo novio, que quiere demostrar que la hija es suya para quedarse con la tierra. Lo desafié y se alejó. Me parece que engañaste a un par de agricultores pobres y les quitaste sus tierras. La última vez que soñé, Lola me aseguró que Malaquías se había reencarnado en Olair, nuestro padre.

– Si teníamos alguna conexión no resuelta del pasado con nuestro padre, creo que en esta vida lo hemos solucionado todo. Mi feliz matrimonio me hizo ver a mi padre desde otro ángulo. Papá solo pudo darnos lo que tenía.

– También entendí por qué nos trataba de esa manera. Y mamá contribuyó mucho a que tuviera esa estúpida forma de ser.

– Mamá nunca tomó una posición, nunca tuvo una voz activa. Si ella hubiera gritado y desafiado en algún momento del matrimonio, tal vez todo hubiera sido diferente.

– Hoy, mirando hacia atrás – dijo Alzira –, veo que todo estaba bien. Tuvimos el papá y la madre que merecíamos, tuvimos la vida que nuestro espíritu atrajo por la postura a lo largo de muchas vidas.

Arlete sacudió la cabeza de arriba a abajo.

– Sé que si tuve que quedarme en el planeta es porque mi espíritu necesita madurar una serie de ideas y conceptos. Hoy soy una mujer independiente, vivo de mi salario, trabajo y me siento útil, ayudo a mi hija...

– Y, hablando de hija – añadió Alzira –, tu relación con Olivia mejoró mucho después de la muerte de Osvaldo.

– Sin duda. Había dos alternativas: o nuestra relación se arruinaba o nos haríamos amigas. Ganó la segunda alternativa. El sentimiento de rechazo de Olivia hacia mí fue superado con sesiones de terapia, comprensión y respeto entre las dos.

– Y amor – concluyó Alzira.

– Sin amor no hubiéramos logrado nada. Hoy siento que amo a mi hija y ella me ama a su manera. Olivia se ha convertido en una mujer independiente y es mi mano derecha en los negocios.

– Por eso me siento cómoda dejando las tiendas en tus manos y continuando con mi nueva carrera como escritora de libros de cocina.

Los dos se abrazaron emocionados.

– Alzira, eres una hermana querida, pero lo fuiste y siempre serás mi gran amiga. Gran parte de mi transformación personal te la debo a tu amistad y al cariño de Eugenio.

– Los queremos mucho a los dos. No tuve hijos y me siento la madre de Olivia. Después de la muerte de Osvaldo sentí que nos unimos más.

– Formamos una hermosa familia. Y este cariño que emana y circula entre nosotros no tiene precio. Es nuestro amor el que me ayuda a superar las adversidades de la vida cotidiana.

Alzira bajó la voz:

– ¿Estás pensando en volver a salir con alguien?

– No.

– ¿No echas de menos algún compañero? – Preguntó curiosa –. Después de todo, no tienes ni cincuenta años. Hay mucha leña para quemar.

– Mi parte de leña la quemé con Osvaldo – dijo Arlete con bondad en su voz –. Osvaldo fue el gran amor de mi vida. Ya he experimentado este amor y no extraño retener a alguien. Como creo que la vida continúa después de la muerte del cuerpo, sé que volveré a encontrarme con Osvaldo y nuestros espíritus vivirán juntos, mientras el sentimiento de amor nos lo permita.

– Me conmueves al decir eso. Es una hermosa declaración de amor.

– Hoy no me siento una mujer triste. Todo lo contrario. Me siento feliz y realizada. Amé y fui amada durante años y años. Osvaldo fue un regalo que me dio la vida. No tengo nada de qué quejarme.

– Pero hay algunos proveedores a los que se les hace la boca agua por ti. El otro día llamó el director del banco y pensó que yo era tú – comentó Alzira –. Era todo tímido y, cuando se dio cuenta que yo no eras tú, se desconcertó.

– Me valoro, sé que llamo la atención, pero no extraño a nadie. Viví mi matrimonio dentro de los principios de amor, respeto y fidelidad. Ahora quiero trabajar y disfrutar de las pequeñas cosas. Quiero poder leer un libro sin que me molesten, cocinar para mi hija, esperar que algún día se case y me dé nietos...

– Después que Olivia regresó de Inglaterra, no salió con ningún chico. ¿Por qué tu corazón está tan cerrado?

– ¡Eh! ¿No eres su amiga? ¿Olivia no te confía absolutamente todo? – Pinchó Arlete, en tono de broma.

– Ella cuenta muchas cosas y dice que hoy todo lo que me confía también te lo cuenta a ti. Un día – Alzira se llevó el dedo a la barbilla – Olivia me contó que se había enamorado de un chico en Londres.

– Eso es lo que ella también me dijo. ¡Hace tanto tiempo! Ella va a cumplir veinticinco años y no quiere tener nada que ver con nadie.

– ¿Aun sueña con ese chico?

– No lo sé, Alzira. No me involucro en ese departamento. Respeto a mi hija como te respeto a ti.

– Hablando de Olivia, ¿dónde está?

– En la universidad. Reunión con un grupo de estudiantes para entregar el trabajo de finalización del curso. Tendremos muchas alegrías por venir.

- Eso espero – asintió Arlete –. Eso espero.

~ 0 ~

Olair se sentó en el borde de la acera. Estaba cansado. Llevaba tanto tiempo deambulando por el planeta que incluso había perdido la cuenta de cuántos años llevaba desencarnado.

Evanildo se acercó y se sentó a su lado.

– Una pescadera por tus pensamientos - Olair sonrió.

– Estoy cansado. Esta venganza contra Rodinei y Gisele realmente me cansó.

– ¿Vas a dar marcha atrás ahora? Casi logramos nuestro objetivo.

– Ya tienen una vida miserable. El bar de Rodinei fue asaltado, los ladrones irrumpieron en la caja fuerte y se llevaron todo el dinero que guardaba. Rodinei no quería saber de guardar dinero en el banco. Se quedó traumatizado por ese gobierno que se quedó con el dinero de todos.

Evanildo se frotó la barbilla con la punta del pescadero, pensativo.

– Y la cabra perdió todo su dinero y uno de los ladrones le disparó a Gisele. Estaba paralizada. Tienen una vida muy difícil.

– Sí, ¿cuál es el sentido de nuestra venganza? Estamos al acecho, imaginando, ideando una manera de hacerles daño. Y; sin embargo, aprendemos que la vida se encarga de dar a cada persona según sus obras. Ambos cosecharon lo que sembraron. Tú y yo somos solo espectadores.

– Solo nos dejaron a ambos con sensación de pesadez en la cabeza y malestar. Nada más.

– ¿Por qué debería seguir viendo sufrir a estos dos? Ya no recuerdo nuestras diferencias, hombre – dice Olair con voz lenta.

Estaba muy cansado. En los casi treinta años transcurridos desde su fallecimiento, se había quedado congelado en el tiempo. Vigiló la casa de Rodinei e inventó un plan diabólico para vengarse de él y de Gisele. Pero, por alguna razón que Olair no podía explicar, su corazón decía que todo estaba bien y sentía lo que había hecho con Rodinei y Gisele en el pasado.

Los recuerdos de la vida pasada llegaban de forma fragmentada, a veces truncados. Olair estaba tratando de poner en práctica un plan de venganza, pero no despegó. Fue solo en la mente.

Evanildo también lo intentó y fracasó. Cada vez que pensó en hacer daño a la pareja, se acordó de su amada, Das Dores. Y que, desde donde estaba Das Dores, enviaba energías de equilibrio y bienestar a su ser amado Evanildo

No entendía cómo recibía estas vibraciones; sin embargo, en el momento en que se acercaron a su aura, dejó de poner en práctica sus innumerables proyectos de venganza.

Hasta que ocurrió el robo, el robo de la caja fuerte y el tiroteo. Este triste episodio había ocurrido hacía casi diez años. Al menos la situación de la pareja, con el tiempo, fue tranquila rompiendo el corazón de los machos cabríos. Olair miró a Rodinei y vio cómo se dedicaba a su esposa en silla de ruedas. Esto le hizo pensar en la enfermedad de Josefa y en cuánto había descuidado a su esposa.

Evanildo siguió los pasos de Rodinei y se solidarizó con su rival. Pero Rodinei y Gisele sufrieron grandes transformaciones. A través del dolor, ambos cambiaron su forma de ver la vida.

Empezaron de nuevo desde cero. La suerte fue que tenía la casa, la misma casa que una vez perteneció a Olair y que él le había quitado de forma espuria. Rodinei empeñó la casa, tomó dinero de Caixa Económica y se recuperó del robo. El dinero del bar no fue mucho, pero alcanzó para pagar los gastos y lo principal: el acuerdo que le sirvió a su esposa.

Sí, después de un tiempo, él y Gisele hicieron oficial su relación. Se casaron y ella se convirtió en una mujer menos mezquina y menos arrogante. El tiempo le hizo hecho perder sus formas voluptuosas y su rostro color melocotón. Aprendiera que el cuerpo no es más que un instrumento para guiarnos en este mundo y cuidarlo es nuestra responsabilidad, pero el cuidado excesivo y la vanidad irrazonable son factores que dificultan mucho nuestro crecimiento espiritual.

Gisele se enteró de esto de la manera más triste posible. La bala alcanzó su columna y perdió el movimiento de sus piernas. Pasó el día en la caja registradora del bar, dentro de una pequeña casa de cristal blindado.

El amor que sentía por Rodinei era sincero. Y su amor por ella también. Vivían sus vidas así. Olair masticó un palo, escupió al suelo y comentó:

– Ya han tenido tantos problemas que ya no tengo ganas de vengarme. Perdí mucho tiempo en este mundo que ya no es mío.

– ¿Y tu familia? – Preguntó Evanildo.

– Nunca tuve afinidad con mis hijas. Las eché de la casa, traté de estafarlas y quedarme con la casa para mí. Y, ¿cuál era el sentido de todo esto? Nada. Lo perdí todo: casa, familia y no puedo ni imaginar si siguen en este mundo.

– Todavía están vivitas y coleando – dijo una voz detrás de él.

Olair se sobresaltó y se levantó de un salto. Evanildo hizo lo mismo y detuvo al pescadero.

– ¿Quién eres?

– ¿No te acuerdas de mí, Olair? – Preguntó Lola. Él la miró profundamente a los ojos. Se rascó la barbilla y dijo:

– Viniste a hablar conmigo hace unos años, ¿no?

Lola asintió y repitió la misma frase que había dicho antes:

– El cuerpo de carne murió. Tu espíritu continúa vivo. Así de simple. La muerte del cuerpo no es el fin de la vida. La vida nunca termina. ¡Es eterna!

- ¡Ahora recuerdo! Fue Josefa quien te envió.

- Así es.

- ¿Cómo está ella?

- Bien. Se recuperó de la enfermedad. Aprendió a valorarse más, tomó cursos, participó de experiencias y hoy estudia y trabaja en una Colonia cercana al planeta.

- Me alegro que esté bien.

- ¿No te gustaría ir con nosotros?

- No. No tengo ninguna afinidad con Josefa. No quiero ir.

- ¿Y hasta cuándo seguirás vagando por este mundo? ¿Has notado tu condición? ¿Ves cómo te ves?

Olair movió la cabeza hacia un lado.

- Tienes razón. Nunca más me vi a mí mismo. ¿Estoy tan mal?
¿Terminaste? - Preguntó pensativo.

Lola escuchó la pregunta y materializó un espejo a su lado.

– Vamos, Olair. Mira tu imagen reflejada en el espejo.

Olair se acercó torpemente y casi gritó de terror al ver su imagen. Ya no era aquel hombre corpulento y hasta cierto punto atractivo, de tipo rústico, de años atrás, con el pelo despeinado, erguido y blanco. La piel estaba ennegrecida y tenía varias manchas. El traje, o lo que podría llamarse uno, era una prenda sucia, como si llevara un remiendo de harapos. Y estaba delgado, muy delgado.

- Ese no puedo ser yo – dijo, perturbado.

– Claro que lo eres.

– Verás, este espejo está encantado – aventuró Evanildo.

– No - respondió Lola –. El espejo refleja el estado real de sus periespíritus. ¿Quieres verte a ti mismo?

Evanildo negó con la cabeza.

– De ninguna manera.

Olair estaba devastado. Se sentía perdido y sin rumbo. Lola hizo una señal y apareció otro espíritu con forma de mujer. Era una mujer muy hermosa, joven, de piel oscura y vestida de cangazo. Su cabello corto, negro y rizado rebotaba sobre sus hombros. Los ojos eran dos grandes jabuticabas negras y brillantes; la boca estaba llena y bien definida.

La mujer se acercó y los ojos de Evanildo se abrieron como platos.

– ¡Das Dores!

– Soy yo, querido.

Evanildo sintió un nudo en la garganta. Se aclaró la garganta:

– ¡Te veo! ¡Cuánta nostalgia!

– Yo también te extrañé mucho. Extraño tu abrazo.

Se estremeció. Hacía tanto tiempo que no veía a Das Dores que casi no podía creer la escena.

– Das Dores...

– Ven a vivir conmigo. Ha llegado el momento de dejar de lado el deseo de venganza. ¿Por qué comprometerse con situaciones tristes en el futuro? Ven conmigo y planifiquemos nuestra nueva vida. Tenemos mucho que aprender y vivir. Dame tu mano.

Evanildo miró a su amigo de tantos años y trató de despedirse.

– Creo que el acompañante estará solo. Ya no soporto estar aquí, atrapado en este mundo.

Olair se encogió de hombros.

– Sigue tu camino, amigo mío. Ve con tu pareja a una vida digna.

- ¿Quieres venir con nosotros? – invitó Das Dores.

– ¿Irme contigo?

– Sí. Siento que te gustará mucho nuestra ciudad. Y no necesitas ningún documento. Puedes venir conmigo y vivir cerca de nosotros.

Los ojos de Olair brillaron de emoción. Miró a Lola.

– Eres un espíritu libre. Podrás vivir donde quieras, siempre y cuando el lugar elegido sea compatible con tu energía.

– Me siento tan solo que el único amigo que tengo es Evanildo. Me gustaría irme con ellos.

– Pues entonces hazlo – respondió Lola –. Arriésgate en algo nuevo. Ve a cuidar la salud de tu espíritu - Olair asintió y se fue con la pareja. Lola sonrió feliz.

– Ahora solo me falta charlar un poco con Taviño y luego con Olivia. Así, ¡todo sale como se esperaba!

Capítulo 28

Lola se acercó a un joven y le tocó el hombro.

Taviño saltó asustado.

– ¿Qué estás haciendo aquí? ¿De nuevo?

– Soy yo otra vez. Me convertí en la niñera de un desencarnado rebelde. ¿Qué hago? Este tipo de trabajo me ha mostrado lo que un espíritu no debe hacer cuando vive en el mundo de la erraticidad.

– ¿Por qué no me dejas en paz?

– Porque me gustas -. Taviño sintió que se le abría el pecho. ¿Por qué me gustas?

- Pierde el gusto, ahora.

- El gusto no se puede explicar – respondió Lola.

- Nunca le agradé a nadie.

- Quizás en esta vida.

- A mi padre y a mi madre nunca les importó. Entonces conocí a Valeria. El poco cariño que ella me dio me enamoró.

– Eso se acabó. Falleciste y Valeria siguió viviendo en el planeta.

– Quiero esperar su "muerte."

– ¿Vas a quedar atrapado en este mundo muchos años más? ¿No es suficiente este cansancio, esta vida de ir de la nada a ninguna parte?

– Y, ¿qué sentido tiene seguirte? No recuerdo conocidos que me tengan aprecio.

– ¿No te acuerdas de Anita, tu niñera? - Taviño abrió la boca y sonrió.

– ¿Cómo podría olvidar a Anita? Ella fue lo mejor que me dieron mis padres, Anita me cuidó, me dio amor y cariño, ella no era parte de la familia, pero yo le gustaba como si fuera su hijo.

– Anita falleció hace unos meses. ¿No te gustaría visitarla?

Taviño se sintió tentado.

– Planeaba usar a Marion para alterar las vidas de Tomás y Valeria. No me gusta verla con otra persona.

– No te gusta porque se enamoró de ella. Valeria le dio algo de cariño, al igual que Anita.

– Anita fue como una madre para mí. Valeria... fue un sentimiento diferente.

– Si Valeria despertó en ti esta pasión, otra mujer podría hacer lo mismo. ¿Qué dices?

– ¿De veras lo crees?

– Claro. Tu eres un chico. Todavía conservas tu periespíritu joven.

– Valeria está envejeciendo – dijo Taviño, discretamente– . Confieso que no me gustan las viejas.

Lola se rio.

– Valeria está envejeciendo según los años de la Tierra. Si todavía estuvieras en el planeta, tendrías más de cincuenta años.

– ¿En serio? ¿Todo eso?

– Sí. Todo eso.

Taviño se rasca la cabeza, pensativo. Lola aprovechó el momento y se arriesgó:

– Deja a Valeria a un lado. Encontró el amor y es muy feliz. ¿Por qué no vienes conmigo? Puedo garantizarte que vivirás con Anita. Entonces, a medida que pasa el tiempo, ¿quizás te intereses por alguien más?

– Sí. No soy de tirarme a la basura.

– No lo eres. Pero primero debes dejar este mundo. Ya no tienes conexión con el planeta por ahora. Necesitas dar un paso más para tu crecimiento, para el desarrollo de tu espíritu.

- Si es así, lo haré. Primero, ¿puedo hacer algo?

- ¿Qué es?

- ¿Puedo despedirme de Valeria?

- Está bien.

Taviño se acercó a Valeria y le dio un cariñoso beso. Luego le tendió la mano a Lola y desaparecieron en la habitación.

Valeria sintió una agradable sensación de bienestar y le vino a la mente la imagen de Taviño.

- ¡Dios mío! ¡Cuántos años! Espero que estés bien.

– ¿Hablando sola?

– Sí, querido – se estiró y besó a Tomás en los labios.

– ¿Quién esperas que esté bien?

– Vaya, me acordé de un noviecito que tuve cuando tenía quince años.

– ¡Mmm, mira mis celos! ¿Qué historia esa para recordar y llorar por tu novio de la infancia?

Valeria se rio.

– No es un amor de la infancia. Taviño era un novio adolescente.

– ¿Y dónde está este muchacho?

– Oye, puedes calmarte. Taviño murió cuando yo cumplí quince años. Ha sido hace mucho tiempo.

– Mejor así.

– ¡Mira cómo habla! – dijo Valeria y le dio una palmada en el hombro a Tomás.

– Que se quede él del otro lado, y nosotros de este lado. Mejor, es un competidor menos.

– ¡Qué competidor, qué nada! Aunque Taviño siguiera vivo, solo tengo ojos para ti. ¡Yo te amo!

Tomás abrió los ojos y sonrió, mostrando sus perfectos dientes blancos. Pidió:

– Repítelo.

– Solo tengo ojos para ti. Yo te amo.

Saltó encima de Valeria y la besó en los labios varias veces.

– ¡Soy el hombre más feliz del mundo!

Valeria se liberó de su acompañante y se levantó de la cama.

- El hombre más feliz del mundo necesita ir a trabajar.

– Quería salir contigo un poco más.

– Más tarde. Ahora tenemos que prepararnos para otro día. Tengo tres clientes, un proyecto que se me va con el pelo blanco y, más tarde, cenaremos en la casa de papá.

– ¿Federico ha vuelto de vacaciones? Pensé que iba a regresar pronto -Valeria asintió mientras vestía ropa abierta.

– Yo también pensé lo mismo. Parece que recibió una invitación para dar una clase en la universidad. Después de convertirse en asesor del Ministro de Economía, da conferencias aquí y clases allá.

– Federico es un hombre inteligente. Quién sabe, ¿seguirá ascendiendo a niveles más altos en el gobierno federal?

— Todo indica que sí. Rechacé a este hijo y hoy lo amo incondicionalmente.

— Estoy feliz que hayas visto nacer al hombre que creaste en tu vientre.

— Nada como un poco de terapia y tratamiento espiritual. Hoy entiendo mucho. Aprendí a aceptarme incondicionalmente y amar a mi hijo de la misma manera incondicional. No tenemos una relación tradicional madre–hijo, pero lo importante es que nos amamos y respetamos.

Luego fue al baño. Tomás levantó su cuerpo sobre la cama, estiró el brazo y tomó el control remoto. Pasó los canales hasta llegar al canal de noticias. Siguió la previsión meteorológica, el informe sobre los preparativos de Río de Janeiro para albergar los Panamericanos y otras noticias del país y del mundo.

Entonces se levantó, abrió la ventana y dejó entrar el Sol. Él sonrió y se estiró. Iba camino al baño cuando escuchó esa famosa cancioncita en la que el locutor interrumpe el programa para dar una noticia de última hora, y generalmente desagradable, a la población. El reportero se encontraba frente a una hermosa mansión en las afueras de Los Ángeles, en Estados Unidos:

— Confirmado. La actriz Marion Krystal fue encontrada muerta por uno de sus empleados en su casa aquí en Los Ángeles. La actriz de 51 años, casada con el productor ruso Pavel Medved, el Oso, se encontraba alejada de la pantalla recuperándose de un accidente que desfiguró su bello rostro en el set de su última película. El cuerpo de la actriz será velado...

Valeria salió de la ducha con una toalla envuelta alrededor de su cuerpo y otra toalla secándose su largo cabello rojizo. Vio a Tomás sentado en la cama, con los ojos desorbitados mirando la televisión. Antes de preguntar qué había pasado, vio en la pantalla una foto de Marion y, al lado, el año de nacimiento y muerte.

— ¿Murió Marion?

– Sí. La encontró muerta uno de los empleados de la casa.

– ¿Podría ser un infarto? Después de todo, después de ese extraño accidente de hace dos años, Marion desapareció del centro de atención.

– Creo que lo fue. Llamaré a Alice. Ella debe tener otra información.

Tomás llamó a su hija. Alice ahora vivía en el Caribe con su marido y ni siquiera estaba al tanto de la muerte de su madre. Tomás colgó el teléfono.

– ¿Y qué? – Preguntó Valeria.

– Nada. Alice ni siquiera sabía sobre la muerte. Hacía mucho tiempo que no se hablaban. Después que Marion se casara con el productor ruso, olvidó que tenía una hija. Ella siempre puso su carrera por encima de todo.

- Eso es todo. Marion siempre quiso ser una estrella. Así es.

- Cariño, ¿quieres ir al funeral?

- No. Marion y yo estuvimos casados por un tiempo y tuvimos una hija. Después de los años, ella no quiso tener nada que ver con Alice y siguió su carrera en Hollywood. Se casó con el productor ruso. Ni siquiera tenemos bienes en común. Cualquier cosa. Prefiero que vayas conmigo a una iglesia. Encendamos una vela por su alma.

– Estoy de acuerdo contigo. Una vela y una oración es lo mejor que Marion puede recibir en estos momentos.

El acto sincero de Valeria y Tomás ayudó un poco a aliviar el drama en el que se había metido Marion. Después de todo, ¿qué le había pasado todos estos años?

Después de su matrimonio con Tomás y el nacimiento de su hija, Marion invirtió en su carrera internacional. Consideraba a Brasil como un país pequeño y a años luz de la profesionalidad que ofrecía la estructura del cine estadounidense. Se separó de su marido y dejó a Alice a cargo de niñeras e institutrices. Conoció al productor ruso y con él se hizo un nombre en el cine mundial.

Marion no era mala actriz, pero tenía una actitud arrogante, era estúpida con sus fans y su belleza ya no era la misma que en su juventud. Se negó a desempeñar el papel de madre o abuela. Siempre quiso interpretar los papeles de una mujer sexualmente atractiva: en una película era la seductora que destruye hogares; en otro, ella era la ejecutiva soltera y completa que hacía que los chicos se volvieran locos por ella. El público se cansó de la uniformidad de roles y su popularidad comenzó a decaer.

Los papeles empezaron a escasear y Pavel consiguió conseguirle una especie de "regreso." Marion había aceptado interpretar el papel de una madre viuda pobre que lucha por que su hijo ingrese a una buena universidad.

Se sometió a cirugía plástica, lipoescultura y se tiñó el cabello. Fueron necesarios unos diez años para reflexionar y fue, de hecho, muy hermoso. Sería un regreso triunfal a la pantalla e incluso se rumoreaba que podría ganar el Oscar que soñaba.

Durante el inicio del rodaje, Marion exigió que su camerino tuviera dos unidades de aire acondicionado. Los técnicos le informaron que el remolque no estaba apto para ser adaptado para recibir dos unidades aéreas. Si quisiera, tendría que utilizar un camerino más pequeño, o incluso compartirlo con otras actrices, para que el suyo se adaptara a sus exigencias. Como era de esperar, golpeó con el pie y exigió que ambos equipos se instalaran de inmediato. Así se hizo. Dos días después, mientras se preparaba para filmar, uno de los dispositivos sufrió un cortocircuito y el tráiler se incendió. Marion intentó salir, pero quedó atrapada y sufrió quemaduras de tercer grado que dañaron los músculos y huesos de su rostro.

Después de tres cirugías y sabiendo que su rostro nunca volvería a ser el mismo, Marion se tragó un paquete entero de tranquilizantes. El marido y el médico de familia dijeron a la prensa que la muerte se debió a un infarto.

Su muerte fue destacada en los principales medios de comunicación del mundo. Los fanáticos peregrinaron hasta la puerta de su mansión y colocaron flores y velas a lo largo de la puerta. Debido a su rostro deformado, el funeral se realizó en un ataúd sellado y fue enterrada en un cementerio a las afueras de Los Ángeles, famoso por albergar los restos de celebridades del cine, la música y la televisión.

Para el mundo, Marion murió de tristeza y tuvo un lugar bajo el sol. Sus fans estaban seguros que brillaría eternamente en el cielo. Estaban equivocados. Marion pudo engañar a los medios y a los fanáticos. Pero ella no podía engañarse a sí misma. Tan pronto como el cuerpo de carne murió, su periespíritu abrió los ojos y no pudo mover los brazos ni las piernas. Le gustaría hablar, pero las palabras no le salían. Quería gritar, patear y levantarse, pero nada. Su periespíritu quedó pegado a su cuerpo y, para su desesperación, "asistió" al velorio y al entierro. Cuando colocaron el ataúd en el mausoleo, ella entró en pánico. La oscuridad era total. Escuchó otras voces a lo lejos, pidiendo ayuda. Eran espíritus atormentados y apegados al cuerpo físico, igual que ella.

Los días pasaron y el cuerpo de carne de Marion comenzó a entrar en estado de descomposición. Al principio, el insoportable olor le provocó náuseas. Después se acostumbró al olor pútrido. Lo peor estaba aun por llegar. Marion sintió que su cuerpo se pudría y los gusanos se alimentaban de su carne muerta. Todavía se necesitarían algunos años para que su cordón plateado fuera desconectado y para que ella fuera recogida para recibir ayuda en el astral.

Aquí en el Brasil, en un pequeño pueblo del interior, una señora miraba las noticias y se reía. Atrapada por los acontecimientos del pasado y con un par de muletas, Laura juró:

– Intentaste matarme. Espero que sufras y me esperes. Cuando desencarne, te buscaré, demonio.

El lugar del accidente, hace muchos años, quedó claro en su mente y Laura se sintió enojada. Un espíritu se acercó a ella y susurró:

– Ya basta de tanta bronca. Cosechaste los resultados de tus acciones. Han pasado algunas vidas desde que tú y Marion se acusaron y se lastimaron mutuamente. Pero, como tenemos la eternidad por delante, un día, obviamente, cambiarás.

Laura no sintió la presencia del espíritu. Dijo algo y derramó un vaso de vodka. Todavía necesitaría otra vida para limpiar su corazón del enojo que tenía hacia Marion.

Capítulo 29

Olivia estaba radiante. La cirugía correctiva y definitiva de su ojo había sido un tremendo éxito. Ya no había ningún rastro de estrabismo, se volvió más segura y su autoestima aumentó.

Amante del arte, se dio cuenta que tenía la habilidad de admitir administración de empresas y gestión del negocio familiar. Se asoció con su madre y juntas hicieron que las cafeterías de Alzira llegaran a todas las capitales del país, a través del sistema de franquicia.

— Estoy tan feliz que hayas renunciado a tu deseo de ser actriz.

Suspiró Arlete, tras comprobar los balances enviados por los franquiciados.

— Ya pasó la fase, mamá. Sigo siendo un amante de las artes. Creo que voy a abrir una galería de arte.

— ¿Una galería?

— Sí – respondió Olivia sonriendo –. Mi lado artístico se ha manifestado a través de la pintura sobre lienzo. Y es muy difícil conseguir patrocinio y decidí que mis cuadros se expondrán en mi galería. Así, contribuiré a la difusión de la cultura en nuestra ciudad. Daré una oportunidad a los artistas que no pueden llevar sus obras a galerías establecidas. Como puedes ver, el arte sigue alimentando mi espíritu.

Arlete se acercó a ella.

— Has madurado mucho en los últimos años.

– Después de la muerte de papá, me di cuenta que necesitaba estar más castigado y ayudarte - Arlete estaba a punto de hablar, pero Olivia la interrumpió.

– Pensé que solo podría tener contacto con las artes si era actriz. Luego me di cuenta que el arte se manifiesta de otras maneras. Podría ser músico, poeta, actriz... Decidí aprender técnicas de pintura y eso me alegra el alma. Cada día me doy cuenta que soy un poco como ustedes, la tía Alzira y la tía Lourdes.

– ¿Semejantes cómo?

– Somos emprendedoras por naturaleza - Arlete sonrió.

– Es verdad. Solo me di cuenta de esta habilidad después de la muerte de Osvaldo. Hasta entonces me ocupé de él, de ti y de la casa. Nada más.

– ¿Nada más? – Preguntó Olivia sorprendida –. Siempre has sido organizada, mamá. Te ocupabas del presupuesto del hogar, de la empleada doméstica, no me faltaba nada en casa. Papá y yo nunca necesitábamos hacer una sola compra. La despensa siempre estaba llena, la comida siempre estaba en la mesa, la casa siempre estaba limpia y olía bien. Aprendiste mucho a ser organizada y transferiste estos conocimientos adquiridos a lo largo de tu matrimonio con los negocios. Te convertiste en una exitosa mujer de negocios.

– Me ayudaste mucho.

– No te voy a quitar el mérito, siempre ha habido roces entre nosotras.

Arlete estaba avergonzada. No sabía qué decir. Olivia continuó:

– Papá fue quien se puso entre nosotras. Separó nuestras peleas, aligeró el peso de las discusiones. Después que él se fue, comencé a usar más mi conciencia. Si discutíamos, inmediatamente intentaba imaginar qué haría papá. Me salí con la mía, o iría a mi habitación y pensaría. Aprendí que nunca cambiaré tu forma de ser y que me tienes que gustar tal como eres. Ama, mamá, y siéntete bien por los demás sin condiciones. En el amor no existe el "si": si fueras más así, más asá, más esto o más aquí... Eres lo que eres, y a mí me toca entender tu camino y aceptar vivir contigo o no... Elegí estar a tu lado y fortalecer nuestros lazos de cariño. Hoy, además de hija, también soy tu amiga.

Arlete dejó escapar una lágrima por el rabillo del ojo.

Abrazó fuertemente a su hija.

– Siempre te amé. Alguna vez creí que tenías un carácter autoritario y quería que fueras todo lo que yo no podía ser. Tuve una infancia y adolescencia marcada por la violencia y la censura. Mi padre era un hombre brutal y solo hablaba conmigo y con su tía mientras llevaba una correa y nos abofeteaba. Mi madre, lamentablemente, no supo enfrentarlo y protegernos. Alzira y yo tuvimos que darnos la vuelta.

– Si no hubieran tenido los padres que tuvieron, tal vez su fuerza aun estaría escondida detrás de algún capricho. Ustedes dos no tuvieron tiempo para ser mimadas. Tuvieron que aprender mucho a creer en su propia fuerza. Mírate hoy: te convertiste en una mujer amada por tu marido en los años que vivieron juntos, pudiste aprender un oficio y encontrar plenitud en tu trabajo, y me tienes a mí, que estaré siempre a tu lado.

- No. Pronto saldrás y te casarás.

- Podemos salir a coquetear juntos, ¿qué dices?

- ¿Es esa una propuesta para hacerle a tu madre? – Arlete se quedó atónita.

Olivia se rio.

– Te acercas a los cincuenta años y eres independiente. Te garantizo que hay muchos hombres así – hizo un gesto jovial con los dedos –, con ganas de salir contigo, mamá.

– Yo no quiero. Ya viví mi cuota de amor con Osvaldo.

– Aun queda mucho por vivir. ¿No te gustaría encontrar un compañero para tu vejez?

– De ninguna manera. Amaba y amo a tu padre. Creo en la continuidad de la vida después de la muerte y sé que seguiremos juntos. No lo extraño y no tengo ningún deseo de encontrar pareja. Conozco amigos que quedaron viudos y se volvieron a casar. No tengo nada en contra, porque estoy a favor que la gente sea feliz. No estaban contentas y encontraron en sus nuevos maridos compañeros ideales para esta nueva etapa de la vida. No lo necesito y no lo quiero. Soy feliz y me siento realizada contigo, con mi trabajo y con mi hermana y mi tía. Eugenio es un excelente cuñado que cumple el papel de hombre en la casa. Cuando tengo un problema que resolver en casa, lo llamo. Y, es más, algún día te casarás y tendrás hijos. ¡Quiero ser abuela!

- ¡Hablas con tanta convicción!

- Pero es lo que siento. Te vas a casar.

- No lo sé – observó Olivia.

- Necesitas salir más. Solo quieres saber sobre trabajo y pintura. Una chica de veintiséis años necesita tener amigos, salir, ir a discotecas. Eso dicen hoy en día ¿no?

Olivia se rio.

– Si mamá. Pero no me gustan las veladas. Soy más hogareña.

– ¿Y crees que un marido caerá del cielo?

– ¿Y por qué no? ¿No se conocieron papá y tú de una manera inusual?

Arlete abrió una enorme sonrisa.

– Fue mágico. Yo tampoco era coqueta y tu padre vino a verme. Tonó el timbre de la casa.

– Con la tía Alzira pasó lo mismo. ¿No encontró así al tío Eugenio, de la nada?

– Es verdad. Ya verás, tenemos mucha suerte con nuestros amores.

- A ti te podría pasar lo mismo.

– Entonces mamá, no tengo prisa.

– ¿No tienes prisa o aun no te has olvidado de ese tipo?

Olivia no estuvo de acuerdo.

– ¿Cuál?

– El que conociste en Inglaterra. ¿No era brasileño? ¿Quizás no volvió?

– No sé.

– Hoy tenemos internet, tenemos redes sociales. Es muy fácil encontrar o volver a conectar con alguien del pasado.

– Solo sé su nombre, mamá. Federico. No sé el apellido, el estado civil, nada. - Arlete le guiñó un ojo a su hija:

– ¿Por qué no te pones en contacto con tus amigas del periodo de intercambio?

– Esa historia es parte del pasado. Lo último que quiero ahora es encontrar un novio. Voy a hablar con tía Alzira sobre el proyecto de la galería y también me voy a apuntar a ese posgrado.

– ¿Por qué?

– Porque amo el conocimiento, mamá. Cuanto más aprendo, más segura me siento para dar tantos pasos como sean necesarios para mi crecimiento, ya sea personal, emocional o espiritual.

- Estás hablando diferente hoy.

- Además de sentirme bien conmigo misma, estuve con Célia.

Arlete sacudió la cabeza de arriba a abajo.

- Celia y Ariovaldo son dos ángeles del cielo que aparecieron en nuestras vidas. Alzira y yo siempre les estaremos agradecidos.

- Me alegré mucho que tú y la tía Alzira les dieran una de las cafeterías cafés para que ellos la administraran.

- Se merecen mucho más. Para nosotros una tienda más o menos no interferirá con nuestro medidor de prosperidad. Ariovaldo es un hombre honesto y competente. Siento que este gesto mío y de Alzira fue un reconocimiento a la ayuda que siempre nos han brindado, todos estos años.

- Eres muy generosa, eso seguro. Cuanto más das, más te retribuye la vida, ya sea en salud, en dinero o incluso en armonía familiar. Extraño mucho a papá, pero somos una familia feliz.

Los dos se abrazaron y con una gran sensación de bienestar que Olivia fue a su habitación y se quedó dormida.

Ella soñó. Abrió los ojos y se encontró junto a Lola.

- ¡Cuánta nostalgia! - Dijo Olivia y abrazó al espíritu amigo.

Lola la abrazó con ternura.

- Veo que tu progreso avanza a un ritmo rápido.

- Por lo menos aprendí a juzgar menos. Fui un poco crítica conmigo misma y con los demás. Hoy entiendo y acepto a mi madre tal como es. Sabes, Lola, si mi madre quisiese privarse de mi amistad, me alejaría de ella sin dolor ni resentimiento.

- Arlete siempre te amó. En la última vida tuviste una gran decepción con ella. Creías que tu madre había muerto en el mismo accidente en el que murió tu padre. Cuando la viste, después de muchos años, no podía creer que Arlete se hubiera quedado olvidada y perdida en el mundo. Su baja autoestima contribuyó a que no aceptara los hechos tal como eran. Lo colocó en su cabeza que había sido abandonada por su madre y permaneció así, incluso después de haber desencarnado.

– Hoy me doy cuenta que estaba ciega. No quería ver la realidad.

– ¿Entiendes por qué naciste con estrabismo leve? - Olivia asintió.

– La reencarnación es un bálsamo para nuestro espíritu. A través de él podemos afrontar las mismas situaciones, con el mismo grupo de personas con las que teníamos decepciones en el pasado. A medida que damos un paso más en la expansión de nuestra conciencia, más fácil resulta desatar los nudos de enemistades y desacuerdos pasados. Cada encarnación limpia nuestra conciencia e ilumina nuestro espíritu.

– Hoy veo a mi madre como una gran amiga. Creo que los restos del pasado han desaparecido. Mi espíritu aprendió nuevas habilidades y hoy administro el negocio familiar. Mi contacto con las artes continuará a través de la pintura.

– Tu progreso es espectacular, Olivia. Siento una felicidad incomparable al verte bien. Sin embargo...

– Cuando hablas así es porque te espera una sorpresa.

– Así es. Lo hiciste bien con tu madre. ¿Qué pasa con el amor de otra vida?

– ¿Estás hablando de él?

– ¡Ajá! Lo volviste a encontrar y lo rechazaste. ¿Sigues traumatizada?

- Él me mató. Quien mata no tiene amor.

- ¿Estás segura que él te mató?

- Después de mi muerte, vi la escena.

- ¿Viste la escena o viste lo que querías ver?

– No entiendo, Lola.

– Tendemos a ver solo lo que creemos. A veces, la verdad está frente a nosotros; sin embargo, frente a nuestras ilusiones, no la vemos. Evitar el contacto con la verdad daña el alma y retrasa el proceso de evolución del espíritu. Aunque tenemos toda la eternidad para desarrollar nuestra lucidez e inteligencia, no está de más tener el coraje de ver los hechos tal como son, sin el peso de los sentimientos y sin el velo de las ilusiones.

– Hablas como si no hubiera visto la verdad.

– Entonces veámosla. Cierra los ojos.

Olivia estuvo de acuerdo. En unos momentos, vio la escena que tanto temía.

Ella y Federico se amaban. Estaban enamorados y se casarían en unos meses. Resulta que otro chico, el celoso hermano de Federico, se había enamorado de la joven y, ante su negativa a salir con él, el chico se desesperó y la alejó. Perdió el equilibrio y cayó a un canal. Sin saber nadar, comenzó a ahogarse.

Federico estaba lejos y vio la escena. Corrió y trató de salvar a su ser querido. Ella extendió las manos, pero Federico no pudo salvarla.

Olivia abrió los ojos y una fina capa de sudor le corrió por la frente.

– Paco te empujó al río. Federico intentó salvarte – dijo Lola.

– La impresión que tuve fue que Federico me arrastraba hacia abajo – dijo asombrada.

– Estabas muriendo. Tu cuerpo naturalmente comenzó a hundirse. Federico intentó salvarle la vida.

Olivia se llevó las manos a la cara, avergonzada.

– ¡Lo maldije durante años, en el Umbral! Creí que el perdón que me pedía era que se arrepentía de haberme matado.

– No. Federico te pidió perdón porque no pudo salvarte. Viste lo que querías ver.

– ¡Pobrecito! Intentó sacarme de esas aguas y lo acusé injustamente. Pasamos años intercambiando acusaciones infundadas. ¡Ay, Lola, qué vergüenza me da!

- Y ha llegado el momento que se vuelvan a encontrar.

– ¿Tendremos otra oportunidad?

– Depende de ti. La vida te hará encontrarlo. Si permanecerán juntos o no es una cuestión ligada al libre albedrío.

- ¿Qué sería eso? —Preguntó Olivia.

- Libre albedrío es elección con lucidez.

Lola, ¿qué pasó con el chico que me arrojó al río?

- Después de esta vida, renació y desencarnó siendo un joven. Paco se reencarnó como Darío y es papá de Federico.

Olivia se tapó la boca con la mano.

– ¿Paco le dio vida a Federico?

– Sí. Después de su muerte, Paco se sintió muy mal al verte a Federico y a ti intercambiando acusaciones injustas. Se sentía responsable y quería hacer algo, desde el fondo de su corazón, para al menos ser perdonado por su hermano. Devolverle la vida a Federico fue un bálsamo para su espíritu.

– ¿Dónde está hoy?

– Darío falleció hace muchos años. Proporciona ayuda en una estación cercana a la Tierra y su periespíritu se ha visto afectado por el abuso de drogas.

– ¡Oh!

– Sus pulmones resultaron heridos y, en un posible regreso al planeta, nacerá con deficiencias en las vías respiratorias.

– ¿Podría verlo?

– Ahora no, Olivia. Primero necesitas encontrar a Federico nuevamente y poner fin a esta adversidad. Si su reencuentro termina en un posible arreglo y deciden seguir la vida juntos, Paco – o Darío – tendrá la oportunidad de regresar como tu hijo. Eliel, un viejo amigo espiritual, invitará a Darío dentro de unos años. Si todo va según las probabilidades, Darío regresará pronto al planeta.

– ¿Seré su madre?

– Será una forma muy interesante de resolver diferencias del pasado. Tu espíritu ha aprendido a lidiar con el sentimiento de rechazo. Ahora ha llegado el momento de poner en práctica las enseñanzas. Están aprendiendo a dirigir el libre albedrío, tomando decisiones cada vez mejores guiados por la moralidad cósmica.

– No sé cómo sería mi vida en el planeta si no tuviera tu apoyo. La ayuda de Eliel también ha sido muy importante, he soñado muchas veces con él en los últimos años.

Lola sonrió.

– Somos parte de un grupo de personas desencarnadas y encarnadas que nos ayudamos unos a otros, en plena armonía con el mayor bien, siempre.

- ¿Cuándo volveré a encontrarme con Federico?

- Todo depende.

- ¿Depende de qué, Lola?

- De ti, abrazando la verdad y aceptándola. Si sientes en tu corazón que Federico te estaba ayudando en lugar de lastimarte, puedes tomar una decisión positiva para mejorar tu espíritu.

– Voy a intentarlo. Lo prometo.

– Confío en ti, Olivia. Estoy segura que actuarás con claridad de ideas, sin juicios.

Se abrazaron y Lola concluyó:

– Necesitas volver a tu cuerpo. Pronto te despertarás y tendrás otro día bendito por delante.

– ¿Puedo hacer una pregunta? – Preguntó Olivia, tímidamente.

- Claro que puedes.

– ¿Cómo está mi padre?

– Osvaldo está bien. Tomó un tiempo aceptar el fin de la última experiencia terrenal. Estaba muy apegado a ti y a Arlete. Superó su apego, estudió y ahora trabaja en el mismo grupo que Darío. Pronto podré organizar un encuentro entre él y tu madre.

– Mamá estaría muy feliz. Ella se queja que no sueña con él.

– Porque aun no ha llegado el momento del reencuentro. Si tu madre hubiera tenido contacto con Osvaldo hace unos años, habría entrado en una crisis emocional terrible. ¿Imagínate de nuevo encontrar a la persona que tanto amaste en la vida y ser consciente que estás separado temporalmente? Se necesita mucho equilibrio emocional y conocimiento espiritual para aceptar y comprender la situación.

– Tienes razón. Pero saber que mi padre está bien me llena el corazón de alegría. ¿Puedes enviarle un abrazo y un beso?

– Por supuesto.

– Dile, Lola, que mamá y yo lo queremos mucho.

Se despidieron y Olivia volvió a quedarse dormida. Al día siguiente, amaneció emocionada y llena de energía para afrontar un día más en la Tierra.

Capítulo 30

¡Alzira era la emoción personificada! Su sueño de publicar su libro de cocina se había hecho realidad. El libro se vendió mucho y la invitaron a participar en varios programas de cocina. La receta favorita del público fue, sin lugar a dudas, su famoso pastel de zanahoria. Aunque la receta estaba en el libro, Alzira confesó al público que hubo un pequeño detalle que nunca reveló. Era un secreto de estado. Y ese halo de misterio que rodeaba la receta hizo que su libro se vendiera cada vez más.

Llena de carisma y simpatía, no tardó en que un director de una conocida cadena de televisión la invitara a presentar un programa de cocina, todas las mañanas, de diez a mediodía.

Alzira aceptó y a los pocos meses su programa era el más visto y comentado de la televisión brasileña. Eugenio era todo prosa. Estaba orgulloso de ver a su esposa ser mimada por los medios y tener éxito. Lo mismo pasó con Olivia y Arlete. Apoyaban cada vez más el éxito de Alzira.

Lourdes ya tenía más de setenta años y seguía siendo muy activa. Nadie hubiera pensado que ella era tan mayor. Se había teñido el pelo de un rubio oscuro que resaltaba sus ojos verdosos. La piel permaneció sedosa, a pesar que nunca se había enfrentado a un bisturí.

Emocionada por el éxito de su sobrina, siempre estuvo al lado de Alzira en los programas de cocina. No tardó en convertirse en ayudante de escena de Alzira y darse también a conocer a nivel nacional. Lourdes rezumaba carisma y hacía una gran pareja junto a su sobrina. El programa se convirtió en líder de audiencia en las mañanas de lunes a viernes. Un estudiante de posgrado descubrió que Olivia era sobrina de la famosa Alzira, del programa de televisión. Intentó ser discreta y apenas habló de su tía o del éxito del programa; sin embargo, sus compañeros la acribillaron a preguntas y uno de los profesores la invitó a hacer una breve charla sobre el caso de éxito de Alzira.

Olivia aceptó y, a la semana siguiente, llegó otra invitación: querían que trajera a su tía para dar una clase de gestión empresarial.

– ¿Y sé qué es eso? – Replicó Alzira.

– Tía, es solo para que vayas y le cuentes a la gente tu historia de éxito.

– Dijiste que ya lo hiciste. ¿Por qué voy a repetir todo?

– Hablé desde mi punto de vista, tía – Olivia hizo una voz tímida –. ¡Hoy eres una celebridad! Mis compañeros y las madres de mis compañeros te quieren. ¿Qué hay de malo en ir allí y simplemente hablar un rato? Media hora como máximo.

– Disfruta de tu forma desinhibida de expresarte – dijo Arlete.

- Yo no era así. He cambiado con los años – respondió Alzira.

- Por eso – dijo Lourdes –. Hablar sobre tu vida y tu pasado podrían ayudar a muchos otros jóvenes a orientar sus carreras.

– ¿De veras lo crees? – Preguntó Alzira, insegura.

– ¡Por supuesto, tía! Cuéntales a los estudiantes sobre el ejercicio que Celia les enseñó a hacer hace años. ¿Recuerdas cuando querías ser maestra y ella te mostró que debías hacer dulces?

– Han pasado tantos años. No sé si vale la pena hablar de ello… - Olivia la interrumpió con amabilidad en su voz.

– Vale la pena. Hay mucha gente que estudia porque está sola, sin ganas. No es consciente de lo que quiere. El camino de su vida muestra que el éxito solo le llega a quienes creen y aman lo que hacen.

– Todos lo hacen.

– Te equivocas, tía. Mucha gente sigue los consejos de los demás y se olvida de consultar su corazón. Nuestra sociedad valora las apariencias y lamentablemente muchos hacen lo que no les gusta y pierden el placer de la plenitud del alma. De ahí viene la tristeza, la depresión, la falta de ilusión…

– Está bien – asintió Alzira –. Iré - Programaron la conferencia para la semana siguiente.

~ 0 ~

Américo había sufrido un severo ataque de rinitis y, debido a su avanzada edad, fue hospitalizado. Nada de más. Solo pasó dos días en el hospital para realizarle diversas pruebas y tranquilizar a los médicos y a su familia.

– Estoy bien ahora. ¿Solo porque soy mayor me tratan como a un niño?

– Cálmate, papá – tranquilizó Valeria –. La crisis de la rinitis fue muy fuerte. Estás estornudando mucho y tus pulmones no pueden trabajar tan duro.

- Estoy bien. Tengo una vida por delante.

– Sé de eso.

– No es necesario que me traten como a un bebé. Me gusta trabajar. Soy la mano derecha de Federico en nuestras organizaciones.

– Eso también lo sabemos – añadió Adamo –. Sin embargo, es hora de retomar una serie de pruebas. Si todo está normal, Natalia o yo te llevaremos a Florencia para una estadía.

– No puedo irme ahora. Tengo mucho trabajo.

– El trabajo puede esperar – intervino Natalia –. Si tuviera esposa, tendrías otros planes en la cabeza.

– Estoy bien así, solo - Todos rieron. Valeria dijo:

– Voy con Natalia a la oficina y volvemos pronto, después del almuerzo. Adamo te hará compañía.

– No hay necesidad. Estoy bien solo. No estoy enfermo.

– Si me permites – dijo Adamo –, necesito ir a la agencia de viajes para reservar nuestro boleto de regreso a Italia.

– ¿Estás seguro que quieres irte?

– Sí – Adamo asintió –. Natalia y yo lo pensamos mucho y llegamos a la conclusión que queremos vivir en Florencia.

– ¿Y la oficina? – Preguntó Américo –. ¿Vas a dejar a mi hija?

Natalia se rio.

– No voy a dejar a tu hija. Ahora tenemos internet, ordenadores… La tecnología está a nuestro favor. Gestionaré proyectos de forma remota. Y cada seis meses volveremos por una temporada. ¿Estás de acuerdo? – Preguntó Natalia pasando con gracia sus dedos por la barbilla de Américo.

Él se rio y asintió.

– Es verdad. Tienes que hacer lo que te dice tu corazón.

De repente se puso triste.

– ¿Qué pasó, papá?

– Nada, Valeria. Estaba aquí pensando si mi vida no sería diferente si hubiera perseverado y perseguido a mi novia.

– ¡Esta historia tiene más de cincuenta años! – Exclamó Adamo –. ¿No crees que es mejor dejarlo para la próxima encarnación?

– Si pudiera, empezaría todo de nuevo. La edad no es un factor limitante para mí – respondió Américo, enérgico.

Todos estuvieron de acuerdo y cada uno se ocupó de sus asuntos. Américo estaba cómodamente instalado en la habitación del hospital. Una enfermera amable apareció y le tomó la presión arterial. Luego vino otra y le sacó con cuidado un frasco de sangre de las venas. Américo disfrutó de los mimos y se quedó dormido.

Dos horas después, se despertó y, al no tener nada qué hacer, cogió el control remoto que había junto a la mesa y encendió la televisión. Siguió cambiando de un canal a otro, algo sin interés, hasta que lo dejó en algún canal. Una amable mujer de unos cincuenta años presentó el programa de cocina.

Américo sonrió.

– No sé freír un huevo. Admiro a la gente que sabe cocinar. Esta mujer sabe mucho.

Ajustó las almohadas de la cama y levantó su cuerpo.

Allí permaneció, fascinado por las enseñanzas de Alzira. Su forma de hablar daba la impresión que cualquier ser humano era capaz de preparar los mismos platos, deliciosos por cierto, que ella presentaba.

En un determinado momento del programa, Alzira llamó a su asistente. Entró Lourdes y, como el programa tenía público, fue aplaudida y ovacionada. La gente la amaba.

Américo empezó a prestar atención y sus ojos, en cierto momento, se entrecerraron.

– ¿Es eso lo que estoy pensando? – Se preguntó en voz alta.

Una enfermera entró en la habitación.

– Señor Américo, el doctor volverá dentro de un rato para hablar con usted. Parece que todo está en orden. Si debería ser dado de alta esta tarde y...

Notó que Américo no le prestaba la más mínima atención.

Lo miró a él y al televisor.

- ¿Te gusta cocinar?

– No. Pero creo que conozco a esta mujer.

– ¿Alzira? Su programa es el mayor éxito, Américo.

No apartó los ojos de la pantalla. Ella preguntó:

- ¿Quién es esa señora que está a su lado?

– Es Lourdes. Conocida como la tía Lourdes, la asistente.

– ¿Sabes su apellido?

La enfermera negó con la cabeza. Entonces dijo:

– ¡Oh! Una de las enfermeras trajo una revista de celebridades para que la leyéramos y pasáramos el tiempo. Creo que tienen una nota sobre Alzira y la tía Lourdes.

– ¿Podrías buscar esta revista?

– Sí, señor.

La enfermera se fue y Américo no quitó los ojos de la pantalla.

– ¡Solo podría ser ella! ¡Hola Lourdes!

La joven regresó con la revista a cuestas. Abrió la página y se la mostró a Américo. Cuando leyó su nombre completo y edad, no tuvo dudas: había reencontrado a su novia de juventud.

– ¡Necesito que me den el alta hoy!

– Viene el doctor y... - Américo la interrumpió:

– ¡Ahora! Ve a llamar al médico ahora, hija mía. Necesito salir de aquí.

La enfermera asintió y fue a llamar al médico. Américo temblaba como una hoja al viento.

– ¡Lourdes! Estás viva. ¿Quizás todavía me recuerdas?

~ 0 ~

La conferencia que Alzira había dado en la universidad fue un éxito. Cuando terminó fue aplaudida de pie. Muchos estudiantes tenían el libro de recetas bajo el brazo y hacían cola para que ella lo firmara. Ella estuvo de acuerdo y dijo a Olivia:

– Tomémonos un rato. Llama al celular de tu tío. Dile a Eugenio que vamos a llegar tarde.

– Puedes dejarlo, tía. Pero tendré que ir al patio, no hay señal en Auditoría Aquino.

Alzira empezó a firmar los libros y Olivia se fue al patio, levantó el celular en el aire con una mano, buscando una señal. Tan pronto como el dispositivo dio una señal, se encendió llamó a Eugenio. Cuando colgó, fue recibida por un compañero del curso.

- Olivia, tu tía estuvo magnífica en su discurso.

– Gracias, Ismael.

– ¡Qué historia de vida! Alzira tuvo una vida difícil, una mala infancia y se convirtió en una mujer de éxito. Es un ejemplo a seguir.

– También lo creo.

– Me encantaría conocerla. ¿Me la presentarás más tarde? Mi mamá es su súperfan y le encantaría ganar un libro firmado.

– Claro. Esperemos a que la gente se vaya. Así hablas un poco con ella.

– ¿En serio?

– Por supuesto, Ismael. Eres uno de los mejores amigos que tengo.

– También me gustas mucho.

Los dos se abrazaron e Ismael preguntó:

– ¿Has visto al nuevo profesor de Economía?

– No. Me entristeció que el profesor Durval fuera destituido porque estaba enfermo.

– Dicen que así nace. Estudió fuera del país y es doctor en Economía.

– Por el precio que pagamos por el curso, no hay nada más justo que contar con un profesional competente que nos lo imparta. ¡Aun más ahorros!

– Es amigo de mi padre – Ismael bajó la voz.

– El sábado vamos a cenar. ¿Quieres venir a conocerlo?

– No sé...

– Olivia, no sales, solo trabajas. ¡No me digas que tienes trabajo para el sábado por la noche!

Ella rio.

– Tienes razón. Me estoy volviendo una adicta al trabajo.

– Necesitas darte tiempo para el ocio. Cenarás con nosotros el sábado. Y es definitivo.

– Está bien. Iré.

~ 0 ~

La semana pasó rápido y llegó el sábado. A última hora de la tarde, después de preparar algunos informes, Olivia cerró los ojos y suspiró. Estaba un poco cansado de solo trabajar. Pero, ¿hacer qué? No le gustaba salir, era reacia a ir de discotecas y rechazaba todas las invitaciones de Ismael. Prefería ver la televisión o ver series americanas en vídeo. Le encantaba quedarse en casa con su madre.

Llegó a casa, arrojó su bolso sobre la cómoda y se sentó en el sofá. Se quitó los zapatos y empezó a untarse los dedos con la masa. Arlete entró en la habitación y sonrió:

– Llegaste temprano.

– Decidí parar temprano. Es sábado e Ismael me invitó a cenar.

- ¿Vas a salir? – Preguntó Arlete sorprendida –. Al fin.

- Oh mamá. Para. Me gusta quedarme en casa.

- Pero quedarte en casa no te traerá novio. ¿Y quién dijo que quiero tener una cita?

Arlete se acercó a Olivia y la besó en la frente. Se sentó a su lado.

– Querida hija, todos queremos conocer el amor. Nacimos para vivir en grupo, en sociedad.

– No me gusta salir de noche. Estas veladas tocan una música insoportable e irritante. La gente se emborracha mucho. No condeno a nadie, ya que cada uno es responsable de sus elecciones. Pero es un tipo de ambiente que no me conviene. Punto.

- Sal con tus amigos.

- Todos y se casaron, mamá. No queda nadie.

- Al menos tienes la amistad de Ismael.

- No es lo mismo. Quizás termine como la tía Lourdes, que renunció al amor.

– Siento que tu tía se encerró por miedo. Si se permitía volver a amar, la vida inevitablemente le traería a alguien. Después de todo, atraemos a nuestros pares por el contenido de nuestra energía.

– Es muy posible que atraigas a alguien en tu camino.

– Negativo. Ya tuve mi amor. Tu padre significó y significa mucho para mí.

– ¿Ya no has soñado con él? – Preguntó Olivia, curiosa.

– No. Nuestra separación fue triste y extraño a Osvaldo hasta el día de hoy. Sin embargo, no puedo negarlo, al quedarme viuda, perdí mi terreno. Tu padre lo era todo para mí y yo dependía demasiado de él. Pedí opinión sobre todo. Después de un tiempo acepté la situación y aprendí a valorar mis cualidades, desarrollando mi propia fuerza. Eso me hizo sentir más capaz. La muerte es irreversible y aceptarla revela sabiduría.

– Te admiro mucho.

– Gracias hija. Y, es más, la vida solo permite el encuentro entre encarnados y desencarnados cuando ese encuentro beneficia a ambos. Siento que tu padre está muy conectado con nosotras dos, incluso después de haber estado desencarnado durante tantos años. El día que el espíritu de Osvaldo esté equilibrado anímicamente podremos encontrarnos.

– La muerte de papá nos acercó más.

– Es un hecho.

Olivia respiró hondo y exhaló un agradable suspiro.

– La conversación es buena, pero necesito prepararme. Tengo que estar en casa de Ismael a las ocho en punto.

Ella habló, se levantó y subió a su habitación. Se dio una ducha tibia y refrescante. Como no había tenido tiempo de ir a la peluquería, Olivia se cepilló el largo cabello castaño y se lo recogió en una elegante cola de caballo. Se maquilló con sobriedad y se puso un hermoso vestido de color verde esmeralda, resaltando su pecho. Me aplicaron un delicado perfume en el cuello y las muñecas. Se puso un par de zapatos de tacón alto y eligió un bolso pequeño. Bajó las escaleras y cogió la llave del coche.

- Estás muy bonita – dijo Arlete.

– Gracias mama. Bueno, no sé a qué hora volveré.

– No olvides ponerte el cinturón de seguridad. Maneja con cuidado. No contestes tu celular mientras conduces y...

Olivia interrumpió a Arlete con dócil voz:

– Menos, madre. Menos.

La besó en la mejilla y se fue. Se subió al coche, se puso el cinturón de seguridad, lo puso en marcha y pronto su coche desapareció en la curva.

Epílogo

Olivia llegó al apartamento de Ismael a las ocho en punto. Fue una cena para unas cuantas personas: Ismael, su hermana y sus padres, además de Olivia y ese profesor.

Fue recibida con cariño por los padres de Ismael.

– Bienvenida a nuestra casa – dijo Norma.

– Gracias.

Ismael la hizo a un lado y se sentaron en un sofá. Amelita, la hermana de Ismael, una simpática joven de dieciocho años, saludó a Olivia y se sentó junto a ellos.

– Después de cenar saldremos a bailar. ¿Quieres seguirnos? – Preguntó Amelita.

– No gracias. Después de cenar voy a casa a descansar.

- La noche está hermosa, incluso conté algunas estrellas en el cielo. ¿En serio?

- Sí, Olivia. Ismael me dijo que eres muy hogareña.

- Ya he pasado la edad de ir a discotecas. A tu edad salía mucho.

– ¿Cuántos años tiene?

– Cumpliré treinta el mes que viene - Amelita se tapó la boca con la mano.

– No creo. No aparentas tu edad. ¿Qué crema usas?

Los tres se rieron y pronto llegó el invitado especial. Olivia estaba sentada de espaldas y ni siquiera se dio cuenta cuando Norma tocó suavemente su hombro para hacer la presentación.

– Olivia, este es nuestro amigo, el profesor Federico Calini.

Ella miró hacia arriba y se quedó helada. Había pasado más de una década, pero Olivia estaba segura de estar frente a Federico. Su cabello comenzaba a tornarse plateado en las sienes y usaba anteojos. Por lo demás, seguía siendo el mismo que cuando lo conoció en Londres: guapo y elegante.

Intentó levantarse, pero no pudo. Federico se acercó a ella y la besó en la cara.

– Pasaron los años y te volviste aun más hermosa.

- ¿Cómo estás, Olivia?

– Bien – tartamudeó –. ¿Y tú? Ismael interrumpió:

– ¡No lo creo! ¿De dónde se conocen?

– Conocí a Federico cuando fui de intercambio, hace muchos años – respondió Olivia.

– Y tomé una patada de esta chica. Inolvidable – intervino Federico.

Ismael notó el ambiente entre ambos y se mostró cordial.

– Voy a traer una copa y ya vuelvo. Olivia se levantó y sonrió.

– Al menos te acuerdas de mí. Menos mal.

– ¿Te importa si hablamos en el balcón? – Invitó Federico.

Olivia asintió. Ismael trajo una copa de vino para cada uno y se alejó.

Federico levantó la copa:

– ¡Salud!

– ¡Salud!

Bebieron vino tinto y Federico fue directo:

– Entiendo que eras muy joven en aquellos tiempos, pero me entristeció mucho tu repentina desaparición.

– Entiendo perfectamente tu posición, si estuviera en tu lugar sentiría lo mismo. Intenté buscarte, pero solo sabía tu nombre, nada más.

- ¿Por qué me rechazaste?

– No te rechacé – Suspiró Olivia.

– ¿Como no? Desapareciste y me abandonaste. No dejó ningún mensaje, aviso, nada.

Norma apareció y anunció que la cena estaba servida.

– Entonces continuaremos la conversación – dijo Federico.

– Sí.

La cena transcurrió agradablemente. Norma y Bonifacio, los padres de Ismael, eran personas cultas y divertidas. Federico habló de cómo logró compaginar su carrera como ejecutivo con la de docente. Olivia habló de la "famosa" tía Alzira. Al finalizar la cena, Amelita se despidió de todos para encontrarse con sus amigos en la discoteca.

– Es uno de los mejores clubs de la ciudad. Como en otras metrópolis, como Florianópolis, Ibiza y Nueva York, se volvió animado.

Incluso con el entusiasmo de la joven, los dos declinaron la invitación.

Federico se acercó a Olivia: ¿Tienes un compromiso?

– Lo tengo.

– Ah!, qué pena.

– Tengo dos películas que ver. Pero puedo dejarlo para mañana.

Él se rio.

– Pensé que había alguien.

– No tengo a nadie.

– Yo también estoy sin nadie. ¿Te gustaría ir a un bar para continuar nuestra conversación?

– No me gustan los bares, Federico. Generalmente el ruido es demasiado y tenemos que hablar gritando.

– Descubrí un bistró en Jardins que permanece abierto toda la noche. Es un lugar acogedor y no hay ruidos. Podemos hablar a voluntad.

- Está bien.

- ¿Viniste en coche? – Preguntó atentamente.

- Sí.

- Deja tu coche y entra en el mío. Entonces te llevaré a tu casa.

– No necesitas preocuparte.

– Soy un hombre moderno, pero con principios que se consideran anticuados. Te llevaré a tu casa y te recogeré mañana para que podamos venir a buscar tu auto.

Olivia no dijo nada. Ella quedó encantada, se despidieron de la familia y empezaron a salir. Norma le dio un codazo a su hijo:

– ¿Estos dos tienen algo?

– ¡Mira mamá, si no lo tenían, puedes estar segura que lo tendrán! – Exclamó Ismael.

– Hacen una pareja tan bonita – dijo Bonifacio.

– Estoy de acuerdo – respondió Norma.

De camino al bistró, Federico y Olivia charlaron trivialmente. Hablaron de la burbuja estadounidense y de las próximas elecciones. Nada que fuera personal. Llegaron al pequeño restaurante y entraron.

– En efecto, era un lugar acogedor, decorado al estilo francés provenzal. Los muebles estaban patinados en blanco y la decoración era de sumo gusto. Se sentaron en una mesa hacia la parte trasera del bistró. Pidieron una tarta dulce, un agua con gas y dos cafés.

Tan pronto como el camarero trajo los dulces y el café, Federico repitió la frase:

– Desapareciste y me abandonaste. No dejaste ningún mensaje, aviso, nada.

– Estaba muy conmocionada. Ese día de nuestro viaje, al llegar a la pensión, me informaron que mi padre había sufrido un infarto y se encontraba en muy mal estado.

– Estuve años esperando volver a encontrarte e imaginé muchas respuestas, cientos de ellas, confieso que nunca imaginé esa respuesta.

- Al menos digo la verdad. No tengo nada que esconder. ¿Y cómo está tu padre? ¿Mejoró?

- Él murió.

- Lo siento mucho. No me imaginaba...

Olivia se encogió de hombros:

– Cuando me llamaron a Londres para decírmelo, ya estaba muerto. La familia me ocultó la verdad para que no perdiera el equilibrio.

– Lo siento mucho. Solo puedo imaginar lo difícil que debe haber sido para ti.

– Lo fue. Poco después de la muerte de papá, me gradué de la escuela secundaria y comencé a trabajar. Ayudé a mi madre y al tiempo me matriculé en un curso de administración de empresas.

– Querías ser artista - Olivia se rio.

– ¿Quieres saberlo algún día? Puse un pie en tierra y me di cuenta que tenía una vocación para la administración. Hoy soy una profesional realizada y satisfecha. En cuanto a ser artista, tomo clases de pintura sobre lienzo. Sueño con montar una galería de arte y patrocinar a artistas desconocidos y sin recursos.

– Tu alma es la de un artista, no se puede negar. Federico habló y sus dedos se tocaron. Ambos se sintieron, hicieron una pequeña chispa.

– ¡Olivia, tengo mucho que contarte! Me gustaría mucho volver a verte.

– Yo también.

– Ahora que entiendo tu desaparición, todo lo que sentí por ti volvió con más fuerza.

Ella no respondió.

- ¡Estás linda!

- Me hicieron una cirugía correctiva y ya no tengo los ojos bizcos.

- No me importó. Lo encontré encantador por derecho propio.

- Bueno, tendrás que buscar otro. ¡Este "encanto" ya no me pertenece!

Se rieron y él puso suavemente sus manos sobre las de ella. Se llevó una de ellos a la boca y la besó.

– ¿Me darás otra oportunidad?

– Empecemos de cero.

Federico no respondió. Él inclinó la cabeza y sus labios se tocaron. Un beso largo y delicado.

Ambos sintieron que sus corazones latían salvajemente.

¿Quieres ser mi esposa?

– ¿No sería novia? – Preguntó sonriendo.

– Negativo. Te conocí hace más de diez años y nunca te he olvidado. Tengo treinta y tres años. Ya no tengo tiempo para juegos.

– No hablo de juegos, sino de conocernos mejor. Necesito saber más sobre ti, sobre tu vida. Quiero conocer a tu familia y quiero que conozcas la mía.

– Todo esto lo haremos, siempre y cuando no te alejes más de mí.

Se besaron de nuevo. Desde arriba, los pétalos de rosa iluminaban suavemente el aura de la pareja.

Junto a ellos, el espíritu de Lola sonrió feliz.

– Eliel, mi amigo. Logramos nuestra intención.

– Se reencontraron y, por el color de sus auras, tienen por delante un largo camino de amor y complicidad.

– Dejémoslos en paz y vámonos.

– Sí – asintió el espíritu –. Primero, ¿vamos a ese lugar? Me gustaría aliviar el dolor de Marion.

Lola asintió. En un abrir y cerrar de ojos estaban en la ciudad de Los Ángeles, en el mismo cementerio donde fueron enterradas estrellas como Natalie Wood y Marilyn Monroe. Eliel se acercó al espíritu de Marion, aun apegada a los restos. Ella todavía no sabía dónde estaba. Gritó pidiendo ayuda, suplicó ayuda. Eliel dejó escapar una lágrima por el rabillo del ojo. Lola le tocó el hombro.

– No seas así, amigo. Sabemos que otros caminos habrían dado mejores resultados.

– El suicidio de Marion fue un acto de rebelión, entiendo que ella quería escapar de las situaciones con las que asfixiaba su alma. Sé que, con el paso de los años, aprenderá a cultivar los verdaderos valores.

– Oremos por ella.

Los dos cerraron los ojos y se tomaron de la mano. Dijeron una oración sentida y, por unos minutos, Marion dejó de sentir dolor. Se calmó y se quedó dormida.

Eliel agradeció:

– Gracias, Lola.

– ¡Nada! Marion no necesita juicio, sino compasión.

– Así es – asintió Eliel –. Dios cuida de todo y de todos con perfección y amor. Vámonos.

– En un año volveremos – aseguró Lola.

~ 0 ~

El reencuentro entre Américo y Lourdes fue conmovedor. La pareja, a una edad muy avanzada, decidió darle otra oportunidad al amor que habían reprimido durante tantos años.

- Casémonos y seremos felices – dijo Américo.

– ¡No, señor! – Protestó Lourdes –. Yo no quiero casarme.

– ¿Cómo no? ¡Estamos casi al final de nuestra vida! No tengo tiempo para tener citas y comprometerme.

– Si me caso seré tu esposa.

– Y eso es lo que más deseo: que te conviertas en mi esposa.

– No quiero ser esposa. Quiero seguir siendo la Lourdes independiente que está contigo porque le gusta, no necesito tu dinero. Pasaron los años y maduré. Cuando éramos novios, yo era una chica ingenua y llena de sueños. Fui criada para casarme, tener marido, hijos y cuidar la casa. Eso no es lo que pasó.

– Ya te he explicado miles de veces que Amelia quedó embarazada y…

Lourdes lo interrumpió con dócil voz.

– Lo sé y lo entiendo. No estoy aquí para juzgarte. Todos somos responsables de nuestras elecciones. Me convertí en una mujer fuerte, tiré las ilusiones, comencé a ver la vida como ella es. Me volví más segura y comencé a gustarme más. Cuando me jubilé, mis sobrinas vinieron a vivir conmigo y la vida cambió por completo. Formamos una familia unida, impregnada de sinceros lazos de afecto. Creamos un negocio, prosperamos y nos hicimos ricas. Tengo más de setenta años y lo que quiero es solo una compañía. Quiero estar a tu lado Américo, porque me gustas, nada más. Sin cargos, sin papeleos.

– La gente hará comentarios.

Lourdes se encogió de hombros.

– Bueno, que lo hagan ellos. Ya superé la edad de preocuparme por los chismes de la sociedad. Si quieres quedarte conmigo, será en estos términos. Seremos libres, pero fieles. Pero cada uno vive en su propia casa. Yo paso tres días en la tuya y tú pasas tres días en la mía.

– Son seis días. Son siete semanas, aun queda un día – dijo Américo.

– Necesito un día para estar conmigo misma. Las personas, cuando viven solas, acaban adquiriendo hábitos con el paso de los años. Intentaré adaptarme a nuestra nueva vida en pareja, pero es fundamental que pase un día conmigo misma, cuidando mi jardín, mis plantas, leyendo un libro, o sin hacer nada, solo disfrutar el momento. Mucha gente no tiene idea del como y es natural ser tu propio amigo. Estoy demasiado feliz conmigo misma.

– Pero...

Antes que él continuara, ella terminó:

– Realmente no pero, ni la mitad. Estas son las condiciones. Si quieres renovar nuestra relación, genial. Si no quieres, no hay problema. Nos separaban cincuenta años. ¡Puedo gastar cincuenta más conmigo mismo!

– ¡Estás picante de pimienta! ¡Qué mujer!

– Y por eso y por muchos otros, el empresario más grande del país quiere quedarse conmigo.

Los dos rieron y se besaron cariñosamente.

– Te prometo que seré el "novio" más cariñoso, romántico y sociable que puedas soñar en toda tu vida. Te amo Lourdes.

– Yo también te amo, Américo.

~ 0 ~

En ese ambiente parecido al final de una telenovela, Tomás presionó a Valeria:

– Nos vamos a casar.

– Bien, bien. ¿Y no estamos "casados"? – Preguntó, mientras se peinaba, lista para irse a la cama.

Llevamos años viviendo juntos, pero quiero casarme, no es difícil. Hagámoslo como mi padre y Lourdes. Sin papeles.

- Su caso es diferente.

- ¿Diferente en qué? Aquí tienes tu propio dinero. Cada uno tiene su propia casa. Lo mismo sucede con nosotros. Estoy contigo porque te amo, nada más. ¿Por qué un certificado? ¿Vamos a tener un bebé a estas alturas del campeonato?

Tomás se rio.

– Claro que no. Dejemos este trabajo a Alice y Federico. Quiero tener un certificado de matrimonio, usar un anillo en mi mano izquierda, hacer una fiesta…

– ¡Ay Dios mío! Un hombre de unos sesenta años que sueña como un niño grande.

– ¿Y yo no soy tu chico? Ve, dilo.

Valeria negó con la cabeza. Se levantó y se acostó en la cama. Abrazó a Tomás.

- Tu eres mi chico.

– Repítelo.

– Y mi amor, y mi todo. Ahora, hazme una propuesta de matrimonio irrefutable. Quizás piense con cariño en su propuesta.

– Bueno, estaba aquí pensando para mis adentros... Federico y Olivia se casan en tres meses, ¿verdad?

– Sí.

– Entonces podríamos aprovechar la oportunidad y casarnos todos juntos. El mismo partido. ¡Madre e hijo se casan el mismo día! ¿Qué dices?

Valeria sonrió feliz.

– ¿Sabes que esto parece una idea muy interesante? Primero hablemos con Federico y luego... - Tomás le llevó el dedo a los labios.

– Tonta. Ya arreglé todo con Federico. A mi hijastro le encantó la idea. Su futura nuera también lo aprueba. Natalia ya hizo las invitaciones y Adamo le va a regalar el vestido. Será una recepción íntima, para algunos amigos, en la mansión de su padre, en Morumbi.

– ¿Eso significa que toda la familia estaba conspirando a mis espaldas?

– Ah, y el viaje de bodas será un regalo de tu madrastra, Lourdes.

– ¡Me tienes! No puedo negarme.

Tomás la abrazó y la besó en la cara y en los labios varias veces.

– ¡Vamos a casarnos! ¡Vamos a casarnos!

~ 0 ~

La fiesta de boda de madre e hijo apareció en los medios de comunicación. Valeria y Tomás se fueron a disfrutar de su luna de miel a Europa. Preferían el encanto de París. Olivia y Federico fueron al paradisíaco archipiélago de Fernando de Noronha.

La pareja quedó deslumbrada por la belleza del lugar. Fueron a bucear, disfrutaron de los delfines y de las playas en general. Bajaron del barco, se quitaron las sandalias y corrieron por la arena.

Bahía do Sancho es una de las playas más hermosas de Brasil.

Es soleado, cubierto de vegetación autóctona, arena blanca y mar verde esmeralda, y es un lugar de rara belleza.

Olivia miró al horizonte y dijo:

- La vida es bella.

– Estoy de acuerdo.

– Deseo mostrar la belleza de la vida a través de obras de arte. Me alegró mucho saber que tu madre patrocinará mi galería de arte. No sabes cuanto mi alma se siente realizada. También quiero hacer exposiciones itinerantes, llevar el arte a lugares lejanos y sin acceso a la cultura.

Estoy muy emocionada.

Federico escuchó a su esposa y sonrió. La felicidad de Olivia brotaba de sus poros. La giró hacia él y la miró a los ojos:

- ¿Estás feliz?

- Lo estoy.

- ¿Tienes idea de cuánto te amo? – Preguntó Federico, mientras arreglaba el cabello de Olivia, cuyos mechones bailaban al ritmo del viento.

— Lo sé. A menudo, en Londres, cuando te acercabas, me desgarraba. Una parte de mí quería abrazarlo y otra parte naturalmente lo repelía. Gracias a Dios ese sentimiento ha pasado y solo siento amor cuando estoy a tu lado.

— Me alegra que te sientas así. Nunca haría nada que te decepcionara o te entristeciera. Hay mucha gente en el planeta y hay muchas almas con ideas afines. Tengo la suerte de haberte encontrado, o haberte reencontrado – sonrió.

Olivia no dijo nada. Lo abrazó con fuerza. Permanecieron así durante mucho tiempo, abrazados y en silencio, sintiendo que sus corazones latían con calma.

— ¿Vamos a caminar? – Ella invitó –. Pronto oscurecerá.

— Vamos, querida – respondió Federico.

Ambos tenían el pecho ligero, un sentimiento de total armonía con el plano espiritual. Ahora aceptaron y entendieron verdaderamente que toda esta experiencia de vida había sido beneficiosa y necesaria para que dieran el siguiente paso hacia la conquista de la felicidad.

Federico le tendió el brazo a Olivia y sus manos se entrelazaron. Volvió la cara y sus labios se acercaron. Se besaron cariñosamente y sonrieron. Continuaron caminando por la playa, mientras se ponía el sol. Estaban enamorados y felices.

FIN

Grandes Éxitos de Zibia Gasparetto

Con más de 20 millones de títulos vendidos, la autora ha contribuido para el fortalecimiento de la literatura espiritualista en el mercado editorial y para la popularización de la espiritualidad. Conozca más éxitos de la escritora.

Romances Dictados por el Espíritu Lucius

La Fuerza de la Vida

La Verdad de cada uno

La vida sabe lo que hace

Ella confió en la vida

Entre el Amor y la Guerra

Esmeralda

Espinas del Tiempo

Lazos Eternos

Nada es por Casualidad

Nadie es de Nadie

El Abogado de Dios

El Mañana a Dios pertenece

El Amor Venció

Encuentro Inesperado

Al borde del destino

El Astuto

El Morro de las Ilusiones

¿Dónde está Teresa?

Por las puertas del Corazón

Cuando la Vida escoge

Cuando llega la Hora

Cuando es necesario volver

Abriéndose para la Vida

Sin miedo de vivir

Solo el amor lo consigue

Todos Somos Inocentes

Todo tiene su precio

Todo valió la pena

Un amor de verdad

Venciendo el pasado

Otros éxitos de Andrés Luiz Ruiz y Lucius

Trilogía El Amor Jamás te Olvida

La Fuerza de la Bondad

Bajo las Manos de la Misericordia

Despidiéndose de la Tierra

Al Final de la Última Hora

Esculpiendo su Destino

Hay Flores sobre las Piedras

Los Peñascos son de Arena

Otros éxitos de Gilvanize Balbino Pereira

Linternas del Tiempo

Los Ángeles de Jade

El Horizonte de las Alondras

Cetros Partidos

Lágrimas del Sol

Salmos de Redención

Libros de Eliana Machado Coelho y Schellida

Corazones sin Destino

El Brillo de la Verdad

El Derecho de Ser Feliz

El Retorno

En el Silencio de las Pasiones

Fuerza para Recomenzar

La Certeza de la Victoria

La Conquista de la Paz

Lecciones que la Vida Ofrece

Más Fuerte que Nunca

Sin Reglas para Amar

Un Diario en el Tiempo

Un Motivo para Vivir

¡Eliana Machado Coelho y Schellida, Romances que cautivan, enseñan, conmueven y pueden cambiar tu vida!

Romances de Arandi Gomes Texeira y el Conde J.W. Rochester

El Condado de Lancaster
El Poder del Amor
El Proceso
La Pulsera de Cleopatra
La Reencarnación de una Reina
Ustedes son dioses

Libros de Marcelo Cezar y Marco Aurelio

El Amor es para los Fuertes
La Última Oportunidad
Nada es como Parece
Para Siempre Conmigo
Solo Dios lo Sabe
Tú haces el Mañana
Un Soplo de Ternura

Libros de Vera Kryzhanovskaia y JW Rochester

La Venganza del Judío

La Monja de los Casamientos

La Hija del Hechicero

La Flor del Pantano

La Ira Divina

La Leyenda del Castillo de Montignoso

La Muerte del Planeta

La Noche de San Bartolomé

La Venganza del Judío

Bienaventurados los pobres de espíritu

Cobra Capela

Dolores

Trilogía del Reino de las Sombras

De los Cielos a la Tierra

Episodios de la Vida de Tiberius

Hechizo Infernal

Herculanum

En la Frontera

Naema, la Bruja

En el Castillo de Escocia (Trilogía 2)

Nueva Era

El Elixir de la larga vida

El Faraón Mernephtah

Los Legisladores

Los Magos
El Terrible Fantasma
El Paraíso sin Adán
Romance de una Reina
Luminarias Checas
Narraciones Ocultas
La Monja de los Casamientos

Libros de Elisa Masselli
Siempre existe una razón
Nada queda sin respuesta
La vida está hecha de decisiones
La Misión de cada uno
Es necesario algo más
El Pasado no importa
El Destino en sus manos
Dios estaba con él
Cuando el pasado no pasa
Apenas comenzando

Libros de Vera Lúcia Marinzeck de Carvalho y Patricia

Violetas en la Ventana

Viviendo en el Mundo de los Espíritus

La Casa del Escritor

El Vuelo de la Gaviota

Vera Lúcia Marinzeck de Carvalho y Antônio Carlos

Amad a los Enemigos

Esclavo Bernardino

la Roca de los Amantes

Rosa, la tercera víctima fatal

Cautivos y Libertos

Deficiente Mental

Aquellos que Aman

Cabocla

El Ateo

El Difícil camino de las drogas

En Misión de Socorro

La Casa del Acantilado

La Gruta de las Orquídeas

La Última Cena

Morí, ¿y ahora?

Las Flores de María

Nuevamente Juntos

Libros de Mônica de Castro y Leonel

A Pesar de Todo

Con el Amor no se Juega

De Frente con la Verdad

De Todo mi Ser

Deseo

El Precio de Ser Diferente

Gemelas

Giselle, La Amante del Inquisidor

Greta

Hasta que la Vida los Separe

Impulsos del Corazón

Jurema de la Selva

La Actriz

La Fuerza del Destino

Recuerdos que el Viento Trae

Secretos del Alma

Sintiendo en la Propia Piel

World Spiritist Institute

www.ingramcontent.com/pod-product-compliance
Lightning Source LLC
LaVergne TN
LVHW041742060526
838201LV00046B/884